# 数字体育发展前沿

## 理论·实践·反思

张业安 主编 卢文云 副主编

同济大学出版社
TONGJI UNIVERSITY PRESS
·上海·

**图书在版编目(CIP)数据**

数字体育发展前沿：理论·实践·反思 / 张业安主编；卢文云副主编. -- 上海：同济大学出版社，2023.7

ISBN 978-7-5765-0263-3

Ⅰ. ①数… Ⅱ. ①张…②卢… Ⅲ. ①数字技术—应用—体育事业—发展—研究—中国 Ⅳ. ①G812-39

中国版本图书馆 CIP 数据核字(2022)第 106122 号

**数字体育发展前沿：理论·实践·反思**
SHUZI TIYU FAZHAN QIANYAN：Lilun Shijian Fansi

张业安 **主编**　　卢文云 **副主编**

**责任编辑** 张　睿　**责任校对** 徐春莲　**封面设计** 陈益平

**出版发行** 同济大学出版社　www.tongjipress.com.cn
(地址:上海市四平路 1239 号　邮编:200092　电话:021-65985622)
**制　　作** 南京月叶图文制作有限公司
**印　　刷** 上海新华印刷有限公司
**开　　本** 710 mm×1000 mm　1/16
**印　　张** 15.5
**字　　数** 310 000
**版　　次** 2023 年 7 月第 1 版
**印　　次** 2025 年 7 月第 2 次印刷
**书　　号** ISBN 978-7-5765-0263-3

**定　　价** 89.00 元

# 前　言

古希腊哲学家毕达哥拉斯曾言:“数是宇宙万物的本原。”始于20世纪90年代以互联网、大数据为代表的新信息技术革命,特别是近年来移动互联网的迅猛发展,深刻地改变了人们的行为和社会组织方式。从宏观层面看,新信息技术革命带来的人类社会组织方式和行为模式的根本性改变,其影响可能远超数百年前的工业革命及其衍生的市场化和城市化,人类社会正面临“千年未遇”之大变局。从微观层面看,基于新信息技术革命的数字技术及其产品已悄然渗入甚至决定着我们生活的方方面面,在体育领域亦如此。数字可穿戴运动设备、24小时无人健身房、数字运动服、反重力跑步机、SAP视频比赛分析系统、足球门线电子裁判、乒乓球智能大数据分析平台、体育翻转课堂、数字体育考试系统、青少年运动能力数字评估系统……这些基于数字技术的体育产品、系统、平台等已成为我们日常体育生活中的“常客”。

然而,在数字体育实践飞速发展的同时,其中存在诸多理论与实践问题亟待剖析与解构,如:数字体育在概念内涵上与智能体育、智慧体育的区别与联系,数字健身的机理与动力,竞技体育中数字技术发展的前沿与瓶颈,学校体育中数字技术的融入与尺度,体育产业数字化发展的未来方向,以及数字体育在各个领域发展面临的主要技术风险和伦理问题等。目前,关于以上问题的研究零散见于一些期刊论文和相关网络文献中,系统研究成果相对缺乏,理论研究明显滞后于发展实践。有鉴于此,本书主要从新一轮技术革命和产业变革的社会背景,“数字中国”“健康中国”和“体育强国”建设的政策背景,以及数字体育的概念辨析出发,基于体育的传统分类方法,探索群众体育数字化、竞技体育数字化、学校体育数字化、体育产业数字化发展的理论前沿，精选数字体育促进全民健身、数字体育服务竞技体育发展、数字体育融入学校体育教学、数字体育繁荣体育产业发展的几十个最新实践案例，展示数字体育发展的实践前沿。在深入解析数字技术与体育深度融合，为体育发展和人的体育需要带来契机和便利的基础上，解构与反思其中可能存在的技术风险与伦理问题，从而实现“技术为人”的健康的体育发展理念。

数字体育发展的根本目的不是让体育更加数字化，而是让数字更好地为人和人的体育需求服务，使人获得更便捷的体育参与机会、更丰富的体育消费渠道、更个性的体育产品、更美好的体育体验、更持久的体育习惯、更高水平的体育表现、更多元的体育文化、更崇高的体育精神……未来，数字体育应通过数字的手段加强人与体育的连接，优化人与体育的关系，促进个体的人的全面发展，对接国家和民族发展的重大需求，进而推动社会进步和体育自身的良性发展。

数字赋能于体育，体育赋能于人。

张业安

2021年10月于上海

# 目　　录

## 实践案例篇

## 反思篇

# 概念篇

# 第一章

# 数字体育概念辨析



《中华人民共和国国民经济和社会发展第十四个五年规划和2035年远景目标纲要》提出，迎接数字时代，激活数据要素潜能，推进网络强国建设，加快建设数字经济、数字社会、数字政府，以数字化转型整体驱动生产方式、生活方式和治理方式变革[1]。这对我国体育事业的发展和改革而言，也是一个“通体性”的变革。在技术助推体育事业发展、体育产业繁荣的过程中，数字体育的内涵与外延如何界定？体育和数字技术的关系产生了怎样的变化？体育数字化后“人—体育—技术”的运行逻辑是什么？当今体育的社会性事实是否会因为加上“数字”的前缀而有所不同？这种发展变化是否会造成新的理论和实践“震荡”？这些都是目前学界和业界在数字体育的研究和发展中亟待解决且应持续关注的问题。在新兴技术应用于体育的实践中，诸如智能体育、智慧体育、数字体育的提法不断出现在不同的理论和实践场域，但对这些概念的内涵还缺乏深入的理论探讨和辨析。对这些基于技术发展引发的理论概念的清晰界定，既是促进理论进步的前提，更是促进新兴技术应用于体育实践的重要“航标”。

## 一、数字体育提法的来源和初解

2002年，国家体育总局体育信息中心的赵黎和费中在《数字体育、科技奥运》[2]一文中首次正式使用了“数字体育”一词，但该文没有对“数字体育”作出明确的概念性解释。从相关文献看，张立等[3]认为，在广义层面上，数字体育指的是应用数字技术的体育及其相关活动，即以微电子、计算机、通信等软、硬件技术为手段，对体育过程及相关因素进行信息采集、整理、加工、建模等数字处理，以达到管理、体验、传播体育等目的的体育及其相关活动。其中管理体育包括宏观、微观或集体、个人或事件、人物、场地设施等多层面多类别的体育管理内容；体验体育包括健身、训练、娱乐等多种体育体验内容；传播体育包括广播、电视、网络（有线、无线或局域网、广域网等）及 LED 等显示设备传播体育等内容。狭义的数字体育是指被数字化的体育活动，包括体育行为的数学建模、虚拟体育仿真、数字运动项目（如电子竞技）等[3]。数字体育实质上是利用新技术服务传统体育本身及其关联活动的一些新形式（甚至创新体育项目），是与时俱进地发展传统体育的新手段。





国外关于数字体育（digital sport）的研究更多是将数字技术应用于体育运动中，目前还未明确提出关于 digital sport 的概念，在已有的文献当中，大多针对数字体育外延部分展开讨论。如将 digital sport 当作电子竞技，Bo[4]在研究中将 computer games 称作 digital sport ，从游戏的角度认为数字体育处于一个不受控制但有规范管理的数字空间中。Nigel[5]将 digital sport 看作是一种 intelligent gaming technologies（智能游戏技术），是一种数字游戏技术与体育活动相结合的新兴事物。Damion[6]从数字体育与球迷互动的角度，将虚拟现实与 digital sport 相联系，认为 digital sport 提供了虚拟体验，营造的虚拟现实为球迷提供了沉浸式参与的基础。

## 二、数字体育、智能体育、智慧体育的语义之辨

在辨析三者概念区别时，笔者引入“智力”的概念，将其与“智能”“智慧”进行对比，进而再延伸到体育论域中产生“数字体育”“智能体育”“智慧体育”的概念。

### （一）词根的词义渊源

智力，指人认识、理解客观事物并运用知识、经验等解决问题的能力，包括记忆、观察、想象、思考、判断等。

智能，本义是“智慧”和“能力”，中国古代的思想家一般把“智”与“能”视为两个独立的概念，也有部分思想家把二者结合，作为集合概念来论述。《论衡·实

知》:“故智能之士，不学不成，不问不知。”“人才有高下，知物由学。学之乃知，不问不识。”王亮把“人才”和“智能之士”相提并论，认为人才就是具有一定智能水平的人，其实质就在于把“智”与“能”结合起来作为考察人的标志[7]。

智慧，本义指聪明才智。《墨子·尚贤》:“若此之使治国家，则此使不智慧者治国家也，国家之乱，既可得而知已。”与智力不同，智慧表示智力器官的终极功能，体现“形而上谓之道”，智力是“形而下谓之器”。智慧使人类作出影响成功的决策，有智慧的人被称为智者。

综上，智力是一种综合性的思维能力，而智能和智慧基于智力之上，呈现不同的词义偏向。智能强调运用智力的先决能力，具有一定的“解决问题的高级能力”，智慧则代表高级智力，具有一种“综合分析的高阶才智”。





### （二）应用语境之别

“智能”一词在脱离了文言文进入白话文后，其释文正解源于心理学术语，突出的延伸概念是“智能制造”，制造行为实践路径即从“0”到“1”的实现过程及结果，体现的是能力的变现和能效的体现，意指“在超智力状态下的能动状态”。郑芳和徐伟康[8]认为，“智能体育”指以人工智能等新一代信息技术为手段，通过全面感知和深度解析体育大数据，洞悉其背后隐含的模式、关系、变化、异常特征与分布结构，形成可供预警、预测、决策、分析的知识体系，为体育决策提供理论方法与支撑技术。同时，从大众消费领域到群众娱乐范畴，智能体育也是一项将传统体育器材和健身器材数据化、网络化、智能化、大众化、娱乐化，实现集健身、娱乐、社交于一体的突破物理空间和时间限制的智能在线体育运动。

“智慧”一词在人类社会上以技术应用范畴出现，是 2008 年 11 月 IBM 全球董事长、首席执行总裁彭明盛在英国伦敦皇家国际关系学院发表题为“欢迎进入智慧时代”的演讲，称接下来的十年全球将进入“智慧”的时代[9]。蒋东兴等[10]认为，“智慧体育”指的是体育信息化的高级形态，是对传统数字体育的进一步扩展与提升，它综合运用物联网、互联网、云计算、大数据、智能感知、社交网络、商业智能等新兴信息技术。随着技术的迭代升级，更多的场景化使用空间生成，也对智慧体育的内涵起到了一定的丰富作用。有学者认为，智慧体育是物联网、云计算、大数据等新一代信息技术应用于体育领域的最新成果，是整合教育、医疗、旅游、文化等体育＋资源的系统工程，通过构成数字化、网络化、智能化的运动空间、运动模式、运动生态，全面提升体育服务质量，推进体育产业升级转型，以更迅速、灵活、正确地理解和响应人们更个性化、多元化的体育需求[11]。可以说，高质量、敏捷性、客制化是智慧体育的三个基本特征。

“数字”一词原意是表示数的书写符号，从本书论域角度出发，指“数字技术”，即与电子计算机相关的科学技术，指借助一定的设备将各种信息，包括图、文、声、像等，转化为电子计算机能识别的二进制数字“0”和“1”后进行运算、加工、存储、传送、传播、还原的技术，也称数码技术、计算机技术。而学界对于“数字体育”的解读也不尽相同。有学者认为数字体育指的是利用信息技术管理、开发、体验、传播体育，它是信息技术与体育的广泛结合[12]。也有学者基于体育的社会性角度认为，数字体育是指在体育领域应用数字技术准确、快速获取、加工处理、存储、传播和使用体育信息，高效实现新时期体育功能目标的一种有意识有组织的社会活动[13]。鲍明晓[14]从功能定位角度将数字体育解读为“体育高质量发展的关键引擎”。



### （三）内涵与外延之辨

#### 1. 内涵之辨

从英语表述的语义来看，虽然数字体育、智能体育、智慧体育三者在具体对话空间中存在一定相互解读的语义均质性，但推敲其中英互译的细微差别，还是能把握到偏向性的细微不同。数字体育（digital sport）基于 digital“数字、数码技术”突出“技术实现”；智能体育（intelligent sport）基于 intelligent“智能的、有学习能力的”，突出“技术呈现”或成为“基于智能技术筛选后的呈现”，人工智能技术自动化的优先级表现；智慧体育（smart sport）基于 smart“智慧、聪明的”，突出“技术变现”，不仅变现金钱，更是技术输出的现实价值和文化意义落地。

“智能体育”偏向人工智能范畴，以“核心算法”为推手，体现数字体育“战术价值”，为体育决策提供理论和技术支撑。“智慧体育”面向体育信息化的整体运维，意指高阶版数字体育，体现数字体育“战略价值”，为体育事业宏观发展和综合治理提供广谱式策略输出。“数字体育”囊括了以算法为内驱力的新型数字技术应用，基于信息化技术开展体育相关服务，落脚点为体育，实现路径为数字技术，技术呈现及表现方式属于数字技术范式，应用场景属于体育专业领域，过程体现高技术集成、高纬度前沿、高强度输出，实现目标是高质量发展、高效率生产、高文明程度，从综合多元渠道达成体育目标。

**2. 外延之辨**

数字体育在外延上包含智能体育和智慧体育，数字技术是智能体育和智慧体育的基础。从技术哲学视角来看，“数字体育”是数字化体育过程中的工具性生产资料，其本身实现路径不以人的意志为转移，而是基于人的意识所编写的智能算法，在实现结果上进行修正和编辑。智能体育和智慧体育是数字体育发展的高级阶段。智能体育强调新技术被动地为人的体育参与带来便利，站在技术发展的原始起点，从数字技术，尤其是人工智能的核心算法出发，智能体育以发展、发挥最大能效，提升效率、带动技术驱动力为目的。智慧体育强调新技术主动服务于体育与人的和谐发展，作为人类和社会共生发展的关键理念，也是智力发展的高阶段，“智慧型”是产自人类智慧，进而以进化形式服务于人类世界的数字技术范式。所以，从价值导向上看，“智能体育”侧重技术主义主导，“智慧体育”侧重人本主义主导，“数字体育”偏向体育治理和新发展理念。

**3. 相通之处**

作为体育专业领域的重要补充，数字体育、智能体育、智慧体育三个概念在应用研究初始阶段有许多相通之处。从服务领域角度来看，数字体育、智能体育、智慧体育都以技术驱动的形式服务于我国体育事业及产业的相关领域，即群众体育、学校体育、竞技体育等，并在体育产业、体育伦理、体育传媒等跨学科融合领域中成为研究的热点。从应用场景角度来看，三者的应用体例相仿。首先是高度信息化集成的应用性。这是三个概念的主体属性，外化并升级的类人脑智慧加上敏捷、易用、可批量产出的物理载体，在体育信息技术领域内延伸新的应用空间。其次是网络互联特征，《连线》(*Wired*)杂志主编凯文·凯利曾说：“不仅是电脑，所有的设备都需要互动。如果什么东西不能实现互动，那么它就会被视作坏掉了。”[15]如今，对物品的价值判断多了一个关键维度“网络互联性”，而这在数字时代的体育专业领域也广泛存在，穿戴设备无法传输运动员数据、VR直播无法实时互动、无人健身房无法数字监控等现象均被认为是“失败的产品”。再次，从受众角度来看，三者均在实践应用层面给予受众数字化体育服务，从效率性、互联性、便捷性出发，在一定程度上促进受众体育参与。主客体间隙明确，研究范畴相仿。综上，如果延续深究三者概念的内涵和外延可能会有一定的独异性呈现，但基本可以视作在一个论域内的相似概念。

**4. 对三者的边界厘清**



概念是思维的基本形式，反映了物理世界中客观事实的一般性、本质性的特征。人类在认识世界、改造世界过程中，把所能触及、感受、领悟的事物的共同特征抽象出来，加以有机概括，就成了概念。只有基于概念的厘清，才有从理论研究上进一步挖掘的可能性，进而推动实践的更高层级进步和更高层次体现。针对数字体育、智能体育、智慧体育的概念边界，应从实际应用场景入手研究数字体育、智能体育、智慧体育的异同，在理论层面为全面推进我国加快体育的数字化建设、推动体育发展模式转型升级、助力体育发展质量变革、效率变革、动力变革等方面提供底层知识定义。从技术运用层级而言，三者都涉及基于信息技术的体育领域运用，包括软件及硬件体育化应用；从技术特征角度而言，三者兼具了技术集成性、网络交互、数据筛选、可视化呈现；从技术实现角度而言，三者兼具了以数字技术为运算基础、网络互连为交互渠道、智能算法为核心、多媒体呈现为窗口的实现路径。

总之，在“数字体育”“智能体育”“智慧体育”三个概念中：

“数字”主要指“数字技术”，即借助一定的设备将各种信息转化为电子计算机能识别的二进制数字 0 和 1 后进行运算、加工、存储、传送、传播、还原的技术，也称数码技术、计算机技术。因此，“数字体育”主要指应用以算法为内驱力的新型数字技术实现体育的发展目标，其更强调“技术基础”。

“智能”指以“数据”为基础、以“核心算法”为工具而实现的“自动化”结果。因此，“智能体育”主要指基于数字技术等实现的体育实践“自动化”的状态，其更强调“实践状态”。

“智慧”本义指聪明才智，表示智力器官的终极功能，属“形而上之道”。因此，“智慧体育”主要指在体育实践“自动化”的基础上实现的“智慧化”，其更强调“发展结果”。

因此，“数字体育”在内涵上是“智能体育”和“智慧体育”的基础，在外延上也包含“智能体育”和“智慧体育”。

### （四）数字体育的概念与应用领域

#### 1. 数字体育的概念



对于数字体育概念，应从狭义及广义层面进行剖析。从狭义上讲，数字体育是传统体育与数字化科学技术结合的相关活动，将传统体育锻炼通过数字技术加以改进和升级，实现传统体育锻炼的迅猛发展。从广义上讲，数字体育是在数字技术的推动下，结合科学的体育锻炼内容和方法，帮助人们完成身体锻炼，以达到增强体质、提高运动技能、丰富社会文化生活的目的，从而实现目的与手段、主体与客体的统一。笔者认为，数字体育即数字技术融入体育实践而产生的新的体育形态或形式，其主要包括群众体育数字化、竞技体育数字化、学校体育数字化、体育产业数字化等形态和应用领域。从长远来看，数字体育的概念是一个现在进行时的状态，随着技术进步不断激发新的价值内涵，同时随着数字技术的体育社会化兼容，其外延也将不断扩充。

#### 2. 数字体育的主要领域

从体育专业领域出发，分析数字体育的概念生成及存在发展，数字体育的主要领域可被分为群众体育数字化、竞技体育数字化、学校体育数字化、体育产业数字化，大致分别对应其在体育专业领域的几个重要社会功能，即健身功能、娱乐功能、教育功能、经济功能等。

（1）群众体育数字化。首先基于大众体育的概念，它通常指大众普遍参加的体育运动，是在职业竞技体育范畴之外，以休闲健身和满足业余体育兴趣为目的，个人和团队形式兼而有之的体育活动[16]，主要参与活动内容包括非职业竞技项目及大众普适度高的项目，如：健身、慢跑、有氧操、小球类项目。从数字应用与大众体育领域的结合而言，群众体育数字化主要是基于群众的基本生活需要，在体育需求领域，给予的数字技术手段提升，包括健身数据监测（提供生理补给）、运动数据反馈（提供精神补给）、运动社交通道（提供社交补给）等，盘活政府及社会资源，开拓大众体育及群众体育的新增长视野。

（2）竞技体育数字化。基于在我国的特殊属性，竞技体育包括竞技体育队伍、后备力量培养，还有竞技体育的教育功能、人才素质、人才资源、环境保护等[17]，其核心是促进专业及职业体育人才的可持续发展。而随着信息技术的时代性发展，数字体育本身对于追求高精尖运动成绩的补充起到技术加持的作用，主要应用场景包括运动员的运动数据监控、运动员训练及比赛的大数据分析和可视化呈现、运动队的数字管理、数字化预判运动员个体及运动队的中期及长期综合表现能力等。





（3）学校体育数字化。其本身除了数字化的体育行为及实践之外，尤其突出教育主体和客体的交互有效性。改革开放以来，我国学校体育工作的主要设想是：加大宣传力度；坚持面向全体学生、全面提高学生素质；建设与素质教育相适应的师资队伍；改革体育课程，制定大、中、小学相衔接的课程体系；完善初中毕业生升学体育考试的内容与方法；开展丰富多彩的课外体育活动，确保学生每天 1 小时体育活动时间；加强农村学校体育工作；加强卫生营养，做好学生体质监测；加大对学校体育的投入[18]。数字技术本身具备较强的交互属性，对于学校体育的施教者和受教者而言均是重要的补充手段和创新思路，主要应用场景包括：数字化体育课程及运动技术手段补充、智慧课堂向智慧操场的延伸、青少年校园运动安全监控、课外运动素养的数字化养成体系等，目的在于从学校体育出发，提升青少年群体自我的体育价值唤醒和体育习惯的养成，为青少年生理上的健康发展和作为个体的体育社会化发展提供基础保证及实践积累。

（4）体育产业数字化。目前我国对于体育产业数字化的学术研究集中在“数字”的单一概念，即电子竞技，这个趋向和西方研究 digital sport 的研究方向一致。但笔者认为，体育产业数字化恰恰是数字化体育发展中起决定性因素的基础部分，相对于群众体育、竞技体育、学校体育的体育专业领域属性，体育产业数字化更多的是在数字技术的加持下，在产业运作逻辑和实施法则的牵引下，促进体育产业的升级。主要应用场景有以下八个：①大数据体育产业，包括数据分析、物联网技术；②智能手机和移动技术的广泛应用，提升体育受众的观赛体验及赛事影响力；③全球化，基于数字媒介“病毒营销”，扩展重大赛事的宣传层级；④体育明星的独立媒介特征，结合社交媒介平台打造体育明星的数字化舆论场及体育产业的品牌化营销；⑤智慧场馆，以“沉浸感”为核心的互动式赛场，包括观赛订餐、赛事信息、场地预订及订票等数字技术手段；⑥云端体育，传统体育媒体的网络数字化合作及升级，扩展体育媒体产业的多渠道融合矩阵；⑦VR 及 AR 技术在体育中的运用，以 VR 技术制作及转播比赛及 AR 技术辅助运动员专项训练，包括体育项目的趣味化数字呈现；⑧随着杭州亚运会电子竞技项目的“落位”，作为世界体育发展浪潮中的时代产物，电子竞技在青年人群体中的“泛体育文化”特征愈发明显。

# 第二章

# 数字体育研究现状

合理、科学、全方位地解读和诠释数字体育，需要从横向和纵向两个方向展开：从横向了解相关研究领域和“数字体育”概念发生关系的发起端及发起渠道，从纵向了解“数字体育”概念从初始阶段至今的研究发展脉络。从中国知网检索得知，自 1995 年以来，以“数字体育”为主题名的学术期刊论文 262 篇、学位论文 2 篇、会议论文 18 篇、报纸文章 17 篇，分别在 2003 年、2010 年、2017 年形成研究高潮。

## 一、数字体育研究文献年代分布

2003 年，中国国际体育用品博览会首次展出数字健身器材，同年，中华全国体育总会、中国奥委会和中信泰富有限公司三方携手宣布打造中国数字体育互动平台，该平台以信息技术为支撑，整合资源，承载多种应用系统，包括竞赛管理、电子竞技等，由此中国数字体育发展进入新阶段。数字健身器材的出现及数字体育平台的打造引起了社会公众对数字体育的关注。国内关于数字体育的研究迎来第一次高潮，这一阶段的研究多聚焦数字体育概念、特点及产业发展，探讨由数字体育引发的产业新可能。同时，与数字体育密切相关的电子竞技研究在这一时期也有所增加。

2008 年，万众瞩目的北京奥运会既是一次展现中国奥运健儿风采的机会，亦是向世界展现中国发展的机会。正值数字技术快速发展之时，“数字奥运”成为北京奥运会的一大亮点。有关数字奥运、科技奥运的研究也在北京奥运周期中大幅增加。北京奥运之后，数字体育研究范围逐渐扩展到体育服务、体育管理和人才培养等多个领域，数字体育研究更加多元化。

近几年，随着 5G 技术、人工智能的发展，数字技术深入社会生活的方方面面。新的技术形式的出现既是技术发展的契机，也是信息时代的转折点。在技术加持下，数字体育发展无论是形态还是内容都更加丰富，数字体育研究随之增多(图 2-1)。

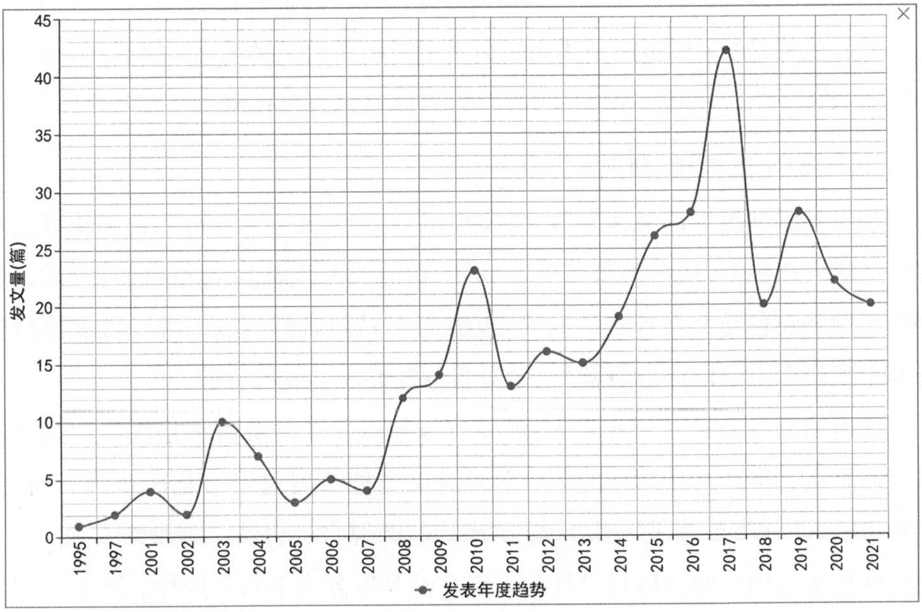


**图 2-1 “数字体育”发表年度趋势图**

数据来源：中国知网

## 二、数字体育研究内容的变迁与热点

根据“篇名”搜索，共计学术期刊论文 262 篇，按相关文献“主要主题”分布，数字体育(21)、sport(21)、sports(19)、digital(16)、digital media(12)、电子竞技(10)、the digital era(7)、sports history(7)、media(6)为排名靠前收录的主题词。进一步收缩到“中文”类目，共计 61 篇，相关文献“主要主题”分布分别是数字体育(21)、电子竞技(10)、互动平台(5)、电子竞技运动(4)、体育产业发展(3)，其余包括科技体育、体育信息化、科学健身、未来体育等主题均未成规模。相关文献

（尤其是中文文献）对“数字体育”中的“电子竞技”领域的理论研究热度较高。

从学科来源来看，“体育学”共89篇（占比62.68%），其次是“计算机软件与计算机应用”共11篇（占比7.75%），接下来包括“信息经济”“新闻与传媒”“工业经济”“互联网技术”等学科专业背景文献占总数均不到5%，可见“数字体育”在我国的研究以“体育学”为最大理论研究输出端，以此推断我国“数字体育”研究的底层逻辑是“技术如何在体育上发生作用”，而非“体育如何给技术增加内涵”，即“数字体育”是数字化的体育，而非体育化的数字技术。





### （一）数字体育健身研究

随着互联网技术的飞速发展，以及我国全民健身的广泛开展，数字体育健身逐渐走进大众生活，成为健身新样态，不断满足人民群众多元化的健身需求。数字体育健身在备受大众青睐的同时，也成为学界的研究热点。关于数字体育健身的学术研究主要围绕健身器材、健身服务及健身空间等方面。

如何使健身器材更加智能化、更好地服务于公众健身需求是围绕健身器材研究的重点：叶翰尧[19]、伊超[20]等学者对单类健身器材数字化改造进行研究，如跑步机、动感单车等，强调最大化发挥其辅助健身的价值。陈洪琪[21]指出，将物联网技术应用于健身器材设计中以提高健身服务水平和实用性。除了已有健身器材，还有研究针对数字信息时代催生的新的健身辅助器具可穿戴设备[22]。在数字健身服务方面，研究主要围绕提供健身服务的场馆、应用及平台展开。王归然等[23]提出，将物联网技术应用于体育场馆改造，打造智能体育场馆，为大众提供更加便捷、个性化的服务。蔡卫清[24]认为，目前健身服务类应用正经历由工具到娱乐到消费服务的发展过程，该类应用对全民健身具有明显促进作用，但这类健身应用的发展存在着内容同质化、服务功能单一等问题。耿锁奎[25]提出，构建数字化健身平台的设想，搭建网络健身终端系统，为健身者提供健康指导服务及个性化生活化服务等。徐士韦和肖焕禹[26]立足于全民健身，提出搭建公共数字体育服务平台，推进全民健身智慧化发展。数字体育健身的发展打破了传统健身空间限制，释放虚拟空间和家庭空间生机，推动线上健身和居家健身蓬勃发展。新冠疫情使得线下健身行业受重创，线上健身成为新风尚，钟丽萍等[27]指出，线上健身打破时空限制，具有简单、经济、省时、高效的优势，将成为后疫情时代常态化的健身方式。互联网为居家健身提供了极大便利，张双玲等[28]提出，“互联网＋居家健身”应该“聚合赋能”，推动同质化向特色化转变，满足不同健身人群需求，打造“新互动”“新体验”“有成效”的居家健身模式。

### （二）竞技体育数字化研究

有关竞技体育数字化的研究主要从实现数字化的手段——人工智能入手，因此，智能体育是竞技体育数字化中的研究重点。

Chun[29]对人工智能在提高运动员的运动技能和训练水平方面发挥的作用进行了分析。孙德浩等[30]设计了运动数据采集系统，采集相关内容信息，为教练员提供数据以科学作出战术安排。Mccabe 和 Trevathan[31]构建了可以用来预测比赛结果的人工智能模型。在运动管理方面，张维[32]提出一套基于 Agent 的智能体育训练管理决策支持系统方案来辅助管理决策。人工智能对竞技体育智能化、数字化的发展发挥了重要作用。郑芳和徐伟康[8]指出，随着人工智能价值的发掘和强调技术的外籍教练员的增长，我国竞技体育智能化将不断推进。寇晓娜[33]认为，人工智能的广泛应用与发展将极大影响传统运动训练、运动竞赛、运动管理等方面。但是人工智能推动体育发展的过程中，也应该警惕其带来的风险与挑战。唐兴华和张庆[34]认为，应该划分竞技体育和人工智能的界限，减少人工智能对传统竞技体育规则的冲击，重视人工智能引发的竞赛公平问题，强调“人”的精神在体育智能化、数字化发展过程中的重要性。

### （三）学校体育数字化研究

学校体育数字化是数字体育发展过程中的重要一环。围绕学校体育数字化的研究主要表现在数字体育给学校体育带来的影响，数字体育在学校体育教学中的应用，以及数字体育人才培养等方面。

梁胜男和徐波[35]探讨了数字体育对学校体育发展的影响，认为数字体育能促进和实现有效的学校体育教学，使课余体育锻炼和竞赛丰富且有实效，促进学校体育管理和评价科学客观。张董可[36]认为，在体育教学中实施现代化数字教学，有利于增加教学信息量，强化教学难点，最大限度提高教学效果。当下，数字体育在体育教育中的运用主要体现在数字教学，即数字化辅助教学，借助多媒体等方式来完成辅助教学。数字化辅助教学受到越来越多的重视，崔海亭和杨蕾[37]研究了虚拟体育演播室在高等体育院校中的应用，认为虚拟体育演播室在高校体育技术研究和成果转化中有着重要优势，能够突破时空约束拓展数字体育资源，有利于提高高校数字体育的科研创新能力，突出数字体育魅力。Leilei和Cunjun[38]对数字化应用于高校体育建设进行了研究，认为数字体育校园建设应包括高校师生身心素质数字化、设备数字化、体育课程内容及教学过程数字化、学生体能评价数字化等方面。在体育教育数字化中，人才培养是核心，蔡建平[39]分析了教学单位、训练机构、科研机构、行政机构等单位对于数字体育人才的需求，从需求出发提出一套包含培养目标、课程设置及培养方式的数字体育专业人才的培养方案。唐瑞民和刘永东[40]认为，目前专业人才的缺乏是数字体育发展瓶颈之一，对数字体育认识不足、师资缺乏、硬件设施跟不上，以及课程开设与内容设置没有形成统一认识等问题，阻碍着数字体育专业人才的培养。





### （四）体育产业数字化研究

数字化社会中，数字已经成为不容忽视的元素。体育作为社会重要组成部分，深受“数字”影响。其不仅改变了体育运动的发展，更是促进了体育产业的革新。“数字”渗透到体育制造业和服务业发展的各个环节，数字体育逐渐成为体育产业发展的主要方向，为体育产业发展提供新的动力。关于数字产业的研究多是围绕“数字”为体育产业带来的机遇与挑战展开，并从不同角度提出相关发展建议。张未靖[41]对疫情常态化下的体育产业数字化发展进行研究，认为在疫情常态化之下，体育流媒体产业发展喜忧参半，体育社交媒体获得快速发展机会，电子竞技与在线体育彩票持续“走红”。叶海波[42]研究了数字经济对体育产业的影响，认为信息技术为数字体育发展奠定了良好的现实和技术基础，为体育产业高质量发展提供内生动力，提出在数字经济带动下，体育产业将逐渐实现去中心化、平台化、服务化，数字技术赋能体育产业的同时也带来新挑战。江小涓[43]认为，数字技术也催生了更多娱乐形态，这将对传统体育产业产生冲击。体育产业数字化发展面临着新旧项目竞争、多元素娱乐项目与体育竞争、专业性和消费者专注度下降等挑战。关于体育产业数字化该如何发展，刘佳昊[44]认为，网络数字时代应加强顶层设计、鼓励社会参与、推进数字共享等来推动体育产业数字化发展。李艳丽和杜炤[45]对体育产业数字化转型进行了论述，提出增加支持政策供给、培育数字体育消费群体、重视数字人才培养等措施促进产业转型。鲍明晓[46]基于场景化理论提出体育产业发展之道，认为场景时代可通过让艺术丰富运动场景，消费者带动体育营销，多业态融合、多场景叠加，大力发展数字体育经济等途径来推动体育产业发展。

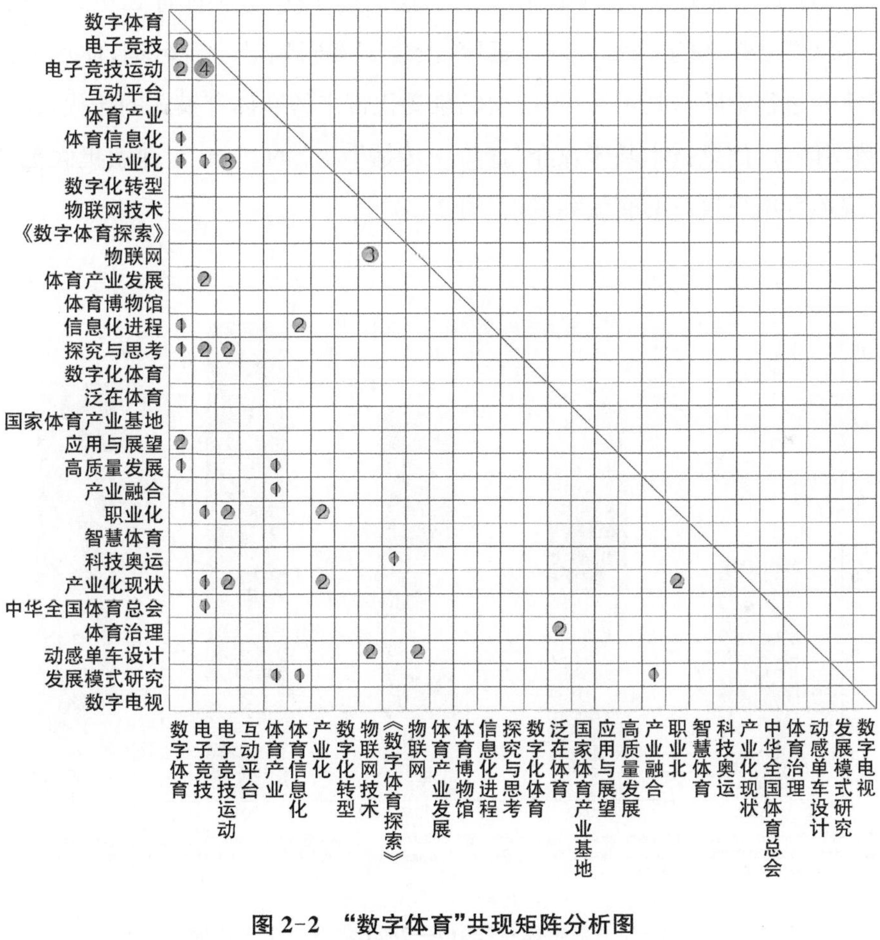


**图 2-2 “数字体育”共现矩阵分析图**

数据来源：中国知网

调取中国知网关于“数字体育”的文献，在中文文献领域进行共现矩阵分析发现，目前我国学界对“数字体育”的内涵及外延研究偏向于技术层面，研究热点聚焦在“产业化”“电子竞技”“物联网”等，对于整体数字体育层面，偏向技术探讨和产业融合的探索(图 2-2)。目前哲学界对数字技术伦理及人的数字化、数字人的研究，并没有大批量出现在体育学界。

在中国知网搜索的关于“数字体育”的文献中，对中英文文献交叉分析可以发现，在 2017—2021 年的研究中单看新闻传播领域，学界从“数字体育 1.0”(主要关键词：数字体育新闻、数据体育新闻)层面逐步往“数字体育 2.0”(主要关键词：“粉丝”现象、数字技术、参与)延伸，出现诸多新领域专有名词，体现了数字体育研究过程中随着技术升级、应用场景变化带来的新体育模式的迭代，在以往对“数字体育”信息技术基于媒介“宣传 + 传播”功能的基础上，探索更大范畴内的数字体育用户自身的交流和传播(图 2-3)。

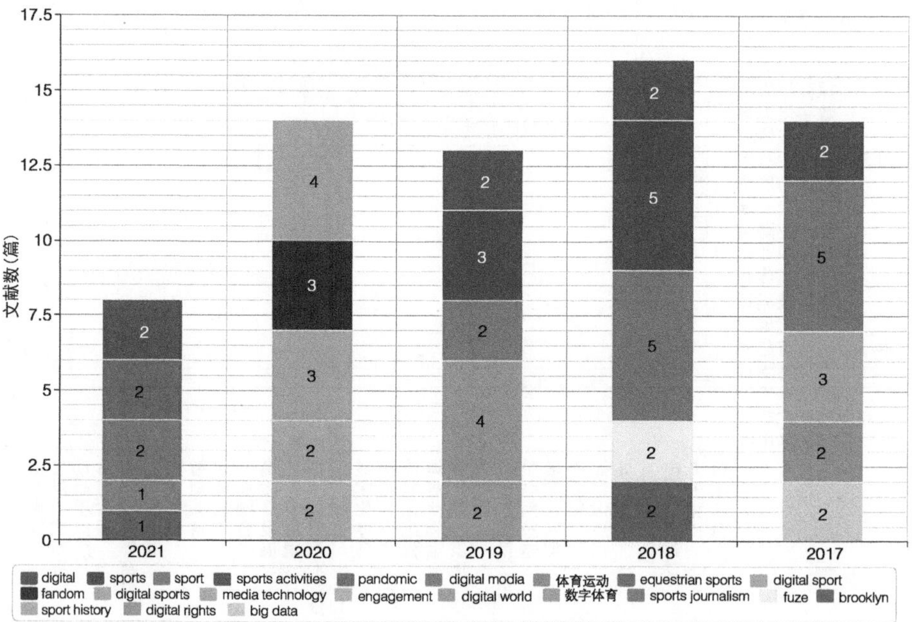


**图 2-3 “数字体育”2017—2021 年度交叉分析图**

数据来源：中国知网

技术进步影响着历史进程，凝结成社会共识，产生出新的社会事实。从技术和社会发展的角度来说，技术与社会的交汇并不一定是线性关系，它更接近于一种耦合关系，这种关系指的是社会具备怎样的条件让技术能够得到广泛应用，或技术通过怎样的进步可以在某个社会解决广泛存在的问题[47]。数字技术的进步伴生体育专业领域的发展，从技术生态结构抽出应用价值，辐射新体育模式的生成与新体育形态的生产。本篇意图通过对数字体育概念丛的辨析，以及对其在体育学界的研究初步建立起我国数字体育发展研究的基础性铺垫。从长远来看，数字体育是一个现在进行时的状态，随着技术进步不断激发新的价值内涵，同时随着数字技术的体育社会化兼容，其外延也将不断扩充，基于数字体育的研究也将长期保持多学科交叉、多领域关照、多文化交流的态势。

# 理论进展篇

第三章　群众体育数字化发展理论进展

第四章　竞技体育数字化发展理论进展

第五章　学校体育数字化发展理论进展

第六章　体育产业数字化发展理论进展

# 第三章

# 群众体育数字化发展理论进展





数字体育的发展是基于数字技术手段的体育发展路径，其主要领域包含群众体育数字化、竞技体育数字化、学校体育数字化等体育专业领域，其与社会应用领域结合形成体育产业数字化、数字体育伦理、数字体育与媒介传播、数字体育法等。党的十八大以来，习近平总书记在不同场合多次强调建设体育强国的重要意义："体育是社会发展和人类进步的重要标志，是综合国力和社会文明程度的重要体现。""建设体育大国和体育强国，是中国人民实现'两个一百年'奋斗目标的重要组成部分。""加快建设体育强国，就要把握体育强国梦与中国梦息息相关的定位，把体育事业融入实现'两个一百年'奋斗目标大格局中去谋划，深化体育改革，更新体育理念，推动群众体育、竞技体育、体育产业协调发展。"[48] 习近平总书记的讲话为促进数字体育融入国家发展、社会治理等起到重要的理论指导作用。

## 一、群众体育数字化的理论辨析

"群众体育"在体育学专门类研究中有两个相似的概念，即"社会体育"和"大众体育"，随着社会发展进入结构转型、消费层级提升阶段后，又延伸出"休闲体育"的概念。有学者指出，"群众体育"在称谓上，蕴涵着较强的政治学含义；在观念上，推崇的是一种"强身"的体育观；在功能上，具有明显的外在功利性；在运作机制上，是以计划经济为基础的统一部署和统筹安排；在组织结构上，是以"单位"为载体、国家办体育的行政模式。而"社会体育"和"大众体育"在明确主体是全民的同时，更强调主体的公民性和权益性；在观念上是一种健身的体育观，在实践中坚持生物—心理—社会的综合发展模式；在功能上，表现为以人为本的重新定位和以健康为目的的重新定向；在运作机制上，是以市场经济为基础的社会化和产业化发展；在组织结构上，是以社团为载体、社会办体育的自治模式[49]。

对于"休闲体育"的论述则指出，从休闲的角度看，体育是人们休闲的一种重要方式与手段，竞技体育就是为了满足人们通过观赏竞技表演获得特殊审美享受的休闲需要而组织的一种竞赛游戏活动，学校体育就是为了传授体育休闲的知识技能而开展的教育活动，群众体育就是人们为了提高休闲生活质量而借助体育运动的形式度过休闲的一种生活方式[50]。可知，休闲体育主要从项目的休闲属性和游戏性的角度，以及人们参与社会体育活动的目的角度入手，属于群众体育基于新时代生活方式出发的形式。



通过以上对群众体育、社会体育、大众体育、休闲体育的概念描述及所进行的分析可以推导，前三者的概念虽然含义各有侧重，但所指对象基本重合，可解读为"名异实同"，而休闲体育从属于前三者概念之下。故当我们论述数字时代社会大多数人群参与体育的社会学研究时，使用"群众体育数字化"表述更为全面，从学术角度来说，研究的普适性更强。

## 二、群众体育数字化的发展基础

群众体育数字化是顺应我国数字经济及数字技术升级，辅助并激活群众体育社会存量的有力支点，也是盘活群众体育事业走向发展新阶段的技术特征，并在技术加持下形成以数字化服务、数字化运作、数字化生态为系统的整合型路径。截至 2019 年，中国数字经济总量规模和增长速度位居世界前列，规模为 35.8 万亿元，占 GDP 的比重为 36.2%。2019 年，中国电子商务交易额达 34.81 万亿元，同比增长 6.7%。在信息基础设施方面，中国已建成全球规模最大的信息通信网络，截至 2020 年 5 月底，中国光纤网络全面覆盖城乡，光纤用户占比达到 93.1%，位居世界第一。在移动通信领域，2019 年中国 4G 基站总数为 544 万个，移动互联网接入数据流量消费 1 220 亿 GB，居全球第一。5G 基站建设数量至 2020 年 9 月已超过 48 万个[51]。数字通道的扩张和数字技术的民用化满足了基础建设的需要。

在我国“高质量发展”“数字经济产业”的建设基础之上，将群众体育数字化作为促进社会发展、加强综合国力、提升国民幸福指数的重要组成部分，其本身运转和发展逻辑与数字时代的产业升级、结构转型不谋而合，可从群众体育时长、群众体育受众、群众体育赛事、群众体育产品、群众体育价值链、群众体育生态圈等方面进行重新盘整。金江军[52]指出的数字时代的十个核心思维，即免费思维、跨界思维、用户思维、社会化思维、大数据思维、平台思维、简约思维、极致思维、迭代思维、流量思维，无缝衔接群众体育数字化发展的“参与门槛低、群众普适性高、发展节奏快、社会效益好”的特征。



数字经济产业的基础性布设为群众体育数字化基于数字技术开展有关运算、加工、存储、传送、传播、还原提供了技术保证。同时，由于群众的媒介素养提升、网络接近性的提高，以及数字工具的相对易得性，群众体育数字化在受众层面的供需结构趋向平衡和完整。

## 三、群众体育数字化的功能分类

从本书开篇论述的在宏观层面针对数字体育的定义，到对群众体育、大众体育、社会体育、休闲体育的辨析，再到对群众体育数字化及其概念的内涵进行区分，涉及的都是与研究对象相关的外部理论基础。下文将基于体育专业领域的功能性角度，从群众体育的强身属性、健体属性、娱乐属性、休闲属性、社交属性五个板块入手进行剖析。

### （一）群众体育数字化的强身之本

国务院办公厅 2020 年印发《关于加强全民健身场地设施建设发展群众体育的意见》，在挖掘存量建设用地潜力、提升建设运营水平等多方面，为加强全民健身场地设施建设、发展群众体育指明了方向。

尤其在新冠疫情期间，人们对于自主性开展体育健身有了新的认识，以防御性的强身健体行为来抵抗疾病的入侵正成为一种社会共识，而健身行为本身成为一种社会风尚，互联网科技的发展为数字化健身的兴起提供了新的增长点。

狭义的数字化健身指的是通过互联网，将健身者在运动中的数据实时传输到事先建立好的电子档案中，后台知识库或者专家根据电子档案中的数据为健身者提供指导[53]。广义的数字化健身则指的是所有与传统群众体育健身有关的环节，加入了数字化技术的辅助手段和场景革命，包括数字健身房、数字穿戴设备、数字化反馈系统、数字化集群系统、数字化运动健身促进平台。数字化健身可为用户提供更加便利、互动性高的服务。

从社会学角度来看，群众参与体育健身运动，除了提升生理性功能之外，也能以动作模拟为路径达到具身认知的效果，具身理论关注模拟、情境性的行动和身体状态对人的心理和行为的作用。具身情绪、具身态度、具身社会认知等研究中都存在动作模拟的成分，动作模拟是具身认知进行体认的一种方式，模拟是身体、世界和心智互动过程中产生的知觉、运动和内省状态的复演，个体通过部分的内隐的动作模拟来表征周围的环境，模拟面对事物时执行的行动。身体的运动或对身体状态的体验或模拟对认知、态度、社会知觉、情绪等发生作用，这种效应被称为具身效应。如在具身情绪的研究中，便发现这种具身效应的存在[54]。

二元世界的划分确立了精神实体的存在，这给认识论上的个体主义打下了基础。个体主义是启蒙时期的思想家反对神学，强调个体理性、个体意识的结果。这种社会文化中的个体主义贯彻到认识论中，就出现了从个体的角度认识社会现象，认为个体才是社会行动的真正主体，是社会分析的基本单元，对于社会或整体的解释最终可以还原至个体甚至个体的内部机制的思想。数字技术带来的文明果实，已经将个体和群体的边界打破，以前人们在开展群众体育活动时，基于个体的健身、活动、体育娱乐是单向度的，即片面完成“个体—社会”的交互观感；而数字技术的加持，将大大提升其参与体育活动的功能性反馈，包括即时数据、运动处方、运动损伤护理、周期性身体发展规划等。从认知心理学角度来说，数字化体育健身行为强调了认知、记忆、思维、目的和动机等心理因素的互为影响。在强化身体锻炼的同时，强身的概念更多地辐射到“身心”维度。

随着社会的不断进步，科技逐渐融入人们的日常生活，它为人们的生活带来了便利，使人们的综合幸福指数得到提升。然而随着科技的不断进步，人们开始懈怠于亲身参与体育运动，这给人们带来一定的健康隐患。有学者指出，所谓群众体育指的是普通群体大众自愿参加的体育运动，群众体育以强身为基本原则，在具体实行的过程中可以提升人与人之间的社交性，还具有一定的休闲娱乐性质。群众体育的实施重点在于帮助人们在休闲娱乐的闲暇时间中达到强身的效果[55]。在数字体育融入过程中，学界和业界应该将群众体育数字化的“强身”作为基本，并加强对于身心维度的理解和思考，从而在身体强健的基础上，提升更多人的社会性价值，促进人的全面发展，进而促进社会的和谐发展。

### （二）群众体育数字化的健体之实

健体，源自对身体健达程度的自我认知和他者性展示。1967 年，法国学者居伊·德波在《景观社会》中论述了一种新的社会形态，如果说当时的人们还不理解，那么五十多年后的今天，这一抽象的概念是否能得到科学化的验证暂且不表，而正因为我们所置身的社会，商品、技术、传媒、影像、互联网、新媒体、资本无孔不入，“整个社会生活显示为一种巨大的景观的堆积”，处处都能看到有意识的表演、作秀，被展现出来的景观、可视的景观及其建构起的视觉体制正不断将我们吞噬，新闻、宣传、娱乐、广告等制造了大量非本真性的需求，我们在景观的引导下进入一种新的异化状态[56]。迁移到体育专业领域思考，体育赛事就是堆砌景观元素的重要代表，而小到作为个体的群众体育参与者，也被这一现象所裹挟。

作为社会活动的实践主体，身体承载着其所处时代的文化观念，包括道德、伦理、审美趣味甚至价值取向。在群众参与健体的过程中，身体本身的私密性特征不再明显，转而体现为公共性。外在的文化观念直接影响着身体的塑造，福柯称之为“被驯服的身体”。在某种程度上，“被驯服的身体”可以看作是社会（交往）的身体对自然（生理）的身体的规训或征服。在身体的社会属性要求之下，自然属性的身体需要按照社会的标准来改造自己，如通过整容、塑形、着装等方式改变自身的自然属性[57]。“看脸社会”是目前数字化社会的一个新兴名词，其指代的含义包括大众对于人、事、物优先从表面的观感入手，带着对表面观感的价值判断去分析事物的内涵，其逻辑性是反社会文明主流价值观的。在群众体育数字化开展的过程中，身体的线条感、肌肉美感、肢体协调度也是具有代表性的“被看之景”。

如今在数字化技术的加持下，有越来越多的健身App、健身公众号、健身短视频，都在以身体展示作为核心价值点进行传播，其本身具有一定的“超赶性”，超越自身极限、赶超他者的标准、达到自我展示的效果，最终回归个人满足的倾向。从个人价值倾向角度来看，拥有一副令人羡慕的身材是达到自我价值极限的重要支撑。这类奇观化、猎奇化、碎片化的展示也随着数字传播技术，从“群体观瞻”走向了“个体观赏”，其本身也存在性别歧视、工具化倾向等社会性问题；因而过热的“超赶价值”需要学界给予“降温”，使其回到一个均质的“展示健体”的理想状态。社会心理学中的“角色楷模”效应也解释了这个现象的成因和归处。就个体的模仿和参照行为来看，美国知名社会学家罗伯特·K.默登（Robert K. Merton）提出的“角色楷模”已经成为一种全球化的日常用语。“角色楷模”就是“一个被其他人视为榜样的人”。关于“角色楷模”的一种常见误解是，他们是英雄人物，是只可远观且绝对可靠、永不会犯错的人。其实这只是一种不切实际的理解，我们身边的“角色楷模”有好有坏，而且我们有时也是他人的“角色楷模”[58]。虽然数字技术带给我们更多观看、了解、接近“角色楷模”的机会，但作为社会人的群众体育参与者，有必要理性看待健体的价值，接近性的路径需要客观理性的思维作为主导，从而更好地服务于健体行为本身。

### （三）群众体育数字化的娱乐之兴

《体育传播学》作者肖焕禹教授曾说过，体育源自游戏，人类在完成生产生活积累后的嬉戏，加上相对公平的专项性规则，就成了现代体育的基本样态。体育的游戏性是在人类社会从生存走向发展，进而进化出更高等级智慧和更高维度的文明过程中的重要人本性元素。从数字体育，尤其是电子竞技型体育的发展来看，游戏性的体育的发展史实际上是人类历史的一部分，从古代人类嬉戏打闹到近代的纸牌、麻将，再到现代的电子游戏，这个发展历程体现着人类对空闲时间的利用、对无聊情绪的处理，以及满足喜欢挑战的基因等行为活动的演化。其实，对很多人来说，游戏还是对抗类体育项目，不只是为了消遣，他们还可以在“类游戏化”的体育中释放和调节压力，有机会获得认同和建立社会联系，锻炼专注力、反应力[59]。数字传媒技术本身就是以连接万物（物联网）及连接大众（互联网）为本源来开展和实施的，从人的娱乐性走向需要娱乐的人群。

社会的发展需要具有张力的弹性结构，娱乐化的行为模式及娱乐化的信息消费都是数字体育在群众圈层中展开的路径之一。前者包括娱乐化的运动项目、娱乐化的群众体育赛事及非强对抗性的竞技活动氛围，相较于专业竞技运动员而言，群众在参与体育活动时往往就是“图一乐”，所以“轻量级、不易受伤、成本低、即时反馈”等特征就是群众体育活动的主要特征。比如目前开展较多的传统体育项目结合 AR 和 VR 技术的虚拟现实、增强现实体感游戏，同样是踢球，原先是人和人、队和队的较量，现在可能只需要一面墙，将虚拟画面投射在墙上，一个平面的虚拟球门上就会出现多个带着分数的格点，哪怕拿一只普通的足球完成射门游戏，都可以在获得相应分数同时完成多人非即时对抗竞技游戏。同样的技术手段在职业运动员参与的竞技体育甚至军事化训练中都是比较常见的。目前学术界对于这类技术的态度还是比较开放的，主要是关于传统训练模式和创新虚拟训练模式之间的效果区分，是否存在替代作用，还是数字技术只是体育的补充，暂无定论。而在群众体育端，这个顾虑完全可以忽略，因为群众体育的重心就是“娱乐性”，数字技术外化于行，向内滋养于心，将泛娱乐的元素加入群众体育之中。

群众体育数字化还有着“观赏型实践路径”，即以数字技术为媒介通过观摩体育赛事、体育运动得到娱乐的快感，人们通过对赛事的了解，以观看、欣赏或结合交流的形式，“化身”体育比赛中的间接参与者融入比赛。这回到了观赏型社会的论域中，人们从古代人类文明创始之初的洪荒时期就期待和神的对话，人类仰望上帝的同时也在期待着成为神的化身可以俯视人群，所以“观看”行为的本身带有神谕性，人们可以通过俯视球场内的赛事，体验到体育运动的魅力，进而走向社会世界带有原始属性的“群体狂欢”中。在狂欢中回归娱乐，并逐渐回归平静。

总之，无论在理论还是实践上，体育与娱乐的关系都呈现出纠缠不清的样态。从哲学角度审视体育娱乐化的产生和实现机理，可以发现有以下不同维度的状态：娱乐的体育是从身体到心灵的畅快感，是一种从感性到理性的愉悦感，是从自娱到他娱的审美感，是从痛苦到快乐的崇高感[60]。数字技术始终充当一种“效果放大器”，它放大的既是传播效果也是实践效果，帮助人们随时随地投入群众体育娱乐的项目，虚拟出场地、道具甚至是对手，或许在未来还能拟态出平行时间，彻底击穿时空的限制；另外，数字技术拉近了人和赛事的距离，人们可以通过显示器（手机、电脑、广场天幕，甚至宇宙飞船上的陆地交流视讯器）随时随地看到比赛，享受观看赛事的快感之余，行使自身可选择观看的权利、可选择观看的视角，一切随心所欲，这正是群众体育数字化娱乐的真谛。





### （四）群众体育数字化的休闲之基

群众体育数字化落脚点在以非体育竞技为职业的社会普通人群，随着社会发展、居民可支配收入提高、余闲社会格局逐渐明晰，体育政治化因素也逐渐消解，体育正在变成群众从事工作、学习、社交之外的休闲选择。运动休闲作为一种时尚或者潮流，逐渐走入中国人的生活，并成为越来越多人的生活理念和生活方式，它深深影响着中国社会，而运动休闲产业更是现代休闲经济的重要组成部分。然而运动休闲在中国社会的普及和发展仍然需要经历一个日臻完善的过程，积极构建运动休闲发展的社会基础能够促进这个过程进展更快，结果更完满[61]。

休闲之于体育，本身就有“休闲体育”这一专业名词，狭义上的休闲体育指的是休闲体育专业，是社会体育专业的组成部分。但是休闲体育与社会体育并不是组成关系，而是一种交叉重叠关系。一般来说，休闲体育指人们在闲暇时间以增进身心健康、丰富和创造生活情趣、完善自我为目的的身体锻炼活动，具有自由性、文化性、非功利性和主动性等特点。对增进健康、强健体魄，预防疾病与康复，提高文化素养与精神文明建设，丰富生活内容与加强人际关系，以及促进人的社会化与个性形成等都有重要意义和作用。从受众需求角度来看，休闲体育是指人们在闲暇时开展的，项目形式不拘一格，对场地设施要求不高，强调娱乐休闲、运动乐趣、放松身心的体育活动。

体育与休闲从来就具有难以分割的密切关系，体育运动的产生与人类闲暇需要也是密不可分的。体育运动越来越成为现代人休闲生活和休闲方式最为重要和最为广泛的内容。正是体育运动与休闲结合，才衍生出休闲体育这个新形态。体育更加适合在休闲活动中推行，当人们以体育运动的方式获得一种身体的直接且刺激深刻的休闲体验之时，体育运动成为休闲活动中更高层面的实践方式。从休闲运动和体育运动的区别来看，欧洲理事会关于“体育运动”的定义是：所有形式的身体活动，通过非正式的或有组织参与，致力于改善体质和身心健康，形成良好的社会关系，或在各种比赛中取得成绩。关于休闲体育的定义很多，差异也较大。目前得到多数人接受和采用的是李相如、凌平、卢峰主编的“十二五”普通高等教育国家级规划教材《休闲体育概论》中的定义，即人们在自由支配的时间里，通过体育运动的方式，以直接或间接的体验，满足身心需求的一种自觉自足的社会文化活动[62]。无论是偏重休闲体育定义中关于社会文化活动的说法，还是考虑到现代体育运动本身就带着强烈的休闲属性，群众体育的休闲元素都是其自身内涵发展中的重要支撑。

数字技术和群众体育的休闲属性有高度的适配性，群众参与体育休闲需要“自由的时间特性”“自在的身体活动的特性”“获取并体验欢愉的特性”“放松心情舒缓心态的特性”“自在自为主动参与的特性”“非功利性参与的特性”。虽然群众体育的休闲和娱乐属性比较类似，但是休闲更突出一种“由群众体育走向放松、舒缓”的社会性状态，使人从社会回归自然的恬静，而群众体育中的娱乐涵盖“猎奇、探秘、窥私”的非正常娱乐状态，即体育娱乐性可能因高度兴奋，让人更加精神倦怠，休闲属性则会让人趋向宁静。

全世界参与群众体育休闲活动的人越来越多，但方式方法则大不相同。有借助数字技术云端体育旅游的，有投身虚拟钓鱼的，有体验数字健身宅家锻炼的。甚至日本任天堂 Switch 推出的游戏《健身环大冒险》（“Misadventure”）也风靡世界不断涨价，成为“后疫情时代”群众体育休闲活动的“硬通货”。随着现代社会人的数字化转型和追求闲适生活的社会风尚，休闲的特征始终是数字体育发展中的基石。

### （五）群众体育数字化的社交之势

“社交”是群众体育在强身、健体、娱乐、休闲之外的第五大功能价值，也是和数字技术捆绑较为紧密的价值元素。随着移动互联时代的到来，个体接触、参与体育活动的渠道也逐步增加。本书将群众体育数字化的社交路径分为“群众自在化圈层”和“群众体育赛事圈层”，着眼于个体借助数字技术完成体育活动前、体育活动中、体育活动后的多平台（线上、线下）社交，以及个体借助数字技术在参与群众体育赛事（报名、准备、实践、完成、再准备）周期内的社交环境和生态，重点研究群众体育数字化的社交价值及社会性意义。



首先，社会个体在参与健身类体育活动时除了需要专业的指导之外，更多的社会健身爱好者会因兴趣聚集在网络社群中，如健身类 App、QQ、微信等平台的信息发布界面或聊天群中，受众通过交流健身方式，以体育健身为内容开展网络数字社交。其次，对于家门外的运动，无论室内、室外，都需要一定专业、专属的运动空间，人口密度高的都市，场地资源尤其紧张，数字技术可以很好地解决这个问题，满足在线预订、实时查看场馆租用率等需求。从场地使用角度来说，场地信息完全透明，对每个应用者和场地所有人都是公平的，为群众体育社交创造有利的技术条件。再次，对于竞技类的项目而言，无论是隔网对抗还是场馆球类项目，都需要约伴，目前诸多以兴趣为卖点的集合式应用也在年轻一代中风靡，参与运动之前通过软件约伴，延伸更多社会交往节点，形成“技术带动社交、数字促进社交”的状态。

在借助数字技术参与群众体育赛事方面，重点要研究“社会—群众—政府”之间的交互关系，厘清群众体育赛事“谁来办、为谁办、怎么办”的问题。“以人为本”是科学发展观的核心要义，同时也是中国共产党基于全心全意为人民服务的根本宗旨的出发点。开展群众性体育赛事的目的就是满足广大人民群众日益增长的物质文化需求，保障人民群众的身体健康。人民群众是一切工作的根本，正因如此，就需要相关部门在制定群众性体育赛事标准的过程中，深入了解人民群众对于赛事活动的需求和意见，重点考虑他们的参赛体验[63]。数字技术的升级换代，带来了更高层次的技术环境，受众的参赛体感、体验、体会实现重大的飞跃。例如，每年都非常火热的上海城市马拉松赛事，参赛者从赛前参赛资格的预订，到赛中全程比赛信息，再到赛后自己的运动成绩都可以在官方的数字信息平台上实时获取，借助专业数字体育可穿戴设备对自身数据进行更加细化地抓取和分析，并以成绩和运动心得作为素材，与其他参与者开展交流和互动。对于数字时代的体育爱好者来说，体育不仅是自身的塑造，更是一种交流的谈资。数字促进了体育社交，社交也无形中加深了体育文化在人群中的泛化和延伸。

# 第四章

# 竞技体育数字化发展理论进展





竞技体育运动远在人类早期社会就以争取胜利为目标的原始比赛形式出现。此后，伴随生产力的发展，其内容不断充实，比赛规模不断扩大，赛事获得越来越大的独立性，并被定义为“竞技运动”。如今，竞技体育的参与人数呈指数级增长，运动员需要挑战的成绩越来越接近人体极限，创造新的世界纪录也将越来越难。在此背景下，基于智能化信息技术发展的数字体育便成为改变格局的“密钥”。

基于智能信息技术发展的数字体育，利用新技术支持传统体育本身及其他相关体育形式(甚至体育新形式)，是传统体育与时俱进的一种新方式。数字体育带给竞技体育的变化是多元的：通过改变选材模式、拓宽训练方法、丰富运动情报搜集手段等来提高运动员的运动表现；通过运动装备与运动队的数字管理、裁判员判罚数字化、赛事服务系统数控化等来推动竞技体育高质量发展；通过加强创新驱动来优化竞技体育发展模式。本章围绕上述方面展开讨论。

## 一、数字化助手：助力运动员科学备战

随着互联网技术、人工智能等软硬件的飞速发展，竞技体育正在走向全面数字技术加持的新阶段。数字体育主要从选材模式、运动装备、运动情报搜集、运动心理、运动损伤五个方面，以数据为依托全方位增强运动员的运动表现。

### (一) 选材优化：数字体育服务运动选材

高水平竞技体育的直接产物是高水平的运动成绩，高水平的运动成绩应该由高水平的运动员来完成。精英运动员的培养需要两个基本条件：一是受训者

必须具有一定的竞技性，二是受训者必须接受竞技课程训练。其中前者是基本条件。

外国运动员选拔也称为“运动员实力确认”，是指确保现有参与者（尤其是儿童和青少年）有潜力成为精英运动员的过程，争取激发优秀的运动技能[64]。运动员选拔过程的基本原则是根据遗传特征（如体型、体力活动、运动素质）和运动能力来确定儿童和青少年运动员的表现（performance），然后根据运动成人标准进行选拔。体育人才选拔不仅为竞技体育人才提供了来源，而且促进了运动员竞争力的不断提高。




传统的运动选材主要依靠的是教练员常年执教和参加比赛的经验，这种方法很难做到十分精确，掺杂着太多的偶然因素，选材时的比赛场地、环境、人员等都会对运动员产生影响[65]，如此带有个人主观臆断的选材方式附有太大偶然性，也会导致一些优秀的苗子因这种偶然性而与伯乐失之交臂。在大数据时代，一些训练从“从动作开始”变成了“从数据开始”，测试方法和标准也发生了变化。在数字体育介入运动选材后，运动员选材变得越来越科学化。所谓运动员的科学选材，就是根据不同运动项目的特点和需求，运用生物检测技术和数据挖掘技术，通过大量的数据收集，再经过软件的系统分析，全面综合评价和预测，生成综合报告，把先天条件优越、适合从事某项运动的人才选拔出来[66]。

目前运动员科学选拔采用计算机数据处理，将技术评判标准预先记录在数据库中，对被测运动员的原始数据进行标准化比较，确定其发展潜力水平。此外，在大量国内外优秀运动员的相关数据基础上，通过统计分析和对比计算，设计科学数据库，对运动员进行三维运动学分析，预测其速度、反应力指数等体能指标，筛选出优秀青年运动员。这为选拔高水平运动员提供了参考依据，但由于遗传、训练时间、专业水平和身体发育等因素，选拔过程较慢。先进科学发展的指导方针是预测未来或识别例外情况，调整模型并进行数据分析，以大数据为支撑的数字体育不仅可以提供一个巨型的数据库，还能兼顾未被观测到的因素，甚至深入更加微观的层面。

以年轻篮球运动员的选拔为例。每名运动员测试前穿上一件带有特殊传感器的运动服，在试训过程中，它将自动记录运动员在冲刺或折返跑中的加速度、立定摸高的弹跳力及运动过程中的总心率等，并将测试数据上传至数据库。自动生成的运动员综合素质评估报告直观地呈现在教练员团队面前，助力其科学选材。

### （二）装备升级：数字体育升级运动装备

在竞技体育中，通过科技手段改善运动装备的性能，可以辅助运动员发挥自身潜能，激发生理极限，实现成绩的提升。高性能运动器材是指运动员在竞技比赛中使用的服装、鞋帽、防护用品和器材等一系列辅助器具。在奥运会或国内外重大比赛中，运动员根据自身的喜好，在规则允许范围内选择辅助器具，该部分是为了让运动员保护好自身[67]。数字运动装备不仅仅是为了让运动员做好日常防护工作，还能够让运动员掌握自身的身体状况，进行针对性的训练，尤其是在危急时刻，能够让运动员有效地自保。

随着现代科学材料的飞速发展，数字运动器材逐渐成为保护运动员人身安全、改善器材使用者运动体验、提高受训运动员成绩的重要因素。在运动员可穿戴设备方面，数字体育装备赋能运动员日常训练，提高受训效率。澳大利亚一家体育公司研制出了一款智能背心，它能记录每秒一千余个动作，同时能根据监测数据生成 GPS 热图，反映运动员短跑、速度、距离等运动数据。运动员能及时调整动作幅度、出手时机等，大大提升受训效率。美国知名服装品牌拉夫・劳伦(Ralph Lauren)研究出一款能有效帮助运动员调节温度的可穿戴设备，它通过位于颈部后部的空调装置，让夹克或外套与身体之间的空隙形成空气流动，达到加速散热的目的，有效避免了因温度过高影响运动员的成绩。

在允许运动员根据自身使用习惯自带的器材方面，许多器材都采用了新式材料来辅助运动员提升成绩。球拍内框呈中空，外框采用树脂基玻璃纤维和增强多层胶等复合材料。碳纤维羽毛球拍中的碳纤维从 T200 到 T300，框架主要填充聚烯烃箔材料，增加了整个框架的强度和柔韧性。碳纤维和丝纤维的处理类似于车架使用的新型化学材料，以增加使用过程中的摩擦力。撑竿跳高的撑竿采用三种增强材料：外层采用碳纤维增强环氧树脂，使杆更亮、更耐用；中间层由穿孔玻璃纤维制成;内部采用环氧树脂包裹玻璃纤维以增加牵引力。通过对鲨鱼皮泳衣的仿生研究,一名面料设计师成功设计出一种有助于降低阻力的泳衣面料：穿上后水流阻力降低 7%左右,覆盖全身并防止肌肉震颤,能量消耗降低 30%;自由漂浮 100 米,时间最快可缩短 1 秒。

在场地器材方面,Salloo 泡沫袋(海绵袋)取代了沙箱和锯末,让运动员几乎可以用身体的任何部位接触地面而不会受伤,这对提高运动成绩有一定作用,同时也优化了比赛训练环境、防止运动损伤的发生[68]。2008 年北京奥运会期间,我国泰山体育和江苏金陵两家体育公司,平分了除"计时计分系统"之外所有的田径比赛器械的供应,这些数字化精密器材保证了比赛能够在公平公正的条件下进行[69]。

随着科技不断介入体育领域,鼓励竞技体育的持续发展,越来越多的体育运动不断挑战人类运动的极限。依靠竞技体育数字化装备进一步提高运动员的竞技水平就显得尤为重要,数字和体育的"共生关系",将继续伴随竞技体育运动走向更加美好的明天。

### (三) 情报支撑：数字体育助力情报搜集

《孙子兵法·谋攻篇》称:"知彼知己,百战不殆。"竞技体育亦如此,特别是一些团体类的项目。只有充分了解对手的风格、技术和比赛特征,教练员和运动员才能展示决策过程中"未来或潜在"的实力,从而在过程中作出更"有计划"的决策以取得更好的成绩。在体育比赛中,情报也是制胜的关键。体育运动不仅仅是一项靠体力或者身体性能优势的运动,我们要千方百计分析对手的优势和劣势,同时也要极力规避自身长处和痛点的暴露,这就需要借助信息技术予以实现。体育运动与信息技术的融合发展向我们展示了一幅新的体育竞技画面,我们只有注重掌握两者之间的融合,才能在未来的竞赛中立于不败之地。

当今,竞技体育参与人数呈指数级增长,不同体育项目之间的竞争越来越激烈。体育情报的价值链是指基于体育数据和信息的价值体系。通过价值链,教练员和运动员在体育竞赛中才能掌握竞争对手的相关信息、研究竞争情报、制定竞赛策略、布置战略战术,获得竞争胜利。得益于数字体育的加持,竞技体育可以充分利用互联网，减少不必要的环节，提高竞争水平，突破传统竞技体育的局限。体育情报在竞技体育中的运用主要分为三部分：比赛分析、赛前预警和竞技情报的灰色特性。

在比赛分析方面，GPS 定位软件、Sport VU 球员分析系统、Dart-fish 比赛分析软件、技术运动代码和统计系统、Cronus 运动员管理软件等新兴技术[70]，它们能实时记录和准确识别对手训练和比赛水平，通过从手机端到电脑端的视频采集、管理、技术分析，及时掌握运动员和运动比赛的情况，做好备份工作，能够为接下来的工作提供数据支撑。





在赛前预警方面，通过大数据、数字生物监测、视频图像等，在赛前分析对手的状态、常规打法、战术等，制定有针对性的应对策略。例如，中国跆拳道协会相关人员 7 次前往韩国，收集 13 支球队的最新成绩，在公开赛发现了技术全面且富有极高天赋的黄敬善，随后中国队立即将其列为 67 公斤级的最大竞争对手之一。当时，中国教练员组通过大量细致的工作，在 2004 年雅典奥运会前看到了该队员的实力，对其进行了详细的分析，并发出了赛前警告。教练员组迅速集合，积极应对。后来，在雅典奥运会首轮比赛中，中国选手罗微对阵韩国选手黄敬善，最终以 2 分的优势获胜。

在竞争情报的灰色特性方面，成立专门情报团队，发挥互联网功能，认清竞争情报的灰色特性，提高反竞争情报意识[71]。在 2008 年北京奥运会上，美国女排教练组就成功利用了情报的灰色特性。美国女排和传统强队古巴、巴西、俄罗斯相比算是二流球队，队里主力队员的年龄偏大，美国队不具备争夺奖牌的实力。他们面对新闻媒体的采访时也一直十分低调，称参加本次奥运会就是为了锻炼队伍，享受奥运，目标仅仅是小组出线。这样的答复极大地麻痹了其他对手对美国队的研究，降低了对美国队的重视程度。但是美国队也有其长处，如队员身体条件出色、队员经验丰富，且聘请了中国籍知名教练员郎平作为球队主帅。最终美国队利用了竞争情报的灰色特性，取得 2008 年北京奥运会女子排球比赛的银牌[72]。

### （四）心理调节：数字体育调节心理疲劳

马斯洛说："情绪的变化，带动心情的变化；心情改变，带动习惯改变；习惯的改变，带动性格的改变；性格变了，人生就变了。”根据观察，心理精神状态会影响一个人，这同样适用于竞技体育。据专家分析，在高水平比赛中，心理状态稳定的运动员更容易取得好成绩，因此世界各国都非常重视运动员的心理训练。通过心理训练和心理疏导，消除选手参加比赛的心理障碍，提高竞赛水平。

在体育世界中，运动员仅凭出色的技能或体力是很难取得成功的。优秀的运动员需要具备广泛的技能，例如身体素质、技术、战术和心理调节能力，才能应对日益激烈的竞争。温伯格等的一项研究认为，当与同级别的对手比赛时，球员的情绪差异会对比赛结果产生 50%以上的影响。因此，在体育组织中与运动员互动的每个人都有责任了解运动员的心理健康状况，例如教练员、心理学家、医务人员、管理人员、专业支持提供者和其他综合支持团体。

陈湛炳等指出，中国乒乓球运动员心理训练方法可分为长期的心理训练、赛前的心理训练、比赛过程的心理调控、赛后的心理调整四个部分。中国乒乓球运动员的心理素质训练方法多种多样，主要是提高运动员的抗压力及心理承受素质。在中国乒乓球运动员的心理素质训练中，既训练运动员对这一职业的认识、感知及荣誉感等，也训练运动员自身的意志、情绪、注意力和个性等，以提高运动员对自身行为的认知能力，强化运动员的爱国精神及培养他们的良好品质，注重对运动员进行积极向上的心理素质培养。在对我国乒乓球运动员进行培训过程中发现，对运动员参加训练和比赛的动机、态度、信心等因素进行分析，然后再进行有针对性的教育和培养，能够在很大程度上提高乒乓球运动员的潜力。这些系统的心理训练为中国乒乓球队在奥运会赛场上取得优异成绩提供了保障。

通过观察发现，运动员在进行肌肉训练时，往往会出现一些无意识的、多余的动作，使得训练动作专业度降低，没有达到预想中的效果，利用数字手段进行分析研究，加之心理引导，运动员能够实时掌控自己训练时的态度、状态，通过向大脑发送指令，调节动作，提高肌肉训练时的效率，能够在有限的时间内让运动员实现更大的突破。

运动员在进行大量训练后，难免会出现心理疲劳，而数字体育的介入，有效缓解了此种情况的发生。心理疲劳描述的是一种在高训练环境下的心理耗竭综合征[73]，这种现象出现后会使运动员处于精神高度紧张的状态，进而导致其身体素质下降，训练成绩倒退。目前我国运动队使用生理相干与自主平衡系统来缓解运动员心理疲劳，它利用红外线扫描活套光电传感器将手指、耳朵等身体部位与电脑连接，运动员可以在电脑上看到自己使用该系统后的心率变化、输送比变化。系统还可以进行 3D 场景再现。通过这样较为新颖有趣的训练方式，使运动员不再处于高压环境下，有效地缓解了心理疲劳。

当下，数字体育和心理健康服务的交叉方法已成为体育科学研究的最新前沿。人工智能技术不仅能为普通运动员提供帮助，也能为残疾运动员心理健康评估和心理健康保护提供技术支持。人工智能提供各种心理健康服务，包括 AI 咨询师和咨询助理等。有些残疾运动员不愿与医生沟通，因而人工智能的目的是减少残疾运动员对心理学家的抵触情绪，使用数据管理系统来分析收集残疾运动员的心理状态并评估运动员的技能。在出现心理健康问题之前进行干预，为运动员提供心理健康数据和适当的治疗方案，减轻残疾运动员长期训练和比赛的压力。



除心理训练外，还包括比赛心理的调节。在备战各种大型比赛时，我国运动心理专家不仅会基于数字技术为我国运动员的比赛心理做有效调试，还会对运动员进行心理咨询。他们让众多参赛选手带着轻松愉快的心情踏上比赛的征程。例如：东京奥运会射击女子 10 米气步枪金牌得主杨倩之所以能顶住压力勇夺金牌，与她那种“微笑面对任何困难”的心理状态有直接关系；举重名将谌利军在抓举第二、三轮全部试举失败的情况下，在挺举第二、三轮依次举出 185 公斤和 187 公斤，夺回了莫斯克拉眼看到手的金牌，赛出了中国人的骨气、志气和勇气。

### （五）损伤康复：数字体育促进运动康复

运动损伤是在竞技体育训练中会大概率出现的问题，且一旦发生就很紧急。在运动医学领域，人们将体育运动中造成的人体组织或器官在解剖上的破坏或生理上的紊乱称为运动损伤[74]。运动损伤的一个重要原因是体育比赛及其他技术活动中人体骨骼肌和肌腱的形态和功能或压力负荷超过了肌肉力量的极限。训练运动员过度疲劳造成的疲劳负荷也会对骨骼肌、肌腱和韧带造成永久性损伤。运动负荷是指运动员在运动过程中所经历的身心压力。适当的负荷策略是指在训练过程中在提高运动训练成绩方面采用适当的负荷，这不仅不会对运动员造成伤害，而且还会提高训练效果[75]。而数字化的介入，可以帮助教练团队更快匹配运动员的负荷。

西方学者 Zelic 等[75]于 1997 年开始研究使用认知智能技术识别运动损伤，并建议将贝叶斯分类视为一种有效的工具，其他选项包括人工神经网络(ANN)、支持向量机(SVM)等。数字体育可以创建可预测的模型和方法，用于寻找训练有素的运动员，尤其是团队运动员，这样在不同的训练负荷和竞争条件下，就能避免腿部、膝盖受伤或心脏缺陷等情况的发生。它可以与惯性测量单元(IMU)技术集成，以测量运动碰撞风险的全局通信负载和头部负载，并集成报告以降低头部受伤的风险。同时，它可以准确测量和预测运动疲劳(PRE)与运动负荷之间的关系，并对运动训练进行科学细致的观察。此外，彭斯加德等使用 Bazesian 组织策略发现，运动员在训练过程中压力越大，其受伤的可能性就越大。对于一般体育爱好者，通过结合 IMU 和 ANN 模型，可以智能监测下肢训练的疲劳度，有效预防运动损伤[76]。

多年来，人工智能技术已被证明是自动损坏分析的有效工具。例如，背部损伤是一种常见的运动损伤类型，占所有运动损伤的 10%～15%[77]，主要由突然减速或加速引起，如射击引起的损伤，以及反复压力(如举重)引起的损伤。MRI 和 CT 数据自动识别脊髓损伤在运动损伤评估中发挥重要作用，这些技术可以提供有价值的诊断和可预测信息，帮助医生更好地诊断病变，提高准确性和效率，减轻运动员的心理负担。

另外，查看负载的压力在很大程度上取决于物理指标和生物指标。一些数字化可穿戴设备可用于获取运动中的心率、加速度和功率变化等数据。充足的训练负荷不仅可以帮助运动员达到尽可能好的训练效果，还可以提升他们的身体素质，提高运动成绩。我们要掌握好这个度，不能够过大或者过小，过大有可能会导致运动员身体支撑不住，影响之后的训练甚至无缘比赛，过小同样也起不到训练的效果。

## 二、数字化提升：提高竞技体育管理水平

在数字经济和体育强国建设的双重大背景下，新兴数字技术和体育行业正在加速融合，数字技术逐渐渗透到竞技体育的各个环节，推动竞技体育的高质量发展。在运动训练方面，数字体育的介入大大提升了训练水平；在体育比赛方面，运动数据采集系统采集相关内容信息，为教练员提供数据以作出科学战术安排，借助数字科技手段可以使体育竞赛的裁判更加客观和精确；在体育竞赛服务方面，数字技术推动体育竞赛管理的智能化、信息化、安全化。通过数据化科技手段，可以让比赛的全过程对外公开，保证比赛的公平公正。

### （一）运动训练：数字体育提升训练水平

运动训练方法是旨在提高运动员技能的运动训练方式和手段，是运动员提高运动成绩的途径。在现代竞技体育的发展和创造中，科学家、教练员、运动员等团队制定了不同的训练方法，每种训练方法和训练计划都有自己的训练功能和操作要求，并能被恰当地使用。不同训练方式有各自的性质和特点，有助于顺利完成体育训练计划中的各项训练活动，帮助运动员适当发展成功比赛所需的竞技能力。由于运动的广泛性，不同的运动项目和运动目标的训练方法是不同的。训练方法是制定训练计划的基础，训练者需要根据运动员各项运动项目的技术特点和动作特点，制定并实践合适的运动训练方法。通过分析数据而找到的训练方法，往往更具有科学性，并且适用于每一个运动员自身的情况，运动员可通过分析其自身存在的不足，做好针对性的训练。

在训练方式上，运动训练分为一般素质训练和专业训练。加强体育锻炼主要是促进身体活动能力和全身素质的提高，为优化专项体育锻炼、提高专项技能和运动成绩奠定基础；专项体能训练主要是根据这项运动的技术参数和结构特点，确保运动员在比赛中运用特殊的技能和技巧，取得最佳成绩。IBM 的 CEO 罗瑞兰表示："数据将成为各行各业可行的运营平台，最终数据将成为社会重要的天然工具。"任何处理数据并了解其价值的人都可以赢得竞争。随着数字体育

技术在竞技体育中的运用，越来越多的运动员在进行一般素质训练和专项素质训练的过程中引入很多现代化教学技术手段来辅助日常训练。借助数字化训练，在一般素质训练中，复杂的动作可以更加直观地、数据化地展现在运动员和教练员面前，将抽象的主观感受转变成更加客观具体的数据，因此可以极大地提高训练的针对性，提高运动员的成绩[78]；而对于专项素质训练而言，借助大数据支撑，在参赛运动员的技术特点、设计特点、比赛状态等方面，可提供选手数据、比赛数据等。

不仅如此，大数据也让运动员的个性化训练更加科学有效。Lai[79]对人工智能在提高运动员的运动技能和训练水平方面发挥的作用进行了分析，认为人工智能为运动员个性化服务提供了便利。温宇红和田麦久[80]、杨桦和池建[81]认为，"单项训练"是指训练者根据不同比赛中的运动表现和比赛成功的要求，在身体素质方面广泛、全面地选择训练内容，重点关注每个运动员的态度和心理特征，以及训练目标、方法、责任和训练道德。孙文芳和赵明[82]认为，完善个性化培训计划可以分为两个步骤。第一步是收集日常运动训练和比赛的数据。随着各种便携式和简易式体育应用的发展，监控所有日常个人数据变得更加容易，并且可以实现数据收集和自动上传。运动员佩戴运动手环，可全天候监测日常训练、休息、比赛、心跳、血压、睡眠质量等，自动上传云端并长期保存，保证数据全面、真实。第二步是建立运动员数据库。通过建立运动训练信息管理系统，可以有效更新运动训练数据，根据收集到的数据对运动员进行识别和分类。在此基础上，针对不同的运动员设计不同的训练计划和训练负荷，以改善运动训练的效果。

在高尔夫和棒球领域，数字技术已被用于帮助运动员进行更广泛的训练。3D 多普勒雷达技术可用于收集高尔夫球手击球的轨迹、攻角、速度和方向等数据；模拟软件评估现有挥杆技巧和球角对获胜路径的影响，帮助运动员进行有针对性的训练。Track Man 就是这样一家通过 3D 多普勒雷达技术，为职业高尔夫球手或者美国职棒大联盟球队提供击球分析的公司。它的系统软件可以显示击球后球的飞行轨迹与球杆头切面所对的角度，以此来帮助训练球手，提高挥杆训练效率和竞技水平[83]。

### (二)体育比赛:数字体育提高竞赛质量

#### 1. 辅助教练员科学决策

教练员在运动队中发挥着重要作用,优秀的教练员是运动员(队)取得优异运动成绩的前提。教练员的职责主要包括挑选优秀运动员、组织日常运动训练、管理运动员的生活、解决运动员在技术上的困难。

在运动训练中,提高运动训练水平最有效的方法是分析运动员技术的动作、关键步行点的衰减并纠正错位。早期教练员通过肉眼观察判断,效率低下,训练效果改善具有局限性。20世纪以后,运动图像分析软件被广泛运用,通过高清设备拍摄运动员的动作,按照一定算法进行解析,依据可视画面和图像解析的数据来分析技术动作的优劣势。这一技术极大提高了技术动作诊断的信息反馈速度和精准度,也给教练员研究运动员技战术能力、制定训练计划提供科学的参考,但并不能对运动员的数据进行实时监测。数字化介入竞技体育后,科研团队设计了运动数据采集系统,采集相关内容信息,通过物联网技术与体育的结合,实时监测运动力量数据,通过后续对数据的分析,帮助教练员和运动员提高体育竞技策略的科学性[30]。例如,PD-1型乒乓球动态测转仪是我国在体育领域中的一项重要发明,它主要用来测量乒乓球的速度、运动属性的功能,分析运动员采用不同发球动作时球的运动状态,测量球的旋转速度,判断球的运行轨迹等,极大提高了乒乓球科学化训练水平。

如今,对于技术的要求应该是AI教练员完全可以替代人类教练员进行大部分教学任务,例如,它必须具备以下功能:了解和评估身体健康和运动表现;测试运动员的技能;评估提供有针对性的训练报告给运动员并监督其实施,根据运动员的情况和最佳成绩,不断调整和改变训练计划和目标。在功能性动作模式自动评估方面,我国已经开发出一套与运动员选拔、训练和测试相关的评价系统,该系统通过配备传感器获取运动机动性的基础数据,然后自动计算道路信号并使用数据库获得积分,提供数据改进解决方案,通过有针对性的培训帮助评估人员提高技能;在运动技术测试领域,该程序通过动作捕捉获取人的运动信息,然后计算和改进运动指标的技术指标，并在帮助运动员从专注转变为运动表现的基础上提供个性化的训练技巧，提高运动技能。除此之外，随着数字化技术的发展，体育辅助训练机器人介入运动员的日常训练，只要输入相应的数据，机器人便能进行模仿。如在 Robo Golf Pro 完成轨道引入系统后，机器人抓住机臂键的末端并摇动摇杆，使振动根据系统的冲击路线直线运动。在训练期间，运动员握住球杆，Robo Golf Pro 指导运动员的手臂进行挥杆练习。在比赛中，大数据平台能快速记录下比赛关键点并形成技战术报告传至教练团队手中，以辅助教练员作出下一步的决策，避免由教练员的主观臆断造成比赛战略部署的失败。如东京奥运会乒乓球比赛的相关数据就被"浙江大学乒乓球智能大数据分析平台"记录，比赛结束后由系统自动生成技战术分析报告发至教练团队手中，为他们后续比赛的战略部署提供可行性参考[84]。





**2. 帮助裁判员正确判断**

借助数字技术，裁判员可以在竞技运动中更加客观、准确地作出裁判，为运动分析提供坚实的数据基础。在足球比赛中，引入了"鹰眼"技术。当运动员或教练员遇到裁决不定时，可以重复播放，立即分析，识别是否存在判罚的疏漏或运动员在比赛中的不当行为，对影响测试的裁判因素产生积极影响，保证比赛的公平性和准确性。在越野比赛中使用激光测距，以及在跳远、投掷和其他田径比赛中使用激光测距，保证比赛的连续性和公平性；在跑步比赛中，裁判员发令枪响后，选手起跑，第一踏板的压力变为零，计算机系统将之与霰弹枪第一次向下指示的时间进行比较，计算出时间差，判断有无抢跑。

"鹰眼"优势在于所描述的大部分相机都集中在移动位置实时拍摄点上，然后将相机拍摄的照片传输到更大的屏幕上，这可以减慢移动速度，清晰地分析运动员的运动速度，并根据这些准确的数据，利用强大的数据计算和图像显示功能，产生慢动作的运动影像，更适合监测运动物体的最大速度。而那些看起来艰巨的收集、编辑、分析、计算和重新设计任务可以在"鹰眼"中快速完成。随着技术的进步，"鹰眼"已经成为判断比赛是否公平与公正的标志。

在一些观赏性比赛中，因为运动员的动作总是在很短时间内完成，评委们用传统的肉眼测试方法，很难准确判断选手的高难度步骤是否顺利完成，数字化介入后，裁判不仅可以慢倍速观看选手的比赛瞬间，还有 AI 辅助其进行打分，有效地规避了主观臆断带来的不客观影响。在测量跳远比赛成绩的过程中，评委们可以将智能激光测距仪放置在某处完成测量并最终计算出结果，它能实时向所有选手展示初始响应时间，也能通过大屏幕让观众进行实时对比。如果球员犯规，裁判可以播放视频以示公正，这是一种有效避免争议的方式。

当数字体育与体育竞技结合起来时，无论哪种比赛，对于体育竞技的裁决的确有着很大的支撑作用，保证了比赛的公平公正。数字技术也可让裁判员及教练团队、观众能够随时观看比赛回放，了解比赛的信息，进行比赛数据分析，为以后运动员的训练提供分析数据，提高比赛的质量。





### （三）竞赛管理：数字体育改善竞赛环境

数字化的介入不仅让运动员的成绩得以提高、教练员的训练更加科学、裁判员的判罚更为公正，还使得赛事更加智能化，服务更加人性化。

在赛事信息服务系统方面，以 2008 年北京奥运会为例，建立了“奥运多语种信息服务”和“奥运信息技术科研中心平台”，打造了支持中、英、法、日、葡萄牙语等重点语种的竞赛信息发布平台。在 2008 年北京奥运会期间，观众可以通过平台用自己国家的语言查询当日比赛场馆信息、场次信息等，给观众带来便捷的观赛体验。

在成绩发布方面，北京奥组委建立打印分发系统、INFO2008、评论员系统、成绩公报数据传播系统、电子显示屏系统[85]来保证运动员的成绩在第一时间传递到各个国家，以便各大媒体进行宣传报道。

在赛事安保方面，数字技术可以发挥强大的作用。每一次奥运会、世界杯足球赛、欧洲杯足球赛等大型体育赛事的举办，都会吸引全世界媒体记者、观众等涌入，给安保工作带来了巨大压力。因此，如何确保大型体育赛事的安全成为各个东道主关注的焦点，而数字体育可以有效地解决这个问题。为确保比赛顺利进行，间接报警、间接控制、视频监控三大内容是安保的重中之重。在场馆内，每个地点都连接一个安全指挥中心，当特定区域出现问题时，指挥中心会第一时间联系志愿者、特警前来处理。与此同时,通过使用人脸识别、X 线、电子标签等技术,可以鉴别人员身份、辨别可疑物品、追踪人员流动等,为赛事的顺利举行构筑了一道道坚实可靠的安全屏障。大型赛事中数字技术的应用,为竞技体育中安全防范工作带来了一次全新的革命,大大提高赛事的安全保障水平。

在观众体验方面,基于数字技术的 VR、AR 等技术的发展,赛事播放的优化,为人们提供了更加完美的观看体验。2016 年,里约奥运会首次尝试使用 VR 技术转播赛事。2020 年东京奥运会,日本借助他们在该领域先进的 VR 媒体影像广播和 3D 技术,使观众更好地融入直播,优化了观众的体验感。

数字化的介入也促进了竞技体育电子商务的发展。一场大型赛事的举办,成千上万张赛事门票的出售极大考验着东道主的组织能力。在信息化、数字化技术高速发展的今天,在线售票是售票的重中之重,观众可以通过手机、平板或电脑随时掌握赛事实时信息,以及实时购票情况。此外,大型赛事的举办地短时间吸引了大量运动员、观众、游客,给城市的交通、住宿等带来巨大压力。通过数字技术的应用,在还没有到现场的时候,观众和游客就已经可以提前做好准备,在网上查看举办地相关的资讯如天气等,大大优化了出行的便利性和体验感。

## 三、数字化引领:优化竞技体育发展模式

数字化为竞技体育的进一步发展提供了新的机遇。一方面,它使运动选材变得更加准确,使运动训练更加具有针对性,使运动员在训练中接受适宜负荷的训练,最大限度地挖掘运动员的身体潜能[65],使教练员训练更具科学化,使裁判员判罚更加公平,使竞赛越来越智能;另一方面,它也深刻改变了竞技体育系统,优化了竞技体育的发展模式。

以往,竞技系统封闭,尤其是信息交流不畅,“信息壁垒”明显;信息流面临的是一条“死胡同”,主要是因为竞技体育系统中存在“干扰竞争”。由于所谓“竞争性剥削”的存在,长期以来人们更关注竞技体育的竞争,而较少关注结合。随着物联网、大数据技术在竞技体育中的广泛应用,使得以前分散的体育设备能够正确地分配到竞技体育系统中,从而极大地提高控制和决策能力。

### （一）构建前瞻性理论，优化发展模式

鲍明晓[14]指出，通过网络化、数字化、智能化建设，引领体育部门跨越数字鸿沟，强化体育领域信息化的关键支撑，全方位开展体育数字新基建，搭建数字体育新场景，是核心技术路线，不可或缺。训练科学发展表明，运动训练科学的核心是揭示和总结运动训练的规律。数字体育的介入，打破了传统的训练思维，并使运动训练理论不断更新，更优质地服务于运动员和教练团队。

在社会学层面，科学研究的文化范式一直存在争议，当然体育社会学界也有讨论。社会学家一直面临着“研究范式”的问题，但遗憾的是没有“科学的翻译”，大部分“范式”研究仍然存在。大多数传统社会学和社会科学的研究并没有打破依赖传统科学研究的格局，而是遵循研究的“范式尺度”。大数据时代以“计算机范式”为主导的“计算机化社会学”的诞生，彻底改变了传统科学。这种“计算范式”以其独特的魅力，不仅在教育界争取话语权，同时在体育社会学领域有很大的反响。因此，打破传统体育研究的“依赖法”，适应从“范式尺度”到“计算机范式”的演进，将是未来发展的一条出路。科学研究范式的演进也将影响到竞技体育的发展模式，使其朝着更加智能便民的方向发展。

### （二）强化创新性理念，促进高效发展

创新是民族进步之魂。习近平总书记指出：“技术创新是企业的命根子。拥有自主知识产权和核心技术，才能生产具有核心竞争力的产品，才能在激烈的竞争中立于不败之地。要紧紧抓住技术创新这个战略基点，掌握更多关键核心技术，抢占行业发展制高点。”在竞技体育数字化发展过程中也是一样，只有加快推进数字体育改革创新步伐，更新数字体育理念，借鉴国外有益经验，才能为我国体育事业发展注入新的活力和动力。

在进行创新的过程中，要注意取长补短，取其精华，去其糟粕，在进行对外学习的过程中，既要虚心接受西方先进的技术和理论，也要杜绝照搬套路。必须要有自己的特色，从自己的实际出发进行创新，促进竞技体育高效发展。

科学和认知水平是衡量运动强弱的重要因素，随着科学技术的发展，数字技术被大量运用于提高运动训练水平实践[86]。要建立与商业经济体系相关、与体

育训练密切互动的科技体系，完善综合管理，破除不同项目之间的壁垒，搭建资源共享和经验交流平台，加强科技创新、训练并不断实践。引入大数据和人工智能技术，加强国际知识和情报收集，积极分析和获取各国竞技体育大数据，围绕体育训练基础开展科技创新，以技术为手段，调动多方力量开展有竞争力的科学和研究项目。

在强化创新理念的同时，大数据时代下如何保护数据隐私成为一个不得不谈的话题。在体育领域，特别是在运动员数据处理中，数据大多是处在公共领域，被不特定的主体进行处理，数据主体难以有效保障数据安全。同时，运动员在与数据控制者(俱乐部/体育组织)之间的对抗中也处于明显的权利失衡，面对持续的不平等的关系，运动员很难作出任意性自由条件下的"同意"[87]。加之人工智能具有超强的"画像识别"能力，能够基于数据轻易地描绘出个体的完整活动"画像"，故而带来了严重的隐私侵扰问题[88]。如在 2017 年温网期间，IBM 公司通过 Watson 人工智能软件采集和分析了 450 万个数据点，根据运动员的身体语言、此前的采访和社交媒体动向等一系列信息，创建运动员的性格档案，揭露"运动员特点与行为"，凸显"未被发现的见解，以激发专家、体育评论员和球迷之间在网络上的交互"，极大地侵害了运动员的数据隐私利益[89]。一旦运动员的隐私遭泄露，对于当事人来说是一个潜在的威胁，我们不知道哪些对手掌握了运动员的隐私，而要更改运动员参赛的信息或者人员则相对困难。因此，把数据存入数据库中，必须做好加密保护措施，将运动员的数据隐私作为等级较高的信息进行保护。

在竞技体育数字化应用过程中，应妥善把控其带来的风险，加强创新驱动，提高数据安全意识，才能使竞技体育快速平稳发展。在促进数字体育发展的过程中，我们也要让人类主导数字体育，而不是数字主导人类，妥善地把控其带来的风险，将数字体育推向未来，使其更好地融入竞技体育。

# 第五章

# 学校体育数字化发展理论进展



学校体育是落实我国立德树人根本任务、推进教育发展现代化、整体提升学生综合素质及实现体育强国建设的重要工作，对弘扬社会主义核心价值观及促进学生“以体育智、以体育心”具有特殊功能。自《关于加强青少年体育 增强青少年体质的意见》《关于进一步加强学校体育工作若干意见的通知》等文件颁布以来，我国学校体育改革已经取得了显著成就，但青少年体力活动不足，近视、肥胖、脊柱侧弯等健康问题仍十分严峻，凸显出当前学校体育的劣势与不足。在2016年印发的《“健康中国2030”规划纲要》中第一次把“健康中国”提升为国家战略；在2017年印发的《青少年体育活动促进计划》中同样将体质健康，特别是青少年的体质健康作为“国家繁荣、民族昌盛、社会文明进步、家庭和睦幸福的重要标志”，是实现中华民族伟大复兴中国梦的重要基础[90]；在此基础上，2020年《关于全面加强和改进新时代学校体育工作的意见》的印发将“坚持学生健康第一的教育理念”[91]，推动青少年文化学习和体育锻炼协调发展作为新时代学校体育工作开展的总体要求，将改进学校体育工作、提升青少年体质健康摆在更加突出的位置。

学校体育承担着学生健康成长的责任与义务，创新体育教学内容、形式、方法与途径，不仅是促进学校体育发展的重要环节，也是满足学生健康发展的必要措施[22]。近年来，数字化环境下的学校体育研究已成为前沿课题，伴随移动互联网和数字技术的飞速发展，以5G移动通信技术和大数据技术为核心的网络数字技术应用在学校体育领域发挥着创新性、突破性的作用，为丰富体育课堂教学模式、提升学生体育能力、熏陶学生运动理念等方面带来了众多发展机遇。但数字技术在突破传统体育教育的局限性和封闭性的过程中，也对学校体育的发展提出了更高要求，如何有效整合数字体育教学资源，正确运用数字体育技术指导教学，以及对体育课堂创新、学生运动监管进行数字化改革成为当前数字体育教学发展的重要任务。

## 一、数字化创新学校体育教学模式

### （一）丰富体育教学手段，激发学生多元化兴趣

教学手段是师生教学相互传递信息的工具、媒体或设备等，包括现代教学手段和传统教学手段，如口头语言、文字书籍、电子视听设备等[92]。在传统学校体育课程学习中，多由师生面对面完成教学，学生需对课堂中任课教师的肢体动作进行模仿，课程学习易受时空、地域及教师能力等特定条件的限制。新式体育技术和流行运动项目的教学，种类多，受学生欢迎程度高，但由于体育教师无法及时掌握运动技术，学校缺乏项目场地设施等问题，传统学校体育教学面临着现代化体育教学转型发展的压力。数字体育教学则以便捷多元的传播途径和超越时空界限的优势，补偿了以往体育教学中的不足。因此，运用现代体育教学实现突破性发展，充分利用数字技术及信息技术优势，将成为丰富体育教学手段，创新传统教学模式的重要内容[93]。

#### 1. 4D 体育教室

4D 体育教室是体育教学空间数字化的主要形式之一。基于 4D 体育教室设计理念，学生的桌椅、座位、墙面等将在融入体育元素的基础上，被设计为不同颜色、不同主题，以体现学生体育课堂学习中活泼、动态的教学特点。在数字体育教学硬件设施中，扩音系统、投屏系统、视频矩阵系统、环境控制系统、集中管理控制系统、运维系统等多种系统将应用于教学平台，并辅以智慧化桌椅和动态化教室布局，实现学生体育课堂空间的沉浸式教学。在 4D 体育教室中，学生将作为核心单位，并以小组为合作单位，以师生之间、生生之间的分享和讨论为导向，培养学生主动学习的兴趣和自主学习的能力，在讨论和分享的过程中培养学生的批判性和逻辑性思维、团队合作精神和创新能力[94]。

### 2. 体育虚拟现实教学

虚拟现实技术(Virtual Reality,VR)是20世纪发展起来的一项全新的实用技术,囊括计算机、电子信息、仿真技术,其基本实现方式是计算机模拟虚拟环境从而给人以环境沉浸感[95]。体育虚拟现实教育是指利用学生体育教育数据,通过信息技术产生的电子信号与不同输出设备相结合,将其转化为学生及教师能感受到的现象,这些现象可以是现实中真实存在的物体,也可以是学生以往通过肉眼看不到的物质,在虚拟现实技术下通过三维模型来表达,具备超真实的效果,能够辅助教师进行体育教学。



体育教学强调学生必须不断通过身体练习来学习和掌握运动技能的特点,体育教师在重复技术难度高、动作复杂、练习时间短的运动项目时,其动作的示范具备一定的局限性,往往不能使学生迅速掌握完整的技术要领,而虚拟现实技术在体育教学中的应用,能够实现"运动器材"和"场地"的虚拟化。通过设置虚拟练习场景,可以不断更新教学内容,让学生实践训练与技术学习能够同步进行;体育虚拟现实教育的沉浸性和互动性还可使学生投身于虚拟环境中的学习,优化学生体育锻炼效果;体育虚拟现实教学还具有危险系数低、更新速度快的特点,能够在保障学生安全的前提下适配学生不同练习强度与需求,提升学生体育锻炼灵活性;而体育教师在教学的同时,学生可利用体育虚拟教学进行互动体验,辅助学生学习。随着信息技术的不断发展,5G技术拓展网络带宽使体育虚拟现实教育不断克服自身的缺陷,在体育教学中,学生将感受到更舒适的互动体验感、更加优质的教学体验。因而,将虚拟现实技术运用于学校体育教学实现体育虚拟现实教学并不是一个设想,而是辅助学校体育课堂教学,提升学生学习兴趣的一大创新[96]。

### 3. 体育增强现实教学

增强现实技术(Augmented Reality,AR)是一种实时计算摄像机影像的位置和角度,添加与之对应的图像的技术,是一种将真实世界信息和虚拟世界信息"无缝"集成的新技术,这种技术的目标是在屏幕上把虚拟世界套在现实世界并进行互动[97]。

增强现实技术与学校体育教学的结合，能够有效地通过身体活动目的、形式和内容的设计，使学生获得明显的健康收益和运动能力发展。体育增强现实教学提供了一种有益的学生身体活动练习方法，一方面借助虚拟交互式手段，界面生动活泼，能丰富学生体育教育环境，增强学生体育教育的娱乐性，进而激发学生体育参与的兴趣；另一方面通过关卡目标设计，能及时给予学生良性反馈，激发学生进行体育活动的热情，相比传统教学方法具有独特优势。首先，增强现实技术能够实现学生进行有效安全的身体活动。如借助虚拟交互的引导与控制，体育增强现实教学避免了传统平衡练习中可能出现的大强度和超强度身体活动，因此实现了更加安全的体育教学。其次，体育增强现实教学能丰富教学方法、改善师生关系，优化体育活动课程的教学。体育增强现实教学不仅对场地设施条件要求较低，不需要较为复杂的教学准备就能使学生迅速融入课程教学，同时，在练习过程中没有特殊的要求与限制，降低了教学实践应用的门槛，对于学生教育环境改善具有积极意义。最后，体育增强现实教学能够在学生发展运动能力上起到一定的作用。平衡能力的发展从出生开始，并随着年龄增长而增长，由于人体的平衡能力是人体感觉系统与运动系统协同运作的表现结果，而体育增强现实教学将虚拟场景与身体活动结合，能够带来包括视觉、听觉、平衡觉、本体感觉和肢体协调方面的积极变化，促进了学生模仿能力、身体图示意识及体育运动技能的发展[98]。

### （二）拓展体育教学方式，满足学生多样化需求

教学方式是指教学方法的活动细节，是教学过程中具体的活动状态，是教育活动实际表现的形式，如通过网络、视频课件、BBS、聊天室等多种手段，与教师、同学进行交流等[99]。体育教学方式的更新与数字技术的有机融合是数字体育教学的应用基础。借助数字技术与互联网技术的时空优势与传播优势，能够实现教学方式的数字创新，教学场景的新开拓，使教师的主导作用与学生的主体作用有机地结合，学生更直接、更方便、更有效地接受体育知识，教师的教学内容也更准确地指向学生的内在诉求和外在需求，教学更具有针对性，更能激发学生的体育学习兴趣。在满足学生多样化需求，充分发挥学生体育学习的积极性和主

动性的基础上，切实提高体育教学的质量和效果，在集中学习和合作学习的传统学习方式的基础上，创新更加高效的学习形式。

传统体育教学主要实施“一对多”的上课方式，教师资源十分紧张，难以把握学生的独立性和特殊性，容易导致体育教学忽视学生个体差异性的现象发生；同时传统体育侧重关注学生平均运动水平，强调体育锻炼的统一性和整体性，导致对体育学习能力不同的学生的教学产生了一定矛盾；而作为一门实践性课程，体育教学需要教师在课堂上做好标准动作示范的同时，注重提高学生的视觉认知，并指导学生多次练习以巩固自身所学所得，这对教师的教学能力与教学资源的更新速度同样提出很大挑战。相较之下，数字体育教学可以打破传统的体育教学理念，以视频、语音等数字形式取代传统的课堂教学，将课堂时间转移到课外，能够把更多的课堂时间留给师生交流和深度学习。同时，通过在课外进行数字体育学习的方式，学生能够自己选择学习内容，使学习能力不同的学生各取所需，更好地满足学生多样化的体育需求。因此，借助数字技术辅助学校体育教学，不仅有助于延展体育活动时空，还对创设便捷体育教育和学生运动的新方式、推动我国学校体育教学的改革与发展及实现素质体育教育教学同样具有重要现实意义。



**1. 数字体育教学辅助平台**

数字体育教学辅助平台是指以数字化及网络信息技术作为体育教学活动的辅助方式来实现教学过程的教学支撑平台[100]。数字体育教学辅助平台突破了体育理论课程讲授和实践操练的传统教学模式，实现了教育教学手段、方式的创新。教师进行远程授课，将教学资源数字化。以互联网为桥梁，教师可以根据所授课内容，利用文本、图片、视频、动画等多样性的数字资源形式，对教学资源进行合理化选择，实现多种教学方法、手段的融合与组合，最大限度地发挥其主导作用。而学生能根据所需知识进行选择性学习，采用图文并茂，音、视频并茂等多种学习形式，调动学习的积极性，提高学习的主动性，并最大限度地发挥其主体作用。数字化资源丰富且启发引导性强，让教学名师的经典教学案例足不出户就能够解决师生在体育运动中的疑惑。如在新冠疫情防控期间，由于学校教学和学生体质健康的需要，远程教学成为我国不少地方学校体育的新型授课方式，由教师通过数字化及网络技术辅助视频教学，布置体育家庭作业，学生开展居家体育锻炼，开拓了体育课的新场景、新方式[101]。

**2. 体育微课**

微课在体育领域特别是在体育的“教”与“学”方面具有重要的促进作用。与其他文化课学习不同，体育学习更依赖“脑”“体”的结合，体育微课这种数字化视频形式的诞生能对体育学习产生很大帮助。譬如，运动技能在开始阶段就有良好的认知，可以产生事半功倍的效果，而体育微课能够迎合学生学习需求，引导学生正确了解运动技能形成规律，降低教学难度，提高学习信心，提升学习的效率。体育微课依据其视频资料可以反复播放、重复利用的特点，有效地帮助学生加深对内容的理解，起到拾遗补阙、温故知新的作用，帮助学生提前预习、巩固复习，强化学生接受、温习、巩固、消化知识的过程。在提高学生学习效率层面，体育微课能够帮助学生找到学习的重点、突破难点，基于围绕教学重难点进行拓展的目的，体育微课可以帮助学生进行详细的运动技能讲解和深入分析，帮助学生尽快找到学习的突破点并尝试找到解决的办法。不仅如此，体育微课还可以帮助教师弥补因年龄、身体、素质等方面因素的影响而导致动作示范的不足，借助体育微课将标准技术动作以视频的形式分解演示，实现体育教学内容的标准、规范与延伸，减轻体育教师的教学负担[102][103]。

### (三) 创新体育教学模式，培养学生自主化学习

教学模式可定义为在一定的教学思想或教学理论指导下建立的比较稳定的教学活动结构框架和活动程序。结构框架强调了教育模式作为宏观把握教育活动整体和各要素之间内部关系及功能，活动程序则强调了教育模式的有序性和可操作性[104]。

数字背景下的学校体育教学在教学理念、结构、方式方面都发生了巨大的变化，教学模式也逐渐摆脱传统模式，开启数字化创新变革。传统体育教学模式聚焦课堂学习，对课前预习与课后练习并无过多要求，未形成较为系统的教学体系；教学也以教师为中心，强调运动技能的传习，课程开展形式同样较为局限。

数字体育教学模式多立足于包含课前、课中及课后的三大模块，使体育课程学习系统化、体系化、立体化；课程教学以学生为中心，发挥学生的主动性与创新性，注重对学生运动技能和体育素养的培育及健康生活方式的塑造；实现了课前多媒体微课电子教材的预习、课堂互动教学、课后微课运动指导的数字化技术手段的维护，让教学沟通交流立体化、即时化，使体育课堂教学方式从传统模仿正式教育转变为以信息技术为支撑的师生实时互动教育。教师还可以根据学生的体育知识和技能的掌握实时调整课堂教学内容，对学生的身心特点进行有差别、有针对性的教学，真正实现因材施教，对提高体育课堂的学习效率和教学效果具有重要的作用。



因此，教育设备的数字化和智能化是体育教育数字化模式的新发展，更重要的是其促进了体育教育理念的数字化和智能化，其本质是基于动态学习数据分析和“云、网、端”的运用，实现教学决策数据化、评价反馈即时化、交流互动立体化和资源推送智能化。通过数字化的教学和学习，创设有利于协作交流和意义建构的学习和运动环境，促进整体学生实现符合个性化成长规律的智慧发展。

**1. 体育翻转课堂**

翻转课堂是指重新调整课堂内外的时间，将学习的决定权从教师转移给学生的新兴课堂教学模式。翻转课堂突破了传统的体育教学模式，是对基于印刷术的传统课堂教学结构与教学流程的彻底颠覆，具有重大的革新意义[105]。

课前、课中、课后是翻转课堂的主要构成部分。①课前，教师根据教学目标对教学内容进行模块切割，将多元教学资料传输到在线网络教学平台，学生自主完成课前知识和技能的学习，达到初步掌握程度的目标，教师根据学生在线测试结果或小组成员学习中反馈的问题了解学生的学习情况；②课中，教师对学生进行精讲、小组讨论、组织活动和针对性的学习实践，将学习中遇到的问题逐一解决；③课后，教师评估学生的学习情况以改善课堂教学中的不足，且根据评估结果设计下堂课程，学生总结反思学习中存在的问题，进一步掌握知识和技能。翻转课堂模式是学校体育的一部分，与混合学习、探究性学习和其他教学方法在意义上重叠，目标都是为了灵活和积极地学习，提高学生的课堂参与度和知识掌握程度[106]。在翻转课堂教学模式下，学生可以集中精力进行更积极的、基于项目的学习，根据个人兴趣、专业知识等选择所学知识，自由选择体育教师和教学内容，自由安排学习的时间和地点，具有较强的自主性和独立性。

**2. 智慧体育课堂模式**

智能课堂是基于动态学习数据分析和“云、网、端”应用的新型信息化课堂模式。智能移动终端、智能教育环境和智能学习资源是智能体育课堂的必备要素，利用信息技术，营造能启发学习者智慧的时空环境，以促进学习者智慧全面、协调发展为目标，展现“以学习者为中心”和“教育为学习者智慧发展服务”的理念[107]。

与传统体育课堂教学相比，新一代的数字和科学技术的融入是智慧体育课堂模式的主要特点，立足学生运动数据及学习阶段过程的动态评价分析结果而进行的数字化教学设计也成为智慧体育课堂教学模式的一大转变。运用“互联网+”的思维方式和物联网等新一代信息技术，智慧体育课堂教学模式能够基于微信公众教学平台和运动负荷监控系统，分别设计课前、课中、课后三个阶段多步骤的教学模式，以课前多媒体微课电子教材的预习、课中互动教学和微课程运动辅导、课后体育家庭作业及身体活动数据的监控作为课程学习的整体环节内容，既强调教学手段中体现的“智慧”，又强调教学理念的“智慧”，且教学的每个阶段均体现了体育课堂教学与数字技术的深度融合。还能够有效地提升学生校内校外的体育活动水平，对科学评价和指导学生参加体育活动的积极性有着重要的作用。

信息化社会的不断发展催化了数字化时代的出现，由此应运而生的数字体育在弥补了传统体育教学技术手段缺陷和不足的基础上，升级了现有的体育教学方式，创新了传统体育教学模式，带来了更个性化的体育教学空间与学习方式。作为优化传统体育教学的重要媒介和载体的数字化技术，在提高教师体育教学效果的同时，还提高了学生体育学习的效率。不仅如此，数字体育教学摆脱了传统体育教学的时空限制与地域束缚，强调了学生的个性化差异，激发了学生的体育兴趣和运动诉求，孕育了学生多元化健康理念，着力于培养学生终身体育锻炼的意识，也为我国学校体育教学改革和创新提供技术支持，促进学校体育事业的创新发展。与此同时，在倡导体育教学改革的今天，数字化背景下学校体育教学的变革更类似于在理论与实践当中的探索性尝试，而勇于直面问题和挑战，密切关注数字化与体育教学的发展状况，结合不同技术化加持的开展现状，积极探索数字化体育教学在应用中的障碍与优势，在体育教学实践中不断地总结与改进，将是促进我国体育教学的快速转型和体育教学质量的不断提高的举措。

## 二、数字化优化学校运动健康管理



### （一）生态化记录，数字监控体育行为

随着体育新课程标准的实施，传统体育教学中的教学理念、教学目标、教学内容和教学方法难以适应新课程教学的需要，要有效地实施和完成体育新课程教学目标，必须从根本上转变只注重运动技术教学的思想为以健康三维观为主的指导思想，彻底将教学中以教师讲解为主转变成以学生为主体的教学形式，其中最关键和基础也是容易被人们忽视的因素是对学生的充分了解，包括学生身体形态和机能、身体素质、心理状况等各方面内容的全面了解。只有在全面了解学生的基础上才能有针对性地选择教学内容和手段，从而实现体育教学目标；但真正要做到充分了解学生不应该仅仅停留在表层，应该对学生形态机能、身体素质和心理状况等各种数据进行调查记录与分析处理，这也是数字体育的优势所在。

#### 1. 智能可穿戴设备记录体育行为

学生体质健康测试已成为当前众多学校体育工作的重点，而健康状况的改善仅凭借测试手段尚难完成，更加多元的锻炼方式与更为人性化的监控管理将成为落实学生体质健康测试及改善学校体育教学现状的重要举措。智能可穿戴设备能够为数字环境下的学生体质可视化管理提供可靠的技术基础。

智能可穿戴设备即穿戴于身上或是整合到衣服或配件的一种便携式设备，主要应用于健康领域，用来监测身体情况、统计运动数据及改善健康状况[108]。目前，智能可穿戴设备在体育与健身领域的运用已经非常广泛，如智能可穿戴设

备能够实现对学生的智能化识别、跟踪、定位、检测及管理，以及对学生的运动轨迹追踪、能量消耗判断、运动时长统计等运动状态和生理指标进行实时监控记录，为学校体育测试实现了智能化技术的支持；教师通过智能可穿戴设备也能够对学生整体运动量、运动强度进行评估及观察，使教师准确掌握学生的体育课程任务及目标达成，为优化体育课程内容教学提供有力支撑。

**2. 物联网技术监控体育行为**

物联网，顾名思义，是物物相连的互联网络，其内涵包括两个方面：第一，物联网的基础和核心仍然是互联网，是在互联网基础上延伸和扩展的网络；第二，其用户延伸到了任何物体和物体之间，使其进行信息交换和通信[109]。

体育教学活动的特点是动态性、实践性，基于物联网教学平台，结合物联网传感器遥感技术、“活点”技术及当前的IT技术，使得教学活动中的主体变成“活点”，并使“活点”运动数字化、运动规律模型化，使实际教学动态数据转化为计算机动态的数据，把教学活动的静态数据和动态数据有机地联系起来，立足全面整体的原始数据采集，帮助学校体育利用数字技术辅助教学。动静态双重数据的耦合，为回顾学生学习与锻炼的不同环节提供了精确性数据的支撑与参考，并将运动数据数字化保存，便于后续查阅分析。立足物联网下的体育行为监控数据，也能在满足学生运动兴趣与需求的基础上为后续教学锻炼提供科学且具针对性的参考与指导。

**3. 数字画像还原体育行为**

学生数字体育画像是立足于国内外体育与健康、数据及科学理论，以数字及信息技术为辅助，全面且生态地对学生体育课堂表现及运动健康数据以画像的形式予以展示，并以此实现学生体质健康信息的数字化记录与智能化服务[110]。

数字技术的加持能够实现对学生体育课程教学及校内体育活动多个环节的总览，并在监控学生体育行为的过程中，将技术动作以密集点的形式实现细节精确化的捕捉，通过电子画像的形式记录整合学生的全部活动过程，再以动画的形式重现学生不同运动技术动作，辅助家长及教师对学生学习状况及运动状态的把握；不仅如此，已形成的学生数字画像还能基于算法及参数的调整，以可视化技术将学生形象以虚拟人物的形式予以呈现，并将不同学习内容及锻炼计划作用于虚拟人物，通过虚拟人物综合素质状况的变化情况，识别推算出适合不同学生的针对性运动计划，降低了因错误运动方式、过量的运动负荷等因素致使学生发生运动损伤的概率，也能帮助学校家长发现学生的运动优势与技能强项，辅助运动选材[111]。

**4. 运动健康档案诊断体育行为**

个人健康档案是对学生健康管理、疾病预防、健康保护、健康促进等过程的规范、科学记录。





在传统的体育教学条件下，众多学校并不注重对学生的运动数据与健康信息进行记录与调查，少数学校虽定期开展学生体质健康测试，但多依靠教师或学生观测记录，所记录的数据缺乏科学性，更无法将学生的运动数据进行量化统计和分析，对学生运动能力可持续化发展的效果不佳。通过将可穿戴设备与虚拟现实、网络等数字技术的融合，能够实现实时采集学生的运动与健康数据（如身高、体重、视力、肥胖程度等健康指标，以及握力、速度、耐力、弹跳、力量、运动成绩等运动指标），用其驱动虚拟场景中的角色模型，通过无线互联网上传到数据服务器上，使运动数据实时可视化，以达到学校体育可视化管理的目的[22]。运用数字信息化技术实现学生运动数据全景化记录，并基于综合指标的动态分析与管理，形成学生的个人运动档案。这种数字技术加持下所形成的运动档案，不仅能够基于不同动态指标的调整变化以实现学生身体素质与健康现状的诊断分析，并以此作为教学数据材料辅助学校体育教学；还能依据其数字化的形式实现学生运动处方的共享、储存与传输，方便学生家长随时查看学生运动指标的变化状况，并通过长期的跟踪记录实现学生不同年龄阶段体育健康数据的横纵向综合诊断分析，帮助学生规划与实现健康生命历程。

**（二）针对性分析，数字挖掘体育信息**

对学生运动数据监测与管控的最终目的是学生有计划地、科学地进行运动，而从已记录的数据结果演变为指导学生实践的教学内容，其中必不可少的就是针对不同学生的个人数据进行科学有效的挖掘与分析。

体质健康差异、项目兴趣不同及个人身体优劣势均是影响学生参与不同体育项目及运动技能表现的重要因素，许多学生在选择运动项目时更多是基于自身的运动偏好或随意选择，并未体现个体差异性，特别是学生的体适能表现、器官发育潜力等内容，这不仅影响了学生体育锻炼及运动技能学习的有效提升，也容易影响学生运动兴趣的保持与身体的健康发育。在此背景下，借助数字化技术得以保留和记录的学生体育学习及健康信息等数据，真实且科学地还原了学生的体质健康信息，同时对学校体育现有的数据采集和信息分析技术提出更高的要求。数字化技术所记录的学生数据与传统学生信息数据不同，其生态化全景式的记录呈现了数字化数据海量性的特征；而运用不同采集技术以满足不同设备客户端需求也致使数据存储存在多种不同结构化特征，因此传统的人工统计记录已不再适用于数字信息化背景需求，更加智能与智慧化的数据储存、清洗与分析技术将是学校体育实现数字化转型的重要内容。

**1. 大数据挖掘体育信息**

大数据是当今社会所独有的一种新型能力，以一种前所未有的方式，通过对海量数据进行分析，获得有巨大价值的产品和服务，或深刻的洞见[112]。大数据的关键在于以洞察力挖掘隐藏在数据背后具有稀缺性和差异性的价值，即将信号转化为数据，把数据分析为信息，把信息提炼为知识，以知识促成决策和行动。

大数据技术能够在体育教学层面广泛推广，得益于其强大的数据挖掘和学习分析技术。其中数据挖掘是指综合运用数学统计、机器学习和神经网络等的技术和方法，对学生体育及健康大数据进行处理和分析。通过数据建模，发现学习者技能掌握程度、课程学习能力、体质健康水平与体育教学内容、体育学习资源与课程开展等变量的相关关系。通过运动状态或运动负荷数据的监测，进行大数据分析，判断参与锻炼的学生持续的运动时间、运动负荷强度等指标，系统地记录与评价学生体育锻炼过程实施及阶段运动负荷强度水平和运动量，预测学生未来的技能掌握程度和健康发展趋势，以此有效保证日常体育课科学、安全、有效地开展，从而实现对体育锻炼的动态监督，更好地促进学校及青少年体育工作的开展[113]。学习分析技术聚焦学生课程表现及活动情况信息等相关数据，通过模型建构等方法对数据内容进行分析，并依据所得结果探究学生体育学习过程，发现运动技能学习习惯，阐释运动技能表现，以剖析体育学习过程的视角为学生提供相应的指导建议以提高体育学习能力[114]。在体育教学中，教师可以基于学生体育技能学习数据、技能掌握程度和体育文化素养数据、情境学习数据及课程学习等，剖析学生知识掌握、学习行为范式、学习经历满意度、学习内容难度、顺序与学生学习结果等变量之间的关系，有效指导后续教学实践的开展。

**2. 云计算分析体育信息**



云计算是分布式计算的一种，是指基于网络资源共享池"云"，将海量数据计算处理程序分解成无数个小程序，再通过服务器组成的系统进行处理分析，将得到结果返回给用户。简单地说，云计算就是分布式计算，解决任务分发，并进行计算结果的合并，因此云计算又称为网格计算。通过这项技术，可以在短时间内完成对数以万计的数据的处理，用户可通过移动终端与云端同步并获取信息或进行操作，从而达到便携且强大的网络服务[115]。

利用云计算技术能够实现对学校体育课程管理、课外活动、课内表现等内容的分析管理。其中云技术分析能够对已记录的学生体育健康数据进行检测分析，精准识别体质健康程度、运动损伤及疾病防治等存在差异的学生，并将同类学生集中上课，在提高学生学习针对性与效率的基础上实现个性化教学，辅助学校体育课程管理；而对基于客户端、移动终端和云的交互对接，能够摆脱时间与空间的束缚，实现多时段全方位的学生数据监测，并依据云计算技术对学生校内校外的身体活动水平进行动态统计分析，提高体育教师对学生课外活动智能化管理；在体育课堂表现层面，云计算技术能够立足不同体育健康指标对学生进行多元量化，使评价标准更加客观公正，评价体系更加全面合理，最终的评价结果报告也更加公平客观[116]。以此，基于云计算技术对学校体育教学多环节的监控与管理，能够有效改善传统体育教学模式中的不足，在培养学生体育兴趣、树立学生健康观念的基础上实现因材施教与交互结合，提高学校体育教学信息数据交互的优化和量化。

### 3. 区块链加持体育资源

区块链是一个分布式的共享账本和数据库，具有去中心化、不可篡改、全程留痕、可以追溯、集体维护、公开透明等特点。这些特点确保了区块链技术的"诚实"与"透明"，为区块链创造信任奠定基础。而区块链丰富的应用场景，基本上都基于区块链能够解决信息不对称问题，实现多个主体之间的协作信任与一致行动[117]。由于区块链技术不依赖额外的第三方管理机构，其去中心化的特质使其通过分布式的核算与储存，实现了各个节点的自我验证、交流与监管，保证了区块链技术的独立性；而其公开透明的特征，也基于任何人均可通过公开接口查询除加密私有信息之外的区块链数据应用予以实现；除此之外，区块链技术能实现多方数据保持一致，避免数据被无故篡改，并可对数据应用进行溯源；而区块链智能自动执行合约的优势，还为不同行业领域带来优化服务流程、创新运行模式、降低营运成本等价值。由于区块链在社会治理的跨部门协作、多环节追溯、信任体系构建等方面具有广阔的适用空间，使其应用领域得以不断拓展[118]。

在学校体育教育领域，对于基于数字技术开设的跨校组织公开课及多媒体体育教学资源缺乏相应知识产权保护等行业痛点，利用区块链技术可以为体育学术成果提供不可篡改的数字化证明，提供权威的举证凭据；针对学生健康信息采集不完整、健康数据维度有限、学生无法公平享有课外体育教学服务等问题，可以利用区块链分布式账本记录跨地域、跨院校的学生信息，构建良好的健康素质生态体系。运用区块链技术，还可以形成去中心化的分布式数据结构存储系统，在体质数据和成绩采集跟踪体系中，学校直接获取学生的素质分数，教师可以跟踪学生过去的身体健康状态，从而更方便学生获取身体健康数据。当学生训练动作出现错误时，也可以通过这个系统及时纠正。因此，发挥区块链价值功能及优势，不仅有助于解决学校体育教育内部各环节相关痛点问题，还革新了教育样态，创造出了更好的不同以往的带有数字智能化形式的教育环境[119]。

## 三、数字化指导学校体育教学实践

数字体育助力学校体育教学服务的根本目标在于促进学生身心健康发展，从体育教学、课外体育活动组织和实施、课外体育锻炼引导和监测等途径入手，帮助学生形成终身体育锻炼的习惯和能力，提升学生的身心健康水平；也是利用数字信息化技术，建构教学服务支撑平台，创新学校体育教学模式，以技术革命推动学校体育教学发展。

在数字技术的助推下，体育教学工作的开展方式与课外体育活动锻炼、学生身心健康数据等多种主体之间存在的交互关系和发展规律正逐步在数字技术记录、分析和挖掘的过程显现出来，而对于关系与规律的理解与把控，不应仅是运行于算法且储存于云端的结果性描述，更应是将数据信息吸收演化，转变为有效指导体育教学实践、塑造学生运动健康理念的客观行动指南与教学发展规划，这不仅是数字体育助力学校体育教学的关键，也是依靠数字技术辅助学校体育监测与评价的终端环节，而学生运动处方与教师体育教学策略便是数字技术指导学校体育教学的基本客观展现。

### （一）数字运动处方科学指导学生锻炼

运动处方（Exercise Prescription）是由康复医师、康复治疗师或者体育教师、社会体育指导员、私人健身教练员等，根据患者或者体育健身者的年龄、性别、一般医学检查、康复医学检查、运动试验、身体素质/体适能测试等结果，按其年龄、性别、健康状况、身体素质，以及心血管、运动器官的功能状况，结合主客观条件，通过开具处方的形式对诊断对象制定适宜的运动内容、强度、时间及频率，并指出运动中的注意事项，以达到科学地、有计划地进行康复治疗或预防健身的目的[120]。而学生运动处方的开具就是根据个体的体质健康状况与运动负荷的承受能力等状况，结合个人基本信息资料及所处学习、生活环境条件，开具出适用于不同学生个体的运动种类、方法、运动强度、运动量等运动方案，是在保证学生安全的前提下，指导学生有目的、有计划和科学地锻炼的重要内容。

虽然运动处方凭借其自身特性对青少年健康状况具有较强的指导意义，但运动处方的推广与应用并不乐观。当前部分院校所开具的运动处方，多为体育任课教师依据学生的课堂表现所制定，其科学性与针对性难以保证；而已开具运动处方的各种参数常以客观描述为主，难以精确量化，使得家长或学生在使用运动处方时备感困惑，运动的开展及健康指导性意义大打折扣。

在此背景下，数字化技术的加持使运动处方的功能发挥和全国范围的推广与普及成为可能。数字化背景下运动处方的制定和实施过程是以数字智慧化数据资料库为基础，以国家管理部门评价体系建设为标准，在处方开具的过程中严格按照运动康复、运动医学等学科的要求开展，在以往依据体育教师个人主观判断开具处方的基础上提升了处方的科学性与客观性。数字化背景下运动处方的诊断分析涵盖了学生的基本信息、医学检查结果、运动负荷测试结果、体能测试结果等内容，同时还包含学生日常兴趣爱好、健康状况、身体素质等记录数据，是建立在对运动者充分了解的基础上的，其处方内容的全面性与合理性是日常教学指导和健康教育普及所难以匹敌的[121]。数字化背景下的运动处方不再局限于单一的处方检测报告，而演变为一整套科学合理的处方系统，系统中学生能够根据自己的锻炼习惯对锻炼内容进行调整，并对个人信息和数据结果进行储存，提高处方的定制性与针对性[122]。数字化背景下的运动处方及延伸出的运动处方系统，还具有操作的简易性与传输的便捷性，运动处方简单易懂且易于接受是学生健身和康复的理想方法，数字化运动处方及其系统能够达到内容统一、界面直观且学生使用便捷，具有非常好的容错、防错、纠错能力，并且数字化运动处方还具备良好的数据兼容性，能够实现不同设备软件对现实数据的传输、导入、分析功能，满足学生数据共享需求。

### （二）数字体育“教”“学”融合提升学生学习效率

随着数字化技术在学校体育中的推广，教学与技术的交融愈演愈烈，以往体育课堂的教学模式与流程正逐渐被技术解构，缺乏深入互动交流与简单联系“教”与“学”的传统体育课堂教学模式已不再适用于当前信息化的社会环境，数字化与智慧化技术为当前“教”与“学”的融合与统一提供了便利条件，并对学校体育与体育教师的课程设计和教学策略提出挑战。

教学策略、教学目标与方案设计不仅是开展学校体育教学的核心内容，也是提升体育教学效率的前提条件与立足基础。数字化背景下的体育教学，在满足体育教师确定合适的教学目标，设计理想的学习情境和教学方案提供科学辅助与数据参考的基础上，进一步体现出以学生为主体的教学宗旨，使建构体育健康的现实意义得以在学生主观能动性上切实体现。除此之外，数字技术将进一步变革学校体育中陈旧的教学模式，将创新意识运用于体育教师的教学策略并贯穿于教学过程的始终，辅助体育教师更科学系统地展开体育教学，提高学生学习效率[123]。





1. 课前阶段。传统体育教学课前以教师备课为主，学生课前预习或准备环节几乎空缺，导致学生无法与教师或同学进行课前的讨论交流，影响了学生课堂学习效率与师生情感的交流；体育教师备课主要是研究教材、撰写教案，强化授课体育运动技能等，而教学效果的分析主要是基于课堂经验和平时感受，缺乏对学生学情的深入调查分析。数字化学校体育教学模式的课前教学，则以学情分析为基础优化课前教学设计，实现以学定教，改善了传统学校体育教学困境。通过对数字体育教学信息平台的使用，体育教师及家长能够对学生体质健康测试成绩及课堂学习表现进行查询和分析，实现对学生学情等基本信息准确把握，这对教师优化教学内容、设计教学方案、分析教学效果、评价教学表现等均有很大帮助；家长也能基于数字体育教学信息平台督促学生对体育授课内容进行提前预习，提升学生学习效果；而学生可以通过课前体育教学材料的预习，将运动项目技术动作提前练习演示并上传至教学信息平台，供同学及师生学习讨论[124]。

2. 课中阶段。传统体育课堂教学以常规教师授课和技术动作展示为主，学生听课学习并模仿练习，而在数字体育教学模式中，数字体育课堂信息技术平台等技术应用的使用为课中授课环节提供了更多的可能。数字体育教学模式中，基于对平台的使用，能够以学生教学指导、动作掌握测评及技能动态展示等多种方式营造不同学习情境，帮助学生导入学习主题，提高学习兴趣，激发学习自主性；教师也可基于前期学生在数字信息技术平台中上传的预习内容表现，针对性地开展课中教学，对学生学习的薄弱环节与重难点强化教学，并利用智能可穿戴设备实时监控学生的运动负荷与课堂表现，搭载增强现实技术辅助教师授课教学，运用虚拟现实技术实现对项目技术的慢动作回放与多视角观察，帮助学生提高理解与认知，再以运动健康档案的形式将学生课堂表现及课中健康状况进行统计记录，便于后续教学研究的开展[121]。

3. 课后阶段。传统体育教学对学生课后练习或课后体育作业并无过多要求，这既制约了学生课后练习的主动性与强制性，也导致学生课后练习缺乏指导与反馈，不仅影响教学效率，也增加了运动损伤发生的风险，而数字技术加持学校体育教学，能够基于数字体育教学信息平台等技术应用重点开展个性化辅导并进行针对性的教学，提高了教学效果。家庭体育作业作为课后体育教学的主要环节内容，其练习情况与完成质量一直影响着体育教学内容的巩固吸收，而数字体育教学中对信息平台的使用，能够依据学生课前及课中的表现制定有个性化的体育家庭作业，并智能化地推荐促进学生完成作业的教学材料，提高学生体育作业的科学性与针对性。学生在课后完成作业的过程中，也可以将自己作业的完成情况通过数字技术平台及时与教师互动联系，使教师与学生在线指导教学。学生还可以根据数字化体育数据库等内容，寻找相关技术动作教学的微课及慕课，进行课后巩固学习，帮助技能掌握。例如，学生在完成作业时穿戴了智能设备，智能设备还可基于学生完成体育作业的时间、强度、频率及个人血压、脉搏、心率的健康指标进行记录监控，通过后续云计算等数字手段对学生各项指标实现横纵向具体分析，为学生后续体育锻炼提供运动处方规划，指导学生科学锻炼[125]。

# 第六章

# 体育产业数字化发展理论进展





在全球经济一体化和产业变革的引领下，数字经济与体育产业逐步融合并催生出巨大的潜力和丰富且日趋完善的体育产业数字化生态。而在建设"数字中国"和"健康中国"的时代背景下，在新冠疫情引发的多变局势下，在国家层面大力推进数字经济与实体经济深度融合的宏观生态下，探索数字经济与体育产业融合发展拥有更为广阔的理论前景和更为深远的实践意义。

国内外学者对于数字经济及产业数字化转型[126]、体育产业高质量发展[127]、数字经济与体育产业的融合[41]等领域均有相关研究，包括融合的动力、机制与模式，以及体育产业数字化转型的价值维度和理论逻辑等方面。本章对相关理论研究进行综述及梳理，剖析数字经济与体育产业融合发展的动力机制和脉络方向，并概述体育产业数字化发展的历史概况及理论进展。

## 一、数字引擎引领体育产业数字化"新航道"

### （一）数字经济现状——全球经济的"发展灵感"

被誉为国际未来学家、数字经济之父的唐·泰普斯科于 1995 年在其著作《数字经济》一书中，最早提出"数字经济概念"[128]。2002 年，美国学者 Kim 等把数字经济界定为一种特殊的经济形态，认为其本质为"商品和服务以信息化形式进行交易"[129]。荷兰学者彼得则率先梳理出数字化转型的流动模型：数字化转型的内部驱动因素、数字化转型的阶段、数字化转型的发展战略。其中关于数字化转型他提出三个阶段：数字化、数字化升级、数字化转型[130]。

我国的官方文件中首次出现"数字经济"一词，是在 2016 年签署的《二十国集团数字经济发展与合作倡议》中[131]，数字经济被界定为："以使用数字化的知识和信息作为关键生产要素、以现代信息网络作为重要载体、以信息通信技术的有效使用作为效率提升和经济结构优化的重要推动力的一系列经济活动。"[132]

2017 年政府工作报告首次出现人工智能、数字经济等新名词[133]，并明确提出"促进数字经济加快成长"的政策方向。2019 年的中国国际数字经济博览会上，提出"中国正积极推进数字产业化、产业数字化，引导数字经济和实体经济深度融合，推动经济高质量发展"的政策建议[134]。为深入实施数字经济发展战略，国家发展和改革委员会、中共中央网络安全和信息化委员会办公室于 2020 年 4 月 7 日印发的《关于推进"上云用数赋智"行动培育新经济发展实施方案》提出，"要大力培育数字经济新业态，进一步加快产业数字化转型，助力构建现代化产业体系"[135]。2020 年 7 月 14 日，国家发展改革委等 13 个部门联合发布《关于支持新业态新模式健康发展 激活消费市场带动扩大就业的意见》，提出"把支持线上线下融合的新业态新模式作为经济转型和促进改革创新的重要突破口，打破传统惯性思维。从问题出发深化改革、加强制度供给，更有效发挥数字化创新对实体经济提质增效的带动作用，推动'互联网+'和大数据、平台经济等迈向新阶段"[136]。

新一代信息技术深入经济社会各个领域后催生出数字经济，作为引领全球经济增长的重要引擎之一[128]，数字经济包括数字产业化（信息通信产业）、产业数字化（数字技术赋能传统产业）和数字化治理（利用数字技术提高治理能力）三部分内容[137]。

在相关背景下，国内学者从不同角度解析了数字经济的特征、作用及应用场景，研究范围从教育、电子政务到城市数字治理，以及数字经济下的国际平台合作等多个方面。越来越多的国际组织或区域性集团开始将目光投向数字经济，联合国发布的《2019 年数字经济报告》[138]审视了发展中国家在数字经济中创造价值和捕获价值的空间。OECD、APEC 等国际组织也更加重视数字经济的战略意义，并将其作为重要议题[139]。数字经济从信息化发展一角直至全面渗透到世界经济的各个领域，并进一步成为全球经济一体化的大动脉，可谓创新型发展的全球灵感。

### （二）数字经济基因——融合跨界的“万能灵药”

数字经济是一种新的经济社会发展形态，是一个阶段性的概念，其具有内涵和外延不断演化及融合性经济的特征。数字经济是新科技革命的产物，是一种新的经济形态和资源配置方式[140]。

数字经济作为数字中国战略的重要组成部分，是学界和业界共同关注的热点。但围绕“数字化的概念”“数字化转型的过程和机制”等核心问题，无论是国外学界，还是国内学界，都未达成统一。“数字化”本身就是一个不断发展融合的概念和领域，从最初的数字信息技术到数字化作为要素和手段参与到不同领域发展，而如今数字化已经形成独立的生存业态，并与其他领域融合成“大数字化生态”。可以说，数字经济天生就有“融合跨界”的基因，数字化已然成为不同领域，特别是现代产业发展的核心要素和基础动能。

与数字经济“融合跨界”的基因相似，体育产业一直都是体育及相关产业嫁接共生的产物，也是创新发展的平台。在我国整体的产业格局中，体育产业一直扮演着“新兴势力”的角色。“五大幸福产业——旅游、文化、体育、健康、养老”快速发展，既拉动了消费增长，也促进了消费升级[141]。作为五大幸福产业的组成部分，体育产业具有关联度高、带动作用强、资源消耗低、附加值高等特点，现已成为国民经济新的增长点[142]。《体育强国建设纲要》指出，到 2035 年“体育产业更大、更活、更优，成为国民经济支柱性产业”的战略目标；同时提出“加快推动互联网、大数据、人工智能与体育实体经济深度融合，创新生产方式、服务方式和商业模式，促进体育制造业转型升级、体育服务业提质增效”的战略任务[143]。

党的十九大报告提出，“我国经济已由高速增长阶段转向高质量发展阶段”，体育产业高质量发展是在此历史论断下，体育产业发展的现实要求。体育产业高质量发展需要发挥经济效益、社会效益、生态效益，并起到助力经济高质量发展、适应社会主要矛盾转化、促进生态文明建设等作用。

体育产业高质量发展是一个多维度的广义概念。而数字经济与体育产业高质量发展的融合跨界，也是学界和业界共同关注的焦点。国务院前副秘书长江小涓指出，从国际经验看，人均 GDP 接近 1 万美元的时候体育产业一定会发力[144]。日本人均 GDP 在 1981 年首次突破 1 万美元，在 1992 年超过 3 万美元，相应的体育产业总产值在 10 年内成功实现倍增[145]。美国人均 GDP 在 1978 年首次突破 1 万美元，伴随着国家经济产出和发展水平的提升，国民的体育参与和消费需求也不断增多，体育健康产业也迎来发展良机。根据国家统计局数据，我国人均 GDP 已于 2019 年和 2020 年连续 2 年超过 1 万美元[146]，这宣告着我国体育产业进入快速增长期。

同比数字经济规模与体育产业增加值，2015—2018 年我国数字经济规模从 8.63 万亿元增长至 31.29 万亿元，年均增长率为 18.9%（图 6-1）；2015—2018 年，我国体育产业增加值从 5 494 亿元增长至 10 078 亿元，年均增长率为 22.4%（图 6-2）。数字经济规模的增长率与体育产业年均增长率均高于同期 GDP 增长率[135]。

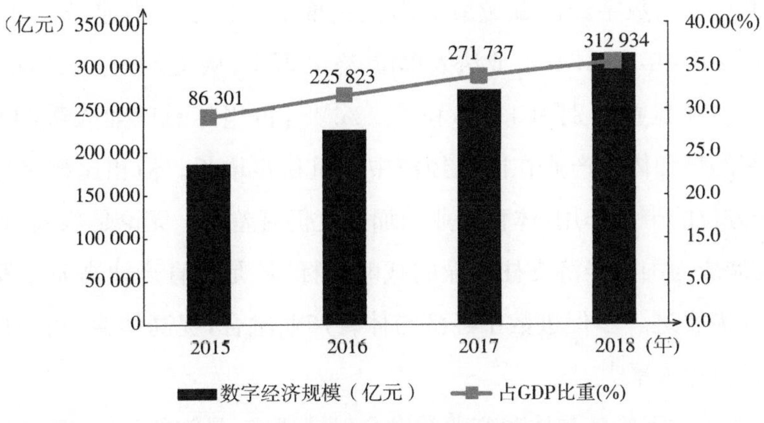


**图 6-1　数字经济规模及其占 GDP 比重**

数据来源：《中国数字经济发展与就业白皮书（2018 年）》《中国数字经济发展与就业白皮书（2019 年）》

数字经济与体育产业对于 GDP 的贡献也呈增长趋势：数字经济规模占 GDP 比重由 2015 年的 27.5%增长至 2018 年的 34.8%；体育产业增加值占 GDP 比重由 2015 年的 0.79% 增长至 2018 年的 1.1%。同时，二者的贡献还体现在拉动就业上，据《中国统计年鉴（2019）》，2018 年我国数字经济领域就业岗

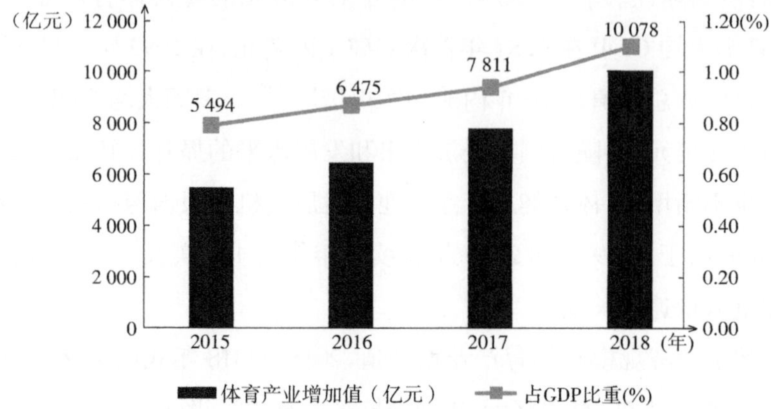




**图 6-2　体育产业增加值及其占 GDP 比重**

数据来源：国家统计局网站



位达到 1.91 亿个，占全年总就业人数的 24.6%。在全国总就业人数同比下降 0.07%的背景下，数字经济领域就业岗位实现了两位数的高速增长，同比增长 11.5%；而 2018 年末，体育产业法人单位 23.8 万个，从业人员 443.9 万人，占全部第二、三产业比重分别为 1.1%和 1.2%[147]，占当年总就业人数的 0.57%。由此，数字经济和体育产业在国民经济中比重稳步增长。但相比数字经济呈现出来的全方位的带动作用，体育产业的加速度仍有差距。无论是响应 2035 年体育产业发展成为国民经济支柱产业的战略目标，还是体育产业高质量发展的自身要求，都需要进一步促进数字经济与体育产业融合，提高体育产业的数字化、智能化、科技化水平[140]。

国内关于数字经济与体育产业的融合发展研究，最初始于“互联网 + 体育产业”的相关研究。2015 年《政府工作报告》首次提出制定“互联网 + ”行动计划，推动移动互联网、云计算、大数据、物联网等与现代制造业结合，促进电子商务、工业互联网和互联网金融健康发展，引导互联网企业拓展国际市场[148]。

在此背景下，国内学界对于“互联网 + 体育产业”展开了广泛讨论，包括互联网重构体育产业发展模式[149]、互联网 + 体育产业发展战略[150]等。近年来，随着大数据、人工智能、5G、区块链等信息技术的持续升级和迭代发展，学界也愈发关注新技术与体育产业的融合发展，既包括某一单项技术与体育产业的融合，如5G或者区块链技术在体育产业场景的应用[116]、人工智能与体育产业的融合[151]，也包括从宏观角度剖析大数据时代体育产业的发展路径[152]，以及数字经济与体育产业融合等方面。

数字化演进和体育产业高质量发展均有各自的发展路径，其中数字化依托数字信息技术的发展，并伴随着全球新科技浪潮迅速渗透到各个领域。在学界，数字化并无统一的概念界定，其中原因之一就是数字化本身是一个迅速发展、不断融合的领域，数字化的概念和内涵也在不断拓展和迭代。如在公共管理领域数字化脱胎于电子政务，而如今则聚焦数字治理，而在经济领域，数字化以信息产业获得大众关注，如今则上升到全域的数字经济。数字经济和体育产业拥有共同属性的基因，"融合跨界"也成为二者共同经历的成长脉络和拓展路径。

## 二、数字渗透打造体育产业数字化"新旗舰"

### （一）要素数字化：提升基础配置，注入新动力

产业数字化体现在要素数字化、过程数字化、产品数字化三种形式[153]。数字化是产业要素的动力，为体育产业的数字化转型提供软硬件基础。体育产业数字化转型与云计算、大数据、人工智能、虚拟现实、增强现实、5G、区块链和物联网等技术密切相关。其中，云计算、5G和区块链等技术帮助体育产业数字化转型搭建了新产业经济的基础设施。这些基于高质量高效率的存储、计算和网络资源，同时具有低成本、高产能的特点，作为基础网络条件有效支撑着产业的上层网络架构，并为创新型发展提供资源；大数据、人工智能、虚拟现实、增强现实和物联网等作为强技术支持，帮助体育企业在数字化应用下重新定义用户需求、用户价值、用户体验和用户参与，从而创新产品和服务，提升整体效能[44]。

数字化作为体育产业数字化转型的核心要素，主要体现在"物"和"人"两方面，一是生产设备的数字化改造，二是数字化人才的培养。

生产设备的数字化改造是体育产业各领域数字化转型的基础，但最为集中的是体育用品制造业的数字化。在体育产业的所有业态中，体育用品制造业规

模最大产能最高，2018 年体育用品制造业总规模为 13 201 亿元，占体育产业总规模的 49.7%。增加值 3 399 亿元，33.7%的增长速度也居于前列（表 6-1）[154]。在数字化的推动下，我国体育用品制造业发展的趋势从制造向智造转型。制造业的数字化转型为产业要素优化、产业结构调整、产业模式创新提供了硬件基础。如大量智能设备的投产及使用，催生出新的线上营销模式，智能装备—智能社交—智能消费也在智能装备的硬件基础上逐渐形成完整的产业链。

**表 6-1　2018 年全国体育产业状况**

| 分类名称 | 总量（亿元） | | 结构 | |
|---|---|---|---|---|
| | 总产出 | 增加值 | 总产出 | 增加值 |
| 体育产业 | 26 579 | 10 078 | 100.0% | 100.0% |
| 体育服务业 | 12 732 | 6 530 | 47.9% | 64.8% |
| 体育管理活动 | 747 | 390 | 2.8% | 3.9% |
| 体育竞赛表演活动 | 292 | 103 | 1.1% | 1.0% |
| 体育健身休闲活动 | 1 028 | 477 | 3.9% | 4.7% |
| 体育场地和设施管理 | 2 632 | 855 | 9.9% | 8.5% |
| 体育经纪与代理、广告与会展、表演与设计服务 | 317 | 106 | 1.2% | 1.1% |
| 体育教育与培训 | 1 722 | 1 425 | 6.5% | 14.1% |
| 体育传媒与信息服务 | 500 | 230 | 1.9% | 2.3% |
| 体育用品及相关产品销售、出租与贸易代理 | 4 116 | 2 327 | 15.5% | 23.1% |
| 其他体育服务 | 1 377 | 616 | 5.2% | 6.1% |
| 体育用品及相关产品制造 | 13 201 | 3 399 | 49.7% | 33.7% |
| 体育场地设施建设 | 646 | 150 | 2.4% | 1.5% |

数据来源：《2018 年全国体育产业总规模和增加值数据公告》[154]

数字化人才的培养是要素数字化的另一个重心。数字化天生具有“跨界融合”的基因，而数字产业的发展又伴随着不断涌现的新“跨界”元素。可以说无论是数字理论前沿探索，还是数字经济产业实践，无论是数字产业一线的操作者，还是数字经济顶层的设计者，这些都是数字经济的构成基础，也是数字化转型的核心要素。由此，跨学科培养、校企合作、数字持续教育也成为学界和业界共同关注的焦点。

要素数字化是数字化的基础配置，也是推动数字化转型的核心动能，更是进一步推动过程数字化和产品数字化的要素资源。

**（二）过程数字化：优化产业流程，开拓新功能**

体育产业过程数字化是指数字化作用于体育产业发展的过程，也是指数字化参与体育产品生产的过程，具体包括研发设计的数字化、产品生产的数字化、销售服务的数字化等方面。体育企业研发设计的数字化主要体现在通过云计算、虚拟现实等技术，基于前后台的用户画像和市场需求模型，对产品定位、产品功能、产品人群等重新综合分析和规划，不仅体现在产品研发效率的提升，还体现在精准受众定位、丰富产品类型、持续产品迭代上。体育企业生产的数字化主要体现在根据当前和预测的体育市场需求进行目前客群的定制化生产，体育大数据精准预测供需关系，提供消费者画像，并达到精准推送，可以说数字信息技术的使用不仅在生产流程上全面提高了生产和管理效率，还改变了营销—生产的单向模式。体育企业销售服务的数字化主要体现在体育用品的新零售模式。体育用品及相关产品销售、出租与贸易代理是体育服务业占比最高规模最大的业态。在元素数字化和过程数字化的基础上，数字化搭建了需求—产品—服务的新流程，协调着新的供需关系，促进着更为良性的生产消费互动，联动着体育市场供需两端的数据共享和协同促进。

通过基于数字技术的互联网平台，体育用品制造企业可利用数字化打通生产端与销售端，全方位降低体育用品制造业的成本，并大幅度缩减库存，提高市场供需两端的匹配效率。如安踏体育推出名为“ANTAUNI”的个性化产品定制服务[155]，让消费者参与设计，将其喜好、个性认知融入产品，消费者可在ANTAUNI平台定制专属的运动装备，满足个性化需求。

数字技术可以综合降低企业的生产成本、管理成本和交易成本，从而使得企业获得更大的利润空间和创新发展机会。如数字技术运用于体育用品零售业，线上线下的互联互通能优先发挥线上资源，在灵活应对临时性消费需求、调配货源、减少库存、增加现金流方面提高综合效率，从而增加产能。数字技术运用于体育制造业，能够通过线上资源和数字技术更加准确及时地找准或调整产品的市场定位，甚至根据先期的市场投放效果制定中后期的产品生产策略，市场灵活性的增强能进一步缩短产品生产周期，调整营销策略。数字技术运用于体育培训业，能提升教学反馈效率，精准提供用户画像，提升定制化产品性能，从而优化教学过程，丰富教学手段，提升用户体验。数字技术运用于体育竞赛表演业，通过在线销售提升票务销售效率，缩减票务运营成本，并能为现场安防、停车餐饮等周边配备提供有效参考数据，从而整体优化该行业的销售内容和销售模式。





过程数字化，即通过数字化手段，以互联网平台为生产及销售背景，不断优化并升级产品设计研发、生产制造及销售推广的模式及流程，通过降低生产成本、拓展销售平台、提升用户体验等方式，不断进行数字化结构改造，并在此过程中拓展出新的功能和机制，并为更进一步的产品数字化乃至数字产业生态打通脉络，储备能量。

### （三）产品数字化：丰富产业业态，催生新模式

体育产业产品质量是衡量评估体育产业供给水平和生产效能的重要指标。在数字经济时代，体育产业产品数字化主要体现在数字技术的渗透和促进下，体育产品和服务的生产和销售环节，产品数字化往往催生出新产品、新模式和新业态。可以说，产品数字化是要素数字化和过程数字化的结果及终端。数字化对于体育产业最终完成了从要素到过程，再到产品和业态的渗透融合和升级改造。

以智慧体育场馆为例，不仅通过在线预订等手段降低了消费者的消费成本，提高了场馆利用率，而且还通过数字化手段优化了场馆运营及管理，如数字技术提升了场馆自动应对台风等极端天气的效率，同时通过实时场馆人数调整灯光使用率，降低能耗，节约成本。借助数字化手段及平台，智慧体育场馆转化了传统的场馆预订及销售模式，为进一步提升产能、丰富业态、促进收入提供可能。

以运动可穿戴设备为例，智能运动手表改变了传统设备的单一计时功能，能记录健身爱好者的运动时间、运动强度、运动里程、运动频次等信息，同时通过互联网平台完成与其他用户的信息共享，进而促进运动社交。产业链也从单一的运动产品拓展到运动装备及服饰，甚至运动周边，销售模式也更加依赖互联网平台，消费行为也从单一临时性消费，变成拥有社交属性的持续性消费。

随着2018年以来短视频的兴起，特别是疫情下全民在线消费数据激增，体育短视频逐渐形成新的产业模式。据中国互联网络信息中心(CNNIC)第47次发布的《中国互联网络发展状况统计报告》，"截至2020年12月，我国网民规模为9.89亿，手机网民规模9.86亿，网络视频用户规模达9.27亿，较2020年3月增长7 633万，占网民整体的93.7%。其中短视频用户规模为8.73亿，较2020年3月增长1.00亿，占网民整体的88.3%。"[156]抖音App是一款可以拍摄短视频和进行视频直播的音乐创意短视频社交软件，于2016年9月正式上线。据抖音2021年1月5日发布的《2020抖音数据报告》，其日活跃用户突破6亿，位居所有短视频应用之首。据抖音与巨量算数联合推出的《2020抖音体育生态白皮书》[157]，"抖音体育兴趣用户规模已超过3.5亿，从世界级赛事俱乐部，到明星运动员、媒体人，以及体育组织机构，抖音针对覆盖的不同体育资源也都建立起具有代表性的运营服务模式"。从创作者的属性来看，体育赛事、体育机构组织、运动员、体育俱乐部、体育媒体人及体育爱好者成为抖音体育创作的六大主体，且具有较高的头部资源覆盖率，如有70%的头部体育赛事、50%的头部体育机构组织和65%的头部运动员开设了抖音号。从商业模式来看，短视频导流销售、直播带货、直播打赏、"粉丝"周边经济等几乎集合了现有互联网的主流商业形态。体育短视频已成为流量时代体育传播乃至体育产业的新宠，并已搭建成日趋成熟的商业模式。2021年，鸿星尔克在自媒体平台的爆火虽然有一定的偶然因素，但其背后蕴藏的成熟的互联网营销模式和在线消费习惯则是"爆款流量"的基础，如此迅猛的爆红速度和引发的强烈社会反应，是传统产业生态中无法想象的。艾媒咨询数据显示：2019年中国在线直播行业用户规模数达5.04亿人，用户群体庞大[158]。数字化带来的用户人群、消费习惯的改变，使得体育产品拥有了传播产业形态无法比拟的加速度。

产品数字化，是数字经济与体育产业融合的终端体现，数字化升级改造的不仅仅是传统产品的新功能、新模式、新路径，还包括数字化新产品、新产业、新生态。快速迭代的数字技术，不断拓展的数字场域，以及持续增长的数字经济，给产品数字化不断增添新的原发动力，而从产品到产业再到全域生态的数字化转型，也催生出更为先进的产业结构和商业模式，并为未来的数字拓展和产业演进提供新的可能。



## 三、数字赋能凝聚体育产业数字化“新势力”



### （一）赋能产业结构：优化要素配置，储备发展动力

产业数字化是利用数字技术提升产业发展的数字化、网络化、智能化水平，实现产出增加和效率提升的过程[159]。产业数字化引发的不仅是以数字资源为基础、以数字平台为载体、以数字技术为驱动的市场变革，更是唤起产业结构的整合与重组，以及整个管理理念的创新和突破。

数字经济与体育产业深度融合，加速整个产业链的重组。这种基于产业组织，渗透到产业结构的整合，打破了原有的产品供需模式，打破了单向线性的生产销售逻辑，逐步构建起人物同平台多场景的互动，为在精准受众定位、个性定制产品、持续黏性消费等基础上创新生产和商业模式提供更多机会。

信息技术在产业数字化转型中持续且深度地渗透，平台思维、数据思维的产生，以及生产销售倒逼产业结构和管理机制革新，这些影响因素最终导致原有的线性、单核、层级化的管理模式逐渐向网络化、多核、扁平化转变。多方参与协同的网络平台，进一步在管理和生产中优化资源配置，提高生产效能。例如，阿里体育是阿里数字经济生态中不可或缺的一环。从其诞生之日起就并非遵从单一传统的体育营销结构，阿里基于先天的互联网基因在数字经济的加持下构建起阿里体育的数字生态。整合聚集媒介、电商、金融、大数据等平台，构建起赛事、票务、版权、文娱等全新的数字体育生态，联动产业上下游实现服务模式创新[160]。

不仅是产业链条中的组织升级和优化重组，数字化也同时改变着体育产业生产者与消费者之间的关系。利用大数据、云计算、人工智能等先进数字技术，处于供需两端的体育企业与体育消费者能进行及时、深度、持久的交互，从而为精准识别体育消费需求及需求变化，减少体育企业低效和无效供给，形成需求牵引供给、供给创造需求的更高水平动态平衡，提升体育产业整体效能奠定坚实基础。

数字化不断升级优化着产业的组织结构，同时也改变着体育生产和体育消费中生产者与消费者的关系，从生产出发变成从用户出发、从产品出发。立体的市场结构，让企业、产品、消费者的关系更为密切，多核交织的互动关系包括了即兴临时的接触，也包括了持久深度的互动，高频次大范围的信息沟通，也是数据积累和反馈的过程，为进一步或者下一个循环的产品改造升级或创新研发提供新的基础动力。

数字经济赋能于产业要素和结构，通过改变资源配置方式，完善体育要素市场化配置，通过提高全要素生产率，驱动体育产业组织变革，推动体育产业向技术密集型产业、高附加值产业、高加工度产业演进，促进体育产业结构的优化和升级。

### （二）赋能产业生态：促进产业融合，开拓发展空间

数字经济涵盖新的要素、技术、业态、模式及新产业等多方面，其本质是信息化经济和融合经济，融合效应使其与实体经济相融合，提高产业链现代化水平和产业基础能力，形成高质量增长点[161]。

产业融合不仅是当下产业演进的现状，更是未来持续的发展趋势。数字经济赋能体育产业，促进了数字经济与体育产业的融合、体育产业子业态间的融合及体育产业与其他产业的跨界融合三种方式。

数字化通过密集的数据交换和预测分析，彻底改变在传统产业价值链内开展业务的方式，实现商业模式创新[162]。数字经济与体育产业融合并非传统意义的产业融合。这主要是因为数字经济的内容形式和载体均与传统产业不同。数字经济以数据为要素，以互联网为载体，其核心技术呈现出来的特征包括信息

化、智能化、网络化、数字化等，这些与以往传统产业完全不同的技术特性，最终与体育产业渗透融合并催生出新的商业模式和产业业态。

数字经济与体育竞赛表演业的渗透融合丰富了观众的观赛方式，也提升了观赛体验。体育竞赛表演业在体育产业中的规模不大，统计数据显示：2018 年，体育竞赛表演业总规模为 292 亿元，占体育产业总规模的 1.1%，但体育竞赛表演业引发的传播影响力和社会关注度不容小觑。数字化的融合催生出职业体育赛事线上直播平台等新商业模式。如咪咕成为 2020 东京奥运赛事转播顶级合作伙伴，实现“手机看奥运”。同时，体育赛事短视频迎合了流量时代大众参与体验的情感诉求和时间随便化的生活现状，迅速占据手机用户特别是年轻用户的市场。而在赛事转播领域，随着新一代通信技术的发展渗透，高清直播给客户带来更为畅快的观赛体验，虽然目前仍受到技术约束和使用场景的局限，但 5G、VR/AR 等技术给用户参与体验的升级仍得到产业界和普通受众的期待。

数字经济与体育健身休闲业的渗透融合构建了“线上 + 线下”“社交 + 消费”的新模式。央视财经调查显示：2020 年 2 月，运动健身 App 行业活跃用户规模快速上涨至 8 928 万，同比增长 93.3%；健康管理 App 月活跃用户突破 2 405 万，同比增长 152.8%[163]。大量线上用户的聚集活跃了线上的交互，也日渐形成基于线上交互的商业消费，从而带动整个体育健身休闲产业的发展。

数字经济与体育用品制造业的渗透融合催生出一系列的智能产品及由此带动的新型社区经济。在数字经济的推动下，2015—2018 年，体育用品制造业产值由 2 755.5 亿元，增长至 3 399 亿元，年均增长率达到 7.2%。产业的增速也引起相关行业组织的重视。中国体育用品业联合会组织制定的《智能固定式健身器材技术规范》团体标准于 2020 年 3 月 1 日正式实施[164]，在一定程度上加强了对该产业的规范和指导。

数字经济与体育场馆服务业的渗透融合提升了场馆运行的效率，降低了管理成本，也提升了观众的观赛体验。智慧场馆的数字化包括场馆运行系统数字化、票务运营数字化、市场开发数字化、观众体验数字化等。一是场馆运行系统数字化能够在大数据测算的基础上，对场馆能耗、通风照明、设备老化、人力调配等方面实现资源的优化配置，从而减少能耗，提高效益；二是票务运营数字化，线上票务系统不仅让票务购买更为便捷，也为票务核验及售后服务提供更多便利；三是市场开发数字化，通过对观众的大数据分析，在消费习惯和购买能力的评估下，实现精准投放和开发；四是观众体验数字化，通过 5G 网络实时流畅观赛，通过 VR 设备，提供全方位、沉浸式体验。2021 年在陕西举行的第十四届全国运动会再次升级了智慧场馆概念，不仅针对职业赛事，针对全民健身的“智能健身”和“运动处方”的功能开发让我们看到智慧场馆更多的发展空间。

数字经济与体育教育培训业的渗透融合开拓了新的教育内容和形式。体育教育培训业是体育产业的重要一环。2018 年体育教育培训业总规模和增加值分别为 1 722 亿元和 1 425 亿元，占体育产业总规模和增加值的 6.5% 和 14.1%[165]。在数字技术的推动下，以及体教融合、“双减”政策的影响下，体育教育培训业将拥有更广阔的平台资源和用户基础，也将拥有更大的社会需求。

数字经济提供的全域网络化平台，在数字技术的核心指引下，也促进着体育产业不同子业态的融合共生。体育用品及装备制造业和体育服务业之间的融合，形成更为高效的供需平衡，更为有效的市场投放，而体育健身休闲活动和体育用品销售等不同场景所反馈的数据将直接传输到产品的生产端，通过新一轮的模型测试重新调整产品研发，从而升级产品，而随着体育竞赛表演业日趋成熟，更是融合了体育用品制作、体育休闲培训、体育服务业、体育传播等多个子业态，在数字经济的纽带作用下，体育产业全域呈现出协同发展、融合共生之势。

数字化转型助力体育产业更广阔的价值空间，也促进着体育产业与其他产业在不同形式上的资源融通和产销互联。在数字化转型和经济一体化的推动下，体育产业与其他领域之间拥有更为广泛的平台基础，体育、文化、娱乐、旅游、医疗等产业互联的机会日渐增多，融合的形式和程度都更为丰富和深入，也带来更深远的经济复合效益。同时，不同规模、不同属性、不同地域的企业在互联网平台上得到更多的商业交流机会，特别是更多的中小企业获得发展良机，由此带来了体育产品和服务的多样化[166]。产业数字化可加速体育与教育、旅游、商业、医疗、文化等行业的融合进程，产生不同业态，促使这些行业形成优势互补，解决行业痛点。

数字经济为体育产业赋能，就是通过数字和信息技术对体育产业进行升级与改造，加快数据作为生产要素在体育资源配置中的流通，不仅改变了传统体育服务营销模式，还倒逼体育产业组织增强风险防范能力，提高服务与产品创新能力，从而达到提质增效的目的。数字经济促发体育产业自身，以及体育产业与社会经济的全方位融合，营造构建起源于数字技术，基于体育产业，立于全域产业的“体育+”生态体系。



### （三）赋能产业价值：升级数据思维，探索发展方向



数字经济时代的核心生产要素是数据，数据成为连接物理世界和数字世界的桥梁，是数字化转型的主线，能催生出新的技术经济特征。当前，由于市场化配置体育资源的效率相对不高，体育产业发展依赖的生产要素主要是土地资源、劳动力、技术和资本。在工业经济时代向数字经济转变的过程中，数字技术赋能体育产业，体育产业数字化转型成为关键。其基本流程是：通过对体育产业领域的数据进行采集、存储（如竞赛表演业的球迷信息、观众收视偏好、核心球员技术统计等数据，健身休闲业的大众运动爱好、体质健康等数据，体育用品制造业的大众运动健身器材选取、运动服务偏好等数据），并打通、整合（如以用户需求倒逼企业创新，提供个性化、精准化的体育产品与服务），再对其进行分析与应用（如优化生产流程、降低交易成本等）。数字经济为体育产业赋能，即以数字经济思维促进数字技术与体育产业相融合，利用数据、知识、信息等新生产要素，对体育产业进行全角度和全方位的改造，推动体育产业结构优化升级，催生新的商业模式和新业态，进而提高体育服务与产品的供给数量和效率。而在宏观层面，数据作为新的核心生产要素，能扩大资源配置范围，使市场、企业和政府三者在资源配置中发挥优势互补作用[167]。

数据不仅是一种生产要素，还是数字经济时代的核心思维和基础动能。数据思维既是一种“智慧的手段”，也是“智慧的结果”。可以说，数字化形成了数据思维，也强化着数据思维的思维能力。通过数据的采集、处理和分析，产业发展的脉络清晰可见，万物互联是一种关系的重构，打破了时空限制，跳出传统产业

逻辑，构建新的商业思路和产业模式。数据思维本身就是生产力。

数据思维对于传统的体育产业模式的结构和重组，就如同DNA链的螺旋组合，这种“基因再造”的过程表象是组织结构和生产模式的重构，是市场配置和交易规则的改造，但究其深处，则是生产思想、销售逻辑的改变。可以说，数字化倡导并推行着一种新的“数据观”“产品观”“产业观”。

数据是生产要素，是思维导向，更是一种治理手段。数字经济是一个去中心化、多元参与的生态系统，每一个主体都有平等参与的机会，协同治理是其核心[168]。“数据观”的核心思想之一就是协同治理。生产主体、消费主体、交易主体的多元化，生产结构、管理结构、营销结构的扁平化，宣传机制、反馈机制、融合机制的智能化，都将给协同治理提供良好的软硬件保障，同时也将构建起需求为导向的新型体育市场发展格局。在这个生态体系的构建中，数据已经作为一种先进的治理手段，基于数据、利用数据、整合数据、预测数据、发展数据，数据既是生产要素，也是管理要素。

体育产业的数字化转型必然同步于数字经济时代的迅猛发展，但也必须考虑到发展过程中的突变因素，如新冠疫情的影响。新冠疫情给体育竞赛表演、体育场馆运营、体育用品及相关产品制造等造成重大的影响，甚至可能影响到体育的竞技、培训、教育等不同层面。虽然给某些行业如体育教育培训行业带来新的发展机会，但仍不能解决行业整体和长久的发展困境。进入后疫情时代，体育产业仍面临十分严峻的形势，投资人是否仍有持续的投资热情，在新一轮的市场选择中运动员是否有稳定的训练热情和风险储备，上层组织机构是否及时进行政策调整并出台相应的制度保护，这些都因形势的改变而必须重新讨论。但无论是临时的突发事件，还是持续的外界影响，数字化既是影响因素，也是解决手段。

步入数字经济时代，随着“科技强国”“网络强国”“健康中国”等国家战略在体育产业领域中的实施，科技创新在体育产业发展中的地位与作用日趋显著，而作为科技创新的先导力量，数字化与信息化技术发挥了重要作用。虽然在体育产业的数字化转型中同时面临数字发展和体育产业自身发展的双重困境，必须面对如长期存在的结构优化不完整、政策保障不到位、创新动力不足、供给不充分、产业融合不深、综合价值不高等问题，但通过持续的数据要素升级、数据结构优化、数据思维塑造等自我创新和推动，数字化将会不断助力体育产业高质量发展，推进体育产业的数字化转型，从而进一步满足广大人民对美好体育生活的需要。

# 实践案例篇

# 第七章

# 群众体育数字化发展实践案例



随着“健康中国”与“体育强国”建设的持续推进，以及全民健身的广泛开展，我国群众体育正处于快速发展阶段，越来越成为社会体育发展中的重要一环。随着人民对美好生活的向往和高质量生活的追求，群众对于体育的需求更加多元化、品质化、科学化。群众体育需求的满足离不开群众体育发展政策环境和技术环境支持。其中，技术发展对群众体育发展产生了不容忽视的影响。随着5G、AR、VR等技术的兴起，物联网的快速发展，数字体育应运而生。从功能角度看，数字体育是集强身健体、休闲娱乐、社交为一体的打破时空限制的智能在线，其催生出新的社会空间，分割出更多碎片化、临时化时间，影响群众体育发展方向。在数字技术推动下，群众对于体育的需求不仅局限于强身健体功能，更体现出休闲娱乐功能及社交功能。

## 一、强身健体：数字激发群众体育强身健体功能

体育自诞生之时就承担着强身健体的功能，“体”字是体育的核心，其最直接的体现在于身体，促进身体发展是体育的主要目的，强身健体是体育的基础功能。强身健体作为体育基础功能区别于竞技功能，其面向大多数群体，即人民群众。因此，体育强身健体功能主要通过发展群众体育来实现。在体能上体育可以提升人体耐力、肌力、柔韧性、平衡性、敏捷性、协调性，在生理上可以增强人体的免疫能力，在心理上可以促进积极乐观、奋发向上的精神。习近平总书记高度重视人民群众的身体健康，多次强调要通过发展体育提高人民群众的健康水平，并将之上升到一个新高度[169]。强身健体是大多数群众参加体育运动的主要目

的。因此，随着人们对于健康的重视与追求，强身健体功能越来越凸显。数字体育的发展使群众体育强身健体的功能得到科学有效的发挥，主要体现在以下几个方面。

### （一）数字化打破时空限制，拓展群众体育参与路径

数字体育在科学发挥群众体育强身健体功能方面的作用首先体现在促进群众体育参与的人数增加，“参与”是群众体育功能发挥的基础。群众只有投身体育实践，才能感受到体育的魅力。对于传统体育发展而言，时空的局限、运动成本高、场地与器材的不可得、指导的缺乏等限制了群众参加体育，降低群众参与体育的可能性。随着数字体育的发展，阻碍群众参与体育的限制逐渐被打破，拓展出群众体育参与的新途径。



**案例一**

## 24 小时无人健身房

健身房是群众进行体育锻炼的重要场地之一，但传统的健身房运动成本高，群众往往办理高价会员卡才能进入健身房，同时会员卡也限制了群众运动空间。在数字体育的推动下，出现多样化运动方式，为群众参与体育提供更多便利，体现在健身房层面便是 24 小时无人健身房的诞生。24 小时无人健身房在智能技术的支撑下，打破时空限制，为群众参与体育提供便捷，符合群众的切实需求。

在此，以乐刻运动 24 小时无人健身房为例。在大数据与智能技术的支撑下，乐刻向用户提供全天候自助服务，打造 24 小时无人健身房。“无人”是指无人看管，健身房所有器材均在技术手段的支持下处于实时监控中，并随时采集数据，将健身房中相关情况及时反馈到数据监控中心，通过智能化手段监控健身房情况。乐刻运动 24 小时无人健身房的智能化不仅体现在场馆智能化，还体现在其运作智能化。用户可以通过乐刻运动开发的 App 查找门店并在线上预约相应课程及到馆时间，通过扫描 App 上的二维码进馆锻炼，系统将会判定支付状态、体温情况来开启门禁[11]。与其他强调选址、注重面积大的健身房不同，乐刻

运动 24 小时无人健身房通过 App 查找门店，其数量较多，分布的区域广，虽然健身房面积普遍偏小，但是智能化大幅度降低了乐刻运动对选址空间的要求，这也为群众在运动空间选择上提供了方便。

案例来源：乐刻运动[EB/OL].[2020-08-01].https://www.leoao.com/.

### 案例二

## 智慧社区健身中心

社区健身中心建设直接影响社区居民体育参与热情。因此，社区健身中心建设也是各地推动全民健身发展，吸引群众参与体育的重要措施之一。在数字技术加持下，社区健身中心也逐渐进行数字化、智能化转型，以提升其服务质量。例如，南京西善桥智慧社区健身中心就进行了数字化改造。居民可以通过扫码等方式完成身份登记并获取智能门禁，随时可进入健身中心。健身中心内有全息沉浸式多媒体教室，通过 AR、人机互动技术等，有针对性地解决场地、天气、时间等限制条件对日常健身的不利影响，有效提升社区居民运动健身的便利性与舒适性。该智慧健身中心配套建设了客流和能耗监管系统、智能健身及配套设备和系统、智能化环境系统三大信息平台。在三大信息平台的辅助下，可以通过信息化监管系统和社区健身中心数据平台，实时了解和掌握社区健身中心客流量、设施利用率、能耗等情况[170]。

案例来源：中国江苏网.南京西善桥街道智慧社区健身中心开馆全国首批试点之一[EB/OL].[2019-08-07].http://jsnews.jschina.com.cn/hxms/201908/t20190807_2364329.shtml.

无论是乐刻运动 24 小时无人健身房，还是智慧社区健身中心均盘活传统场地资源，为"随时随地"运动创造了可能。在快节奏的现代化生活中，传统的"日出而作，日落而息"的时间节奏被打乱，碎片化时间及夜间时间价值受到重视。大多数上班族常利用碎片时间或者"非常规时间"参与体育锻炼。传统健身场馆时间与这部分人需求不符，限制了其参与体育运动。24 小时无人健身房和智慧社区健身中心等智能场所均摆脱了时间局限，为群众随时参与体育创造机会，增加了群众参与体育锻炼的可能，为发挥体育强身健体的功能打下基础。从运动成本看，24 小时无人健身房摆脱传统健身卡模式，推出费用更加灵活的服务模式，大大降低运动成本，为群众提供高性价比的服务。智慧社区健身中心也实行公益制收费模式，运动成本低。运动成本的降低会减少经济条件对于体育参与的影响，吸引更多人进入健身房参与体育锻炼，为群众体育发展注入活力。总体来看，24 小时无人健身房与智慧社区健身中心在数字技术的推动下，实现了传统运动场馆自动化、智能化转变，为群众体育发展突破场地限制，增加群众参与运动可能性，为发挥群众体育强身健体功能创造了条件。





### （二）数字化收集数据，科学指导群众健身

群众体育具有强身健体功能，但不适当的运动也会将这一功能转化成负面影响，损害人体健康。在现实中有许多因不当运动而受伤的案例。数字体育的发展可有效防止群众在参与体育过程中出现运动损伤的情况。数字体育通过智能化、数字化手段收集并分析运动数据，让群众在参与体育的过程中对自己的运动情况有直观的了解，更好感知身体变化，及时作出相应调整，以真正实现体育强身健体功能。收集运动数据并给予科学指导主要依靠智能设备来完成，在体育领域，智能设备也可看作是新型辅助运动设备。在传统体育中辅助运动设备主要为了促进身体锻炼，智能运动设备的特点在于将人体信息数据化、科学化，帮助运动者对运动产生更好的认知。

**案例三**

### 智能可穿戴设备与智能健身器材

在群众体育发展中，智能设备多为可穿戴设备，使用率最高的是智能运动手环。智能手环具有体积小、方便携带、购买成本较低、可记录等特点，适用于群众运动。目前市面上出现多种类型的运动智能手环，在此以乐心运动智能手环为例。乐心智能手环是一种可穿戴式智能设备，具备步行监测、里程监测、卡路里监测、心率监测等功能，用户无须下载 App，可以通过微信轻松管理运动、挑战运动目标，与微信好友互动 PK。用户在运动过程中使用智能手环，智能手环会依托数字技术收集身体相关数据，呈现给用户。乐心手环还会在用户允许的情况

下，将测量数据自动传到公司智能健康云平台，为用户与医生搭建沟通桥梁，实现远程健康监护[171]。

除了智能运动手环以外，目前还出现了较多的小型智能健身器材。如智能跳绳、智能健腹轮等。云麦科技智能跳绳内置蓝牙智能芯片，用户在使用时，智能跳绳依靠多点监测与算法技术，自动计算数量及消耗的卡路里等数据。借助智能跳绳，用户可以清楚了解跳绳过程中的能量消耗[172]。YESOUL 健腹轮 J20 内置 AI 传感芯片，标配精确度高并且运算速度极快的计数算法，可将训练数据同步到 YESOUL App 上，用户可以在 App 上看到相应数据，也可以通过健身轮外置屏幕实时查看锻炼次数，健身过程被量化[173]。这些产品都是随着数字体育发展产生的新产品。数字健身器材增加收集、记录、分析数据功能，从而更好地实现强身健体的目标。

案例来源：新浪科技.智能手环从低端逐步走向高端[EB/OL].[2016-07-23].http://tech.sina.com.cn/it/2016-07-23/doc-ifxuhukz0857943.shtml? qq-pf-to=pcqq.c2c.

搜狐.云麦科技亮相 2020 中国移动全球合作伙伴大会[EB/OL].[2020-11-24].https://www.sohu.com/na/433968779_100275129.

北青热点.云教练在线指导智能健身设备助力[EB/OL].[2021-04-12].https://www.360kuai.com/pc/9a6ca08b2cf5d5fe6? cota=3&kuai_so=1&tj_url=so_vip&sign=360_57c3bbd1&refer_scene=so_1.

## 案例四

## 智能足球场

除了智能可穿戴设备之外，一些运动场景也逐渐智能化，收集场景中的人的运动数据，为提升训练水平提供科学指导。如位于天津市海河边的智能化笼式足球场，与一般的足球场不同的是，它拥有一套监测内部负荷、外部负荷及技战术数据的足球运动表现分析系统，能实时呈现球队及球员运动数据，还可以自动生成数据报告，展现球队整体体能、攻防情况及球员技战术表现等，为教练员提升球队训练效率与比赛成绩提供全方位数据分析支持[174]。

数字体育关键在于“数据化”。“数据化”意味着将抽象的运动过程变得可计算、可分析，有利于使运动过程更加科学化。这一点对于群众体育发展而言尤为重要。无论是竞技体育还是学校体育，在发展过程中都有一套科学的运动体系并且有专业人士指导，而群众体育则相对处于“野蛮生长”状态，缺乏科学训练体系。之所以如此，与群众体育自身独特性密切相关。群众体育面向的是广大人民群众，参与主体广泛。因此，在群众体育发展过程中，完整、系统的科学训练体系可能会出现“众口难调”的情况，所以到目前为止适用于群众体育的统一指导体系还没有形成，群众体育缺乏一定的科学指导。数字体育的发展为解决这一问题提供了方法，可以根据每个人的训练效果进行针对性指导，这有利于避免运动伤害和运动效果不明显的问题。数字化收集数据并形成报告，根据报告给出相关建议，数字体育能够为群众提供科学系统的训练方式，促进群众体育科学发展，让群众在参与体育的过程中更充分、更科学、更有效地锻炼身体，以更好实现强身健体的目标。

案例来源：搜狐.全民健身技术点亮智慧场馆[EB/OL].[2021-08-23]. https://www.sohu.com/a/485053318_121058390.



### （三）数字化满足强身健体需求，制定个性化健身方案

随着时代的进步，群众参与体育的需求不断变化，对强身健体的需求也进一步提高。群众对强身健体的需求不再停留在促进身体健康层面，而期望通过体育来塑造身体美的需求越来越旺盛。当审美需求引入后，强身健体就增加了个性化内容。因此，虽然群众参与体育的目的是强身健体，但追求的方向已有所改变。在强身健体方面，我们经历了无目标、无指导，运动场景单一、粗放的健身1.0时代到以手机、iPad等单向接收健身信息，无法实时互动、实时指导和效果评估的2.0时代，以及现在互动式健身3.0时代[175]。在数字体育的推动下，我们进入了健身3.0时代，互动式健身可以满足不同层次的需求，可描绘群众画像，根据群众特点与需求，精准提供内容，满足个性化需求。

## 案例五

# 智能电视与智能健身镜

目前，在一些智能设备如智慧电视、智能健身镜等的帮助下，智能设备可以结合相关信息，为使用者安排一个“私人教练员”，提供更贴切的服务。OPPO 智能电视 S1、OPPO 智能电视 R1 改变了以往电视单纯播放内容的模式，开发了多种功能模式，其中健身功能是该电视的重要功能之一。智能电视设置了“AI 健身私教”功能，在此功能页面中，划分了减脂塑形、AI 跟练、保养调理等模块（图 7-1）。用户打开电视就能健身，最重要的是该智能电视系统会根据每个人的信息如性别、年龄、体重等进行智能分析，为用户制定专属健身课程，同时在运动的过程中，系统会通过配备的摄像头识别用户动作，若动作不规范会及时给出语音反馈，帮助用户矫正动作[176]。

**图 7-1　智能电视 AI 健身私教界面**

图片来源：搜狐. 视频通话＋AI 私教健身，OPPO 智能电视这波操作你见过吗？［EB/OL］.［2021-04-14］. https://www.sohu.com/a/460787298_397514.

FITURE 的智能健身镜外表看似一面镜子，但实际上是一款 4K、60 帧的高清屏幕(图 7-2)。用户使用时先在其 App 上输入基本信息与健身偏好，跟着屏幕完成体能测试。屏幕会结合用户的需求与体能检测结果，帮助用户定制相关课程。进入课程后，用户可以跟随 AI 教练员进行锻炼，同样，AI 教练员会识别用户的动作姿势，对其作出提醒。通过 FITURE 的智能健身镜，用户可以私人定制适合自己的健身方案[173]。

**图 7-2 智能健身镜演示图**

图片来源：FITURE 上线智能健身镜新品，课程数量达千节，继续领跑百镜大战[EB/OL].[2021-06-09]. https://www.ithome.com/0/556/322.htm.

无论是智能电视还是智能健身镜，都为用户提供了一个“私人”健身环境。“私人”相对于传统的健身课程而言，一方面是发生场合由传统的健身房转变为居家健身，环境私人化，另一方面是课程内容私人化，针对个人需求独家定制。课程内容私人化离不开人机交互机制。人机交互现已经历触控阶段向肢体识别阶段转变。目前在数字体育发展过程中，肢体识别是人与智能设备之间最常用的一种交流语言，肢体识别是更进一步的个性化的生物识别。人机交互促进了课程内容私人化：首先，智能设备通过人机交互及虚拟现实和增强现实技术打造沉浸式运动氛围，给人带来身临其境的感受，让运动场景更加私人化，场景中信息交换效率更高。其次，智能设备感知人类肢体活动，获取相关信息。收集信息后，智能设备通过一系列运算生成一份独一无二的健身报告。专属健身报告让运动更有效，体现在强身健体层面，就是让强身健体功能更有针对性地发挥，提供个性化内容，满足群众在塑造身体美层面的不同需求。

案例来源：搜狐. 视频通话 + AI 私教健身，OPPO 智能电视这波操作你见过吗？[EB/OL]. [2021-04-14]. https://www.sohu.com/a/460787298_397514.

北青热点. 云教练在线指导智能健身设备助力[EB/OL]. [2021-04-12]. https://www.360kuai.com/pc/9a6ca08b2cf5d5fe6?cota=3&kuai_so=1&tj_url=so_vip&sign=360_57c3bbd1&refer_scene=so_1.

## 二、休闲娱乐：数字强化群众体育休闲娱乐功能

在高压的现代生活中，体育已成为最受欢迎的解压途径之一。大众通过参加体育活动来释放自我，追求自我身体和意识的体验，实现身心愉悦的效果。体育之所以成为人们释放压力的主要选择得益于其具有休闲娱乐功能。休闲娱乐功能是群众体育的主要功能之一，体育休闲娱乐功能可以减轻人们生活中的压力、易怒、恐惧等心理情绪，在快节奏的生活中，提高人们的信心和对社会的复原力[177]。随着人们生活水平的不断提高，群众参与体育不再只满足于强身健体，休闲娱乐也是其目的之一。群众体育休闲娱乐功能的特点在于不要求运动成绩，没有高强度的训练，强调内在体验，追求精神和身体上的放松和愉悦。

数字体育借助各种数字技术，能够准确、快速、智慧化、多层次地满足人们对休闲娱乐的需求。数字体育进一步强化了群众体育休闲娱乐功能，激发了群众体育在休闲娱乐层面的活力。群众体育在休闲的基础上被赋予了不同程度的价值。数字体育对群众体育休闲娱乐的强化主要体现在：改造运动空

间，增加休闲娱乐元素，提高吸引力；创新运动模式，提供多种休闲娱乐方式，为群众提供更多选择；推动体育文化传播，丰富休闲娱乐内容，满足群众精神需求。

### （一）数字化改造传统运动空间，吸引群众参与体育

体育休闲娱乐功能发生的场所常在户外，户外空间中的自然风光与体育运动相结合，可以帮助群众更好地放松。数字体育的发展帮助改造传统户外运动空间，将休闲娱乐元素引入户外锻炼中，增加运动过程中的趣味性，吸引更多人到户外锻炼，释放户外空间的运动价值。



**案例六**

### 智慧跑道

目前户外空间改造常见的形式是建设智慧步行道或智慧跑道，如杭州萧山智慧跑道。萧山智慧跑道在杭州市萧山湘湖旁，全长7.6公里。智慧跑道沿途设置了智能步道系统，群众无须佩戴任何设备，跑道会自动记录走路的步数、速度及消耗的热量等信息，显示在智慧跑道大屏、“爱游湘湖”App上，群众可以随时监测运动里程及所消耗的卡路里。同时，引入娱乐元素是智慧跑道一大特色。跑道上设有AR寻宝环节，通过App在运动过程中寻找虚拟宝藏，收集宝藏完成游戏还可以获得相应活动奖励。还有AR合影机，通过AR黑科技与虚拟元素合影及AR弹幕活动，极大提高了运动过程中的趣味性（图7-3）。

案例来源：杭州城事．萧山湘湖新增一条7.6公里智慧跑道等你去打卡[EB/OL]．[2020-09-16]．https://www.360kuai.com/pc/9cf557859e5bc2725?cota=3&kuai_so=1&sign=360_57c3bbd1&refer_scene=so_11．

**图 7-3　智慧跑道 AR 弹幕**

图片来源：杭州城事. 萧山湘湖新增一条 7.6 公里智慧跑道等你去打卡[EB/OL]. [2020-09-16]. https://www.360kuai.com/pc/9cf557859e5bc2725? cota = 3&kuai_so = 1&sign = 360_57c3bbd1&refer_scene = so_11.

**案例七**

# 智能公园

公园是主要的户外运动空间，同时也是群众休闲娱乐的主要选择，是发挥体育休闲娱乐功能的重要场所。在数字技术的推动下，对传统公园进行了改造，引入智能化设施，增加公园趣味性，以吸引更多人到户外参与休闲娱乐活动。

扬州市江都 AI 公园就是一个典型的智能公园。AI 智能公园中有 AR 太极拳活动，将 AR 技术融入太极拳练习中，通过广场大屏进行 AR 教学，同时会捕捉练习者全身关节点，"检验"练习者的学习情况。另外，公园里设有 AI 游戏互动屏，通过红外体感摄像头感应捕捉用户动作与屏幕进行互动。公园里还设有 AR 切水果游戏，无论大人还是小孩，都可以在"AR 切水果"屏幕前进行一场"切水果"大战，游戏操作简单，趣味性高。公园还有智能竞速自行车，与公园地标雕塑灯景智能连接，群众可以骑竞速自行车蓄积能量，触发灯光秀。这些智能设计，能够满足不同年龄段人群的需求，将科技与休闲运动结合在一起，在锻炼身体的同时也增加了趣味性[178]。

案例来源：新浪网.跟着AR打太极拳 AI智能+生态这个公园很"慧"玩[EB/OL].[2020-05-06]. http://k.sina.com.cn/article_5675440730_152485a5a02000tiel.html.

无论是智慧跑道还是智慧公园，均将智能技术引入传统的运动休闲空间，对运动休闲空间进行改造，增加休闲娱乐功能，焕发空间的活力，为群众提供高品质运动场地。在体育运动中引入AI或AR技术，打造虚拟现实，在已有的现实中引入另一个现实维度，将虚拟现实的价值附加到体育运动当中。通过虚拟现实打造更多娱乐休闲环节，增加运动趣味性与吸引力。虚拟现实技术目前在运动空间中发挥作用的机制是以运动空间为基础，以虚拟现实加强人与人之间的互动，围绕空间展开交流，促使更多互动发生在运动空间当中。这种方式既环保又富有创造力，有利于在运动休闲空间中增加多层次、多方面的休闲娱乐内容，满足不同人群的休闲娱乐需求，增加空间吸引力，吸引群众参与体育活动。



### （二）数字化创新休闲娱乐方式，拓展群众运动选择

在群众体育发展过程中产生大量运动休闲资源，但由于运动内容趣味性不高，受空间限制，或者信息传递不对称、运动休闲普及度低等，阻碍了群众对运动休闲的认知度与参与度，使得许多运动休闲资源得不到充分利用。数字体育的发展为这些问题的解决提供了一个可能的方案。

**案例八**

## 体感酷跑机与智能高尔夫

首先，在智能装备的帮助下，打造运动新场景，在运动的基础上增加娱乐元素，吸引群众参与其中。目前一些智能体感运动设备充分将运动与娱乐结合在一起，如体感酷跑机、智能高尔夫等。体感酷跑机是一款将跑步与娱乐结合在一起的智能设备。体感酷跑机有一个大屏幕，用户站在屏幕前指定区域作出跑步

动作。酷跑机通过体感识别群众跑步动作，并将其与屏幕中的闯关情节联系在一起，屏幕中出现障碍物，参与者可弹跳避开，也设有加速道具、双人对战互动等。整个运动过程互动性强，趣味性高，给用户提供一种沉浸式跑步体验，带动其深入其中尽情享受跑步的快乐。

同样，一些运动项目也在数字技术的帮助下进行了改造，为参与者提供沉浸式体验，如智能高尔夫。智能高尔夫是在一个由3D技术打造的逼真虚拟球场中完成的，参与者击球后精准的击球感测系统会测量高尔夫球的飞行参数，模拟真实的飞行轨迹。整个击球过程就好像在真实的球场中完成一样(图7-4)。智能高尔夫不受时间和天气限制，即使刮风下雨也不会影响运动体验，群众可以随时来一场想打就打的高尔夫[179]。

**图7-4 智能高尔夫演示图**

图片来源：全国智能体育大赛.有魔力的智能体育，好玩到根本停不下来！边娱乐边甩脂，智能体育就是这么燃！[EB/OL].[2019-01-08]. https://mp. weixin. qq. com/s/qaMoDL8ID79DLXasKuuW9gl.

案例来源：全国智能体育大赛.有魔力的智能体育，好玩到根本停不下来！边娱乐边甩脂，智能体育就是这么燃！[EB/OL].[2019-01-08]. https://mp. weixin. qq. com/s/qaMoDL8ID79DLXasKuuW9gl.

## 案例九

### 线上群众运动会

数字体育打破了空间限制，充分利用数字技术的连接功能，将群众汇集在网络，创新体育休闲模式。数字体育通过线上线下双重联动，盘活体育休闲资源。例如，上海市第三届市民运动会开创了线上运动会新模式。受新冠疫情影响，上海市第三届市民运动会在数字技术支持下开展“双线办赛”模式，即线上加线下模式。运动会以线上活动为主，有线上比赛、展示活动、创意活动等，逐步延伸至线下。线上比赛有“健康上海人大赛”“7天打卡抖音挑战赛”等，通过拍摄短视频、线上直播等方式，将资源整合让群众可以随时随地参与到休闲运动中。此种办赛模式降低了市民参与比赛的门槛，覆盖了上海各年龄段的不同人群，提高了群众参与度。

## 案例十

### 趣运动平台

数字体育为群众与资源提供者之间搭建了沟通平台，加强体育信息流通，让群众更加快速、便捷地了解到体育休闲信息并能够参与其中。随着群众对休闲娱乐需求的增长，越来越多连接群众与休闲体育资源的平台被搭建，各类应用应运而生，其中“趣运动”这款应用备受欢迎。“趣运动”是基于 iOS 和 Android、Windows 综合性运动服务平台，用户可以通过“趣运动”便捷地找到当前地理位置附近的运动场馆，并进行快速在线预订，这为群众寻找体育休闲场所提供了极大便利（图 7-5）。

**图 7-5　趣运动小程序界面**

图片来源：趣运动小程序

数字体育将运动与娱乐休闲有机结合在一起，以体感酷跑机、智能高尔夫为例的体感运动，是对运动场景进行改造，借助智能设备打造了一些以娱乐为主、运动为辅的场景，智能化的体育设备通过强大的功能和与群众更有效的交互，增加了体育运动场景的趣味性，吸引更多群众参与其中。数字体育推动群众赛事发展。群众参与相关比赛更多是“重在参与”，享受比赛的快乐，放松自我，因此群众体育赛事对于群众而言是休闲娱乐的重要途径。数字体育拓展群众体育赛事宣传渠道，创新群众参赛模式，让群众有更多机会参与到休闲体育赛事中。数字体育促进体育场馆的普及。目前一些运动场馆除了健身设施之外，也进行适当改造加入保龄球、冰壶及射箭等娱乐项目，为群众提供了丰富的休闲娱乐方式。数字技术连接场馆资源与人的需求，快速匹配群众需求，提高场馆资源利用率，给消费者带来更舒适的体验，吸引更多人走进场馆进行体育锻炼，参与休闲娱乐活动。

### （三）数字化优化体育传播内容，满足群众观赛需求

群众体育休闲娱乐功能不仅体现在身体活动上，还体现在精神的满足与愉悦上。精神的满足与愉悦主要通过观赏赛事实现，群众对体育赛事的观赏也属于休闲娱乐功能的范围。群众体育发展之初，人们观看体育赛事的渠道单一，种类少，限制多，国外的比赛只能通过转播实现，赛事内容单薄。随着数字体育的发展，利用信息通信技术摆脱时间和空间的限制，群众可以随时随地观看相关赛事，逐渐实现了观赛自由。数字体育也推动了小众赛事项目的传播，丰富体育赛事内容，满足群众个性化观赛需求。

**案例十一**

## 腾讯体育跨屏互动与直播技术

群众对体育赛事的追捧促进了体育媒体之间的竞争，咪咕体育、腾讯体育、PP 体育等媒体强势崛起，争夺赛事版权资源，抢夺群众注意力。腾讯就曾花费 5 亿美元买下 NBA 五年的独播权。在数字体育的推动下，不仅使赛事内容得到丰富，群众观看赛事的方式也在逐渐改进，数字体育为群众提供了更优质的观赛

体验。多端覆盖展示多元场景是用户的观赛需求之一。基于数字技术,腾讯体育实现了从线上到线下的互动娱乐、跨屏互动模式,通过打通手机端、Pad 端、PC 端、大屏端,完成场景扩展,满足了群众不同场景下的观赛需求。腾讯体育还改进其直画技术和直播技术,在赛事演播室中铺设全光纤节点,保证赛事直播的流畅度,为群众提供更高清、更流畅的直播画面[180]。同时,腾讯体育还着重打造内容矩阵,为群众提供丰富的体育文化内容,围绕体育赛事打造赛事衍生直播节目及相关联的直播话题节目、直播互动节目等,激活群众对赛事的话题讨论。

案例来源：未来科技创想. 腾讯视频内容版图再添王牌,全面构建全景娱体新生态[EB/OL]. [2020-12-25]. https://baijiahao.baidu.com/s? id=1687009623932491138.





## 案例十二

### "交互式 VR 多维观赛"系统

在信息时代,运动赛事不仅考验着运动场上的运动员,还考验着赛事举办方的技术支撑。如何运用先进的数字技术举办一场精彩的赛事是举办方必须考虑的问题。在数字技术突飞猛进发展之时,2022 年北京冬奥会备受瞩目,"科技冬奥"是北京冬奥会的重要元素。北京冬奥会中有一些高科技项目亮相,其中不乏改进观众观赛体验的技术。"交互式 VR 多维观赛"系统出现在"相约北京"冬季体育系列测试活动中。该系统由 40 台相机组成,并引入 VR 技术。观众不仅可以通过电视来观看,还可以用手机或者 VR 设备选择任意视角观看比赛。观众观看比赛不再受限于传统的直播镜头,对于赛事内容观看有了选择权,实现观众对于个性化内容的需求。VR 技术可以打造沉浸式观赛环境,增加观赛的娱乐性[181]。

案例来源：新华社."科技冬奥"黑科技——"自由视角"技术亮相冬奥冰上测试活动[EB/OL]. [2021-04-03]. https://www.360kuai.com/pc/9c34c9f71640bc38a? cota=3&kuai_so=1&tj_url=so_vip&sign=360_57c3bbd1&refer_scene=so_1.

数字体育改变了传统的体育赛事电视传播的模式,带动了体育媒体的发展，促进赛事传播，提供丰富的赛事内容，同时赛事的流畅度、清晰度也在不断提升。相比于传统观赛环境，数字体育观赛体验大大提升。数字体育衍生出新的观赛形式，随着 VR、AR 技术的发展，体育赛事传播得以将虚拟现实技术和现实生活相融合，从根本上创新群众观赛途径，逐渐从观看屏幕的二维体验进入模拟现场的三维体验，丰富群众感官体验，极大提高了群众参与感与观赛的娱乐性。

### 三、社会交往：数字挖掘群众体育社会交往功能



在亚健康时代，群众对健康的追求逐渐成为一种社会文化并在此基础上衍生出体育社交的需求。相比于竞技体育，群众体育具有浓厚的社交色彩，社交功能是群众体育的重要功能之一。对于个人发展而言，群众体育的社交功能有利于加强彼此之间的联系，增进感情交流，促进人际交往。对于社会发展而言，群众体育社交功能有利于促成群体认同感，增强社会凝聚力。为什么群众体育具有浓厚的社交色彩？首先，在群众体育参与过程中，不论尊卑。在体育运动中，所有人处于一个平等状态，没有社会地位差距，平等的身份为良好社交打下了基础，彼此之间可以摆脱社会身份压力进行和谐友好的沟通。其次，体育作为一种兴趣纽带，将对某一项目感兴趣的人聚集在一起，形成“趣缘”群体，群体之间围绕体育有着某种共同的情感体验，体育可以引起情感共鸣，迅速拉近群众之间的距离，促进彼此之间的互动与交流。最后，在体育运动中一般会有身体接触，如拥抱、拍手、击打等动作，这种身体接触是在规则约束下，双方均认可的、主动发生的一种身体接触。身体接触是人与人建立关系最直接的方式。因此，群众体育具有强大的社交功能。与强身健体功能不同，受制于社会发展水平、群众体育发展环境等因素，社交功能在群众体育发展之初并没有得到发挥。随着经济的发展，社会物质生活水平得到极大的改善，人们对于社交的需求日益旺盛，群众体育社交功能逐渐被重视。

与以往的社会或网络层面的体育互动不同的是，在数字体育的推动下，体育社交网络中的互动不再局限于如体育专业论坛、体育交流群组等，而是将这种互

动的范围扩大到整个体育领域，使不同的体育参与者能够全部融入这个社会互动的过程，生成一个更为复杂多样也更为集中的社会交往空间，展现多维互动[182]。数字体育进一步挖掘群众体育社交功能主要体现在：打造以体育活动为载体的社交新方式，形成以体育内容为纽带的虚拟社交社区，拓展宣传渠道，推动体育社交成为时尚潮流。

### （一）数字化打造社交新方式，为群众体育社交提供新途径

传统以体育活动为载体的社交形式是群众通过参与线下体育活动进行体育社交。一方面，线下体育社交范围小，社交范围首先体现在空间社交范围小，受空间限制，距离远的人难以参与其中，其次体现在人际范围小，传统线下体育社交依靠人际传播，社交圈子小。另一方面，传统线下体育社交依赖面对面交往，这种交往方式不易维持社交的稳定性。随着互联网技术的发展，线上社交打破线下社交桎梏，成为日常社交必不可少的形式。线上社交也不断丰富体育社交形式，推动线上线下体育社交新模式的出现。





**案例十三**

## 咪咕善跑

在数字体育的推动下，越来越多平台挖掘体育社交属性，围绕体育活动打造社交机会，为群众借助体育进行社交提供更多的机会。以咪咕善跑为例，咪咕善跑是“互联网＋”运动健康平台，以咪咕善跑 App 为载体，融运动、资讯、活动、公益于一体，将运动与互联网深度融合，打造泛娱乐移动运动社区，使用者不仅可以在 App 上浏览资讯，还可以发布自己的动态及查看跑友动态。咪咕善跑 App 打造了一个以跑交友的平台。除此之外，还支持专业跑团入驻，跑团内部可以借助 App 进行打卡、群聊、排行榜等活动，充分挖掘运动社交属性，以运动带动社交，以社交加强运动。咪咕善跑不仅为群众提供专业、全面的运动内容，还注重群众运动诉求，如社交诉求。咪咕善跑打造了多项强互动活动带动群众社交。咪咕善跑曾将国外知名跑步 IP“Run Every Day”引入国内，打造“Run Every Day 一路有你”落地活动，鼓励所有参与者坚持每日跑步。在活动期间，用户每日使

用咪咕善跑单次户外跑里程达 1.61 千米并上传运动轨迹，即视为完成当日任务。用户连续每日打卡完成任务，即有机会获得话费、智能秤、颂拓手表等丰厚奖励。同时，咪咕善跑将会设置“Run Every Day”活动排行榜，其中“世界排行榜”以用户最高连续完成每日任务的天数进行世界排名，“好友排行榜”则是关注好友之间的较量。较以往推出的活动而言，“Run Every Day”更强调用户间的社交属性[183]。

案例来源：搜狐.跑步类 App 酣战正浓，咪咕善跑如何脱颖而出？[EB/OL].[2017-08-30]. https://www.sohu.com/a/168364666_465911.



案例十四

## Energy Pantry

除了咪咕善跑主要以运动项目为载体打造“一起运动”机会的体育类应用软件以外，还有以现实的运动资源为基础、创造群众社交机会的平台，如 Energy Pantry(图 7-6)。

Energy Pantry 是一款新兴的运动健身品牌，提供线下社区场地和线上引流服务，打造“陌生社交”的健身房。Energy Pantry 也开发了相应的小程序，小程序首页是“一起练”社交功能页面，页面中会出现其他陌生用户的画像与相关介绍，用户可以在这个页面向右滑匹配到其他 Energy Pantry 会员，并与其进行聊天，相约到 Energy Pantry 健身[184]。同时小程序会为用户提供门店位置信息，以及门店当中有多少用户进行锻炼的信息，用户可以通过小程序查看正在门店运动用户的部分自我展示，也可以发起邀约。

案例来源：新浪体育.陌生社交带动线下实体经济？这家健身房这样玩[EB/OL].[2020-04-05]. http://sports.sina.com.cn/run/2020-04-05/doc-iirczymi6281909.shtml.

无论是咪咕善跑还是 Energy Pantry，都是在数字技术的加持下，将互联网与体育深度融合，通过线上引流线下参与的形式，促进群众参与体育。线上引流主要依靠社交聚集在一起，线下开展相关活动释放社交活力，围绕体育活动打造

**图 7-6　Energy Pantry 界面图**

图片来源：新浪体育.陌生社交带动线下实体经济？这家健身房这样玩[EB/OL].[2020-04-05]. http://sports.sina.com.cn/run/2020-04-05/doc-iirczymi6281909.shtml.

新的社交场景，以实际的体育活动为载体，打造更多社交机会。随着社交网络的日益成熟，人们对于社交的要求不再局限于单纯的交流，在社交方面也更追求个性化内容，体育社交类 App 立足于某一领域进行内容挖掘，在一定程度上能够满足群众在体育社交方面的个性化需求。

### （二）数字化加速“趣缘”群体发展，形成体育虚拟社交社区

所谓“趣缘”群体就是以兴趣结缘的群体，数字体育的跨空间性、便捷性等特点为群众围绕体育进行沟通交流提供了方便，线上社交促进了“趣缘”群体的快速形成。得益于体育社交类 App 的发展，“趣缘”群体经历了由互联网向移动应用的转变。随着移动设备的迅速发展，移动类应用得到普及，实现了随时随地社

交的可能。体育社交类 App 就是体育移动应用上的体育社交圈。体育社交圈大部分是基于某个特定的体育项目或体育俱乐部而形成的，每个体育爱好者会因不同的体育偏好有着多个体育社交圈，在每个体育社交圈中可以结识更多的体育爱好者[185]。在移动应用的推动下，目前已有围绕体育项目、养生保健、健身塑形等内容的多种体育社交圈。体育社交圈实际上是体育虚拟社区。在体育虚拟社区中，用户可以围绕相关体育内容展开讨论，有的还可以通过上传图文等分享自己的运动生活，与其他用户进行交流。移动应用充分利用体育内容价值，搭建社交平台，将运动社交推向高潮。





**案例十五**

## 足球虚拟社区"懂球帝"

懂球帝就是一个具有代表性的移动体育社交应用软件，它是一款面向足球爱好者的体育移动应用软件，主要为用户提供实时的足球信息（包括赛事信息、球队信息等）。平台根据用户的个人偏好有针对地推送其关注的球队、球员与相关赛事信息，并在此基础上为有共同兴趣的足球爱好者提供交往互动平台。用户可以在平台上发表相关内容，也可以在其他内容下进行评论互动。懂球帝依靠足球内容打造了一个足球虚拟社区，众多足球迷汇集于此展开交流互动。

**案例十六**

## 运动虚拟社区 Keep

Keep 是一款集健身教学、跑步、社交等于一体的体育类 App，其不仅提供运动相关内容，还以运动内容为依托设计了社交板块（图 7-7）。打开 Keep 后，"社区"板块被摆在了第一的位置，参与者在社区当中打卡，分享自己的运动数据，彼此之间可以通过对内容点赞、评论等进行互动。除个人单独分享之外，社区内还会发起共同活动并设置相关奖励，激励群众参与其中，如"全民全运我参与""秋日燃脂活动"等，参与者可以将自己进行的活动拍摄短视频发布到该活动下方。

以这样的方式带领群众共同参与到这场运动社交狂欢中，为群众提供展示自我与交流互动的机会。社区中还有如“跑步爱好者”“每日跳绳打卡”等圈子，圈子中的人是有共同爱好或共同运动目标的人，即“趣缘”群体。圈子中设有讨论区、打卡区、精华区、课程区及周榜等板块。因为有共同的话题，圈子中的成员在情感上会较陌生人更进一步，成员的积极性与参与度更高，彼此之间的互动更加频繁。Keep 的圈子以体育活动为载体，以依靠兴趣粘连的社交为“卖点”，打造虚拟社交社区，使得体育社交不受线下面对面局限，为体育社交注入新活力。

除了线上社交，Keep 还注重将线上资源转化到线下，在城市中定制了景色优美、友好便捷的跑步路线，用户可以通过 Keep 看见完成同一跑道的跑者，可以在线上互相邀请线下共同运动。在国内上百个运动类 App 中，Keep 用户数率先破亿，成为国内最大的运动社交平台。Keep 以运动为基点，以吃、穿、用、练为核心，打通线上线下场景，构建积极的生活社交圈，为用户提供可分享、可社交的内容素材，形成整体基于运动形态的社交闭环[186]。Keep 将线上社交模式与线下社交模式结合。线上社交便于群众之间的沟通交流，但运动更需要线下作出实际行动。线下社交打造了真实运动场景社交，弥补线上社区的不足。

**图 7-7　Keep 界面**

图片来源：Keep 应用软件

案例来源：数英. Keep 发力运动社交，扣动新消费场景营销的“流量按钮”[EB/OL]. [2019-12-04]. https://www.digitaling.com/articles/237733.html.

随着群众对于专业体育内容需求的增长，越来越多像懂球帝、Keep 这样的专业体育平台产生。这类平台不仅为群众提供感兴趣的内容，更提供专业体育知识，依靠内容的个性化、专业化吸引群众。这些平台促成了“趣缘”群体的发展，进入这样的平台要求有一定的体育知识，体育知识就区隔开了不同群体，使得群体内部之间更加紧密，群体外部区分更加明显，专业化体育社交网络逐渐形成。专业化体育社交网络的发展促进体育与社交的融合，充分发挥体育的社交功能。

### （三）数字化打破时空限制，为群众进行实时体育互动创造条件

随着数字体育的发展，群众可以跨越时空，共同参与体育大事件，数字化为全民参与社交狂欢提供便利。传统的体育“聚会”大多是在大型运动会或者比赛之时，群众聚集到某一场合，共同参与体育活动，或者大型比赛时，群众聚集在电视机前共同观看，但这种聚集也只是小范围内的人群聚集，无法实现大范围聚集。数字技术带来的强大的连接功能，为人们在“云端”相聚创造了条件，不受时间和空间限制，足不出户便可以参与体育盛宴。数字体育的发展为人们共同参与体育活动提供了平台，并且借此契机引发社交狂欢。互联网也为群众提供了一个开放式的互动环境，群众由过去的单向的信息接收者转变为双向互动的参与者，彼此之间的沟通更加舒畅。过去群众只能单向接收信息，现已成为内容生产者；过去群众与运动员之间只能通过俱乐部或者现场观赛进行互动，现在群众可以通过社交媒体与运动员进行互动。网络使群众之间的社交互动更便捷，更紧密，让整个体育群体更加融合。



**案例十七**

## 2020 年东京奥运会微博社交热潮

在 2020 年东京奥运会期间，以微博为代表的社交平台掀起了一股全民参与奥运的热潮。微博平台在东京奥运会期间除了为群众提供大量体育资讯之外，创新互动玩法，打造深度奥运体验空间，推出线上闯关、直播连麦、IP 节目等多种互动活动，同时还邀请新老奥运冠军、体育明星等大 V 参与，以活动为基础创造多种社交形式，吸引群众参与其中，释放社交活力。微博也为群众与运动员之间的互动提供机会。与以往不同的是，本届诸多运动员都开设了微博账号，在微博上以轻松活泼的状态参与话题讨论，与群众进行互动，群众纷纷对运动员给予

鼓励，微博平台掀起了一场全民体育大追星。在2020年东京奥运会期间，微博用户累计发布3.83亿条奥运讨论微博，互动量累计超过了15.33亿次，相关话题阅读量超过了4 252亿。在群众的热烈讨论之下，杨倩的“比心”、天才少女全红婵等话题挤占微博热搜榜，奥运明星们以更多意想不到的方式不断在微博上走红，全民参与共创热点话题。群众除能通过赛事直播看到专业素质极强的运动员赛场上专业与冷静的一面外，还可以通过微博看到其可爱的一面。微博让运动员们有机会在比赛之余，为观众展现更多元的奥运文化。因社交媒体的参与，东京奥运会开始真正成为一场融入全民生活中的体育盛宴[187]。



案例来源：艾瑞网.艾瑞：体育明星成社交媒体新顶流，双向互动完成奥运粉丝新迁移[EB/OL].[2021-08-18]. http://report.iresearch.cn/content/2021/08/391588.shtml.



## 案例十八

# 快手健身直播

快手是一款短视频直播平台，每天有许多人在快手上直播，其中健身直播是该平台较受欢迎的内容之一。随着移动设备的快速发展，直播这种新的传播形式迅速崛起。群众可以随时随地通过移动设备进入直播间。健身直播相比于其他健身形式有独特的特点。首先，健身直播打破了地理区隔和时间局限，不受时空限制，群众可以便捷加入健身队伍，可以在短时间内实现跨区域、时间的社交群体聚合。其次，其具有实时互动性，能够创造一个虚拟场景，连接主播与直播用户，群众可以在直播间与主播或者用户进行互动，社交属性强。再次，健身直播运动成本低，大多数人可以加入其中，共享健身之乐。在新冠疫情防控期间，乐刻运动在快手上免费直播健身教学，吸引超过3 000万人次观看。2020年有超2 300万人在快手发布运动健身相关视频，每天有超2 000万人次跟着直播云健身[188]。以快手为代表的短视频直播平台凭借其互动性强、成本低等特点，为群众共同参与健身提供了平台，有利于推动全民健身的发展。

案例来源：人民网.全民健身兴起互联网“+”出运动新风尚[EB/OL].[2021-08-17]. http://ent.people.com.cn/n1/2021/0817/c1012-32195796.html.

数字体育的发展进一步挖掘了群众体育的社交功能。数字体育的发展将体育与社交紧密融合，打造出以体育社交为核心的新场景，从内容生产、体育参与等多方面发挥群众体育的社交功能，推动运动社交成为当下新潮流。随着数字技术的发展，体育不仅在重构人们的生活，同时也在改变着人们的社交圈，以运动为中心的社交关系链正在形成并快速发展。

# 第八章

# 竞技体育数字化发展实践案例

竞技体育作为20世纪最富于国际性的社会现象，无论对人们的观念，还是对经济和政治，都有着重要的影响[189]。数字技术赋能体育行业使其加速发展，在竞技体育中，高科技与大数据不仅被广泛应用于运动队日常管理和训练中，而且为运动员赛前准备、教练员技战术安排等提供重要的参考，同时也为竞技体育的发展和创新提供了新的路径[190]。当前，竞技体育的发展和竞争不仅仅在于竞技赛场本身，更在于赛场之外的科技发展。在很多顶尖体育赛事的筹备和开展阶段就已融入大数据的分析和处理技术，用于分析运动员比赛前的技战术特点、身体竞技状态、精神状态、比赛场馆状态、比赛外部环境等[191]。大数据技术的到来，加速了数字体育与竞技体育的融合与普及，助力竞技体育新发展，改变了选材模式，为运动训练提供了新的训练方法，也有利于运动员预防运动损伤[66]。





数字技术的大量运用，使相对比较分散的资源可以在内部实现有效的配置，较好地改进体育管理模式和决策方式，进而提升竞技体育的信息化水平和现代化程度。竞技体育的终极目的是提升比赛成绩，所以数字体育在竞技体育系统中的运行基本都是围绕着比赛来开展，主要通过高水平训练促进运动员快速达到最佳竞技状态，进而在比赛中获得优异成绩。下文通过十个案例分别展示数字体育在科学化选材、科学化训练、体育情报收集、运动性心理疲劳恢复、运动损伤康复、运动装备、技战术分析、裁判员判罚、体育竞技服务等十个方面与竞技体育的深度融合发展。

## 一、数字化服务：竞技体育发展新引擎

数字化是当今世界的重要时代特征，也是我国“十四五”经济社会发展的主要方向。竞技体育涉及运动员选拔、训练、运动康复等方方面面。2020 年东京奥运会后，竞技体育已经全面迈向数字时代，数字化选材、可穿戴装备、传感器、高速摄像机、多功能运动测试、情报搜集、运动康复等新技术、新服务的广泛运用，这些都为竞技体育运动训练的数字化转型奠定了坚实基础，也是我国竞技体育提质增效的新引擎。

### (一) 竞技体育数字化选材

**案例一**

### 美式橄榄球联盟(NFL)选秀大会的数字化选材

每年的 2 月份，美式橄榄球联盟都会在印第安纳波利斯举办综合考察营，邀请美国数百名优秀的大学橄榄球运动员参加，还有所有球队的 CEO、球探、教练员和队医出席(图 8-1)。考察营为时 4 天，一般作为联盟正式选秀前的模拟面试。所以这些大学生选手的表现也会直接或间接影响到后续的选秀顺位、签约薪酬等。当然，也有运动员在测试后实现了“逆袭”，如著名的汤姆·布雷迪在 2000 年的第六轮中以总 199 位被选中。大学生球员在考察营中会测试哪些项目呢？除最基础的体重、身高以外，还有我们最为熟悉的 40 码冲刺、卧推、立定跳远、立定摸高、三点折返跑、20 码/60 码折返跑，以及场上不同位置的球员需接受不同的测试项目。除身体素质测试以外，大学生球员还将接受智力测试，用于了解球员本身学习和分析问题的能力。

在综合考察营中，每位大学生球员都会穿上一件带有特殊传感器的运动服，而这些传感器将自动记录运动员在冲刺或折返跑中的加速度、立定摸高的弹跳力及运动过程中的心率等。这种运动服是由美国 Zephyr 科技公司和美国运动品牌安德玛联合研发的，配备在安德玛 UA39 系列运动服上(图 8-2)。其早期用于美国特种部队的军事训练上，后被美国国家橄榄球联盟综合考察营所采用。

**图 8-1　美式橄榄球联盟(NFL)选秀大会**

图片来源：NFL 橄榄球. 图集 2019 届新秀定妆照[EB/OL]. [2020-03-12]. https://www.sohu.com/a/314987901_394096.

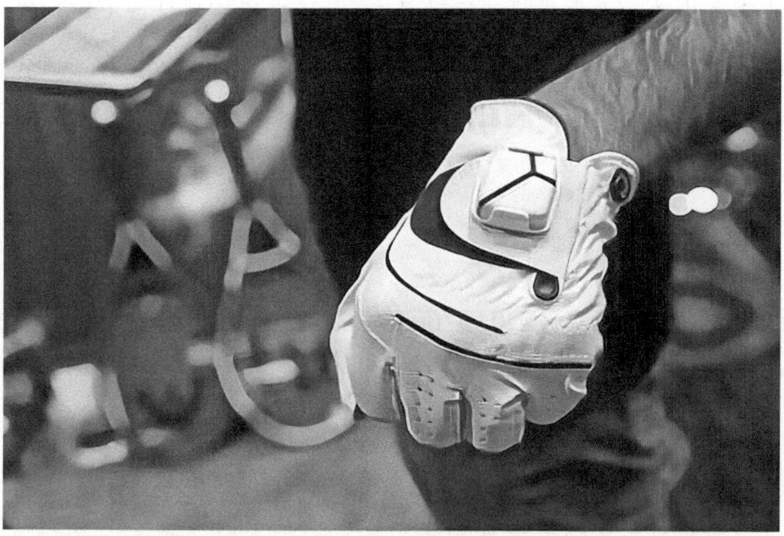

**图 8-2　带有传感器的运动手套**

图片来源：网易科技报道. ZEPP 智能运动传感器支持棒球、网球等四项运动[EB/OL]. [2019-04-23]. https://www.163.com/tech/article/BIEA12M200094P0U.html.

通过安德玛运动服上的收据搜集技术，再借助 IBM 公司的数据分析，会给每一名运动员产生一份客观、全面的个人综合素质评估报告，较好地避免了教练员、球探们个人主观所产生的不客观和偶然性等问题。对球队来说，错过一个好的新秀，损失无法估量，数字体育的介入使得球队有效避免了这种损失。

案例来源：王萌. 职业体育进入大数据时代[EB/OL]. [2019-03-02]. http: developer. 51cto. com/art/201208/355028. htm.

### （二）运动员数字化装备

**案例二**

## 2020 年东京奥运赛场上的“黑科技”

2021 年 8 月 8 日，2020 年东京奥运会落下帷幕，中国奥运代表团凭借在本届奥运会期间的精彩表现，向世界展现了中国体育健儿的竞技水平与精神面貌。如今的奥运会不仅是四年一届的体育盛事，更成为经济、科技等多方面实力的展示平台，透过奥运会这个顶级舞台，我们也能看到体育用品业的长足发展。在东京奥运会上，已经有无数科技感十足的新技术和新产品涌现，带给行业新的看点，传递着进步的讯号。运动装备有哪些新科技呢？

拉夫·劳伦(Ralph Lauren)用科技材料给奥运“降温”。拉夫·劳伦作为美国队的官方合作伙伴，为运动员带来了全新的冷却技术——RL Cooling。一款可穿戴设备让衣服成为身体的另一层“皮肤”，位于颈部后部的空调装置，将热量散发出去，以此来调节体温。

众所周知，衣服、被子的保暖原理是空气保有量的大小。这一装置的原理也是如此。风扇的转动，会让夹克或外套与身体之间的空隙形成空气流动，来达到加速散热的目的。其虽然看上去像风扇，但它的内部装有智能控制系统，可感知体温、控制风扇转速大小，并且控制电池电量的释放(图 8-3)。

该公司考虑到东京炎热天气从而推出了这一产品，目前仅在美国代表团的服装上使用，还未上市。拉夫·劳伦自 2008 年起与美国奥运代表团合作，2018 年的平昌冬季奥运会上还曾推出过一款带加热装备的派克大衣。

**图 8-3　拉夫·劳伦 RL Cooling 降温运动服**

图片来源：体育产业生态圈.奥运是运动员的战场，也是“黑科技”的试验田.[EB/OL].[2021-09-10].https://xw.qq.com/cmsid/20210811A0D8VW00？f=newdc.

松下推出可穿戴机器，帮助运动员抬杠铃。在举重比赛中，不同运动员对于杠铃重量的变化都是由工作人员完成的，但这可不是一项轻松的工作。比如吕小军在金牌战中，抓举重量为 180 公斤，挺举是 204 公斤，双双打破奥运会纪录。对于奥运冠军而言，这样的重量不在话下，但对于工作人员来说，加杠与减杠无疑是不小的挑战。为此，松下公司推出了一款机器人设备，来为佩戴者提供支撑，以减轻关节和肌肉的压力，这不仅降低了加减杠铃的难度，还加快了更换速度，为比赛的顺利进行提供了更多保障(图 8-4)。

除此之外，这一装备还用于杠铃设备的运输过程，极大减轻了人力负担。另据了解，该产品不仅限于东京奥运会使用，还将在未来投入更多赛事中去。

在 2020 年东京奥运会期间，射击队为中国代表团拿下首金，并最终以 4 金 1 银 6 铜的卓越成绩，圆满完成了奥运之旅。射击运动的难点和挑战，不仅在于心态的调整，每次瞄准也考验着身体各个关节与肌肉的稳定性，因此大多数运动员会采用紧身衣来辅助。据介绍，在奥运赛场上，包括中国队选手在内的不少顶尖射击运动员，都会在比赛或者训练中身穿 X-BIONIC 等品牌的压缩紧身衣，

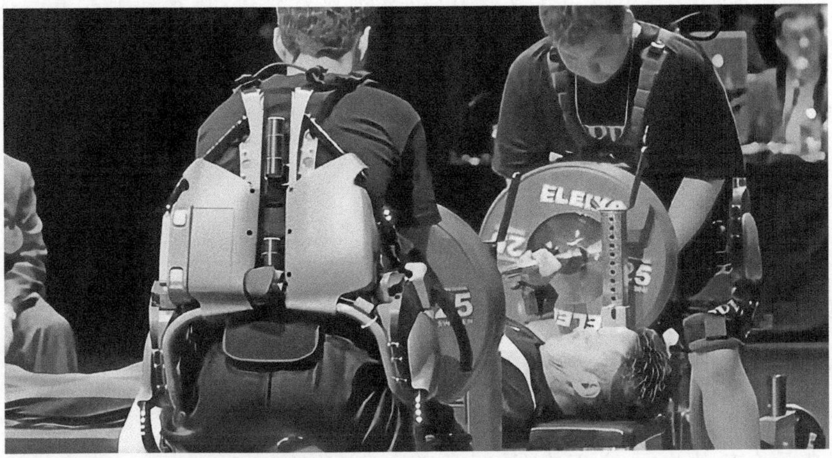

**图 8-4　松下可穿戴"机器人"抬杠**

图片来源：体育产业生态圈.奥运是运动员的战场，也是"黑科技"的试验田[EB/OL].[2021-09-10]. https://xw.qq.com/cmsid/20210811A0D8VW00? f=newdc.

通过间歇性压缩技术(Partial Kompression)，助力射击运动员在保持身体肌肉稳定的同时，最大限度降低对血液循环的影响(图 8-5)。

此外，在场地自行车比赛中，来自英国的运动性能品牌 Vorteq 也与卢森堡的 3D 扫描仪制造商 Artec 3D 合作，用创新型 3D 扫描仪 Artec Leo，为不同运动员定制更符合空气动力学原理的皮肤衣，帮助顶尖选手参赛和训练。

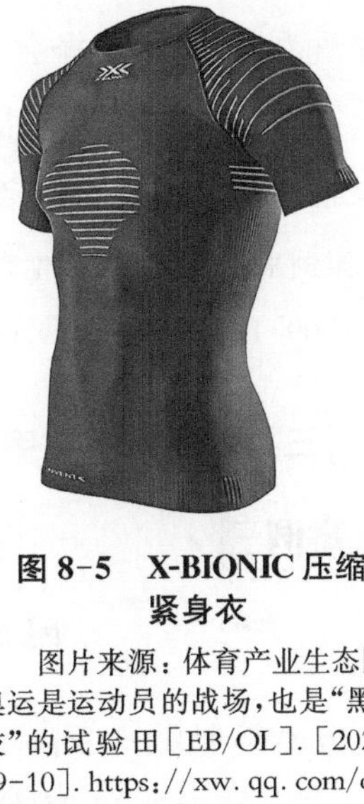

**图 8-5　X-BIONIC 压缩紧身衣**

图片来源：体育产业生态圈.奥运是运动员的战场，也是"黑科技"的试验田[EB/OL].[2021-09-10]. https://xw.qq.com/cmsid/20210811A0D8VW00? f = newdc.

2020 年东京奥运会的田径赛场可谓惊喜不断，科技是不可忽视的一点。挪威名将瓦尔霍姆在 400 米栏比赛中，创造了 45 秒 94 的新纪录。他坦言，自己的跑鞋是 F1 梅赛德斯车队与彪马共同研发的，鞋底采用了最新的碳纤维板加固，能让鞋底更薄，也使钉鞋更加轻便，还有帮助运动员减少人体机械能耗的设计。

中国代表团在田径赛场上迎来了不少新突破。

苏炳添在百米半决赛中跑出了9秒83的亚洲最好成绩，代表黄种人第一次出现在了奥运百米最后决赛的大舞台。谢震业成为我国奥运会历史上首位进入奥运男子200米半决赛的运动员。

在欣赏激烈而又紧张的田径比赛时，你是否留意到，东京奥运会比赛场上发令枪的变化？过去发令枪靠声音传播，这会导致离它最远的人是最后听到声音的，存在一定的不公平。而作为本届奥运会官方赛事计时器供应商欧米茄，带来了全新的电子发令枪，通过闪光传输信号，触发位于每个参与者身后的扬声器，确保所有人都在完全相同的时间点听到启动的信号。这台扬声器安装在运动起跑台后面，具备一个“智能”传感启动器，可以测量运动员在起跳时对垫子的作用力，其测量数据会立即发送到其中一台现场计算机上，用于检测潜在的抢跑，可以精确到100毫秒内（图8-6）。

**图8-6　欧米茄智能传感启动器**

图片来源：体育产业生态圈.奥运是运动员的战场，也是“黑科技”的试验田[EB/OL].[2021-09-10]. https://xw.qq.com/cmsid/20210811A0D8VW00? f=newdc.

案例来源：体育产业生态圈.奥运是运动员的战场，也是“黑科技”的试验田[EB/OL].[2021-09-10]. https://xw.qq.com/cmsid/20210811A0D8VW00? f=newdc.

### （三）比赛情报数字化收集

**案例三**

## 网球比赛 Keys to the Match

与其他的体育项目一样，网球比赛中也会涉及很多数据。比如一发的成功率、一发的得分率和ACE球等都是评价网球运动员竞技水平的重要指标。而发球的速度、接发球的成功率、网前成功率和得分点可以展示运动员的技战术特点，但是如果某位运动员的双发失误、非受迫性失误比例上升，则意味着该名运动员的心理状态出现问题，也可能是体力出现下滑。1993 年起，美国 IBM 公司就开始赞助网球比赛，并提供相关技术支持。从 2005 年至今，十几年间 IBM 公司通过 Slam Tracker 技术采集了网球四大大满贯赛事八千多场比赛，累计四千多万个数据点（图 8-7）。

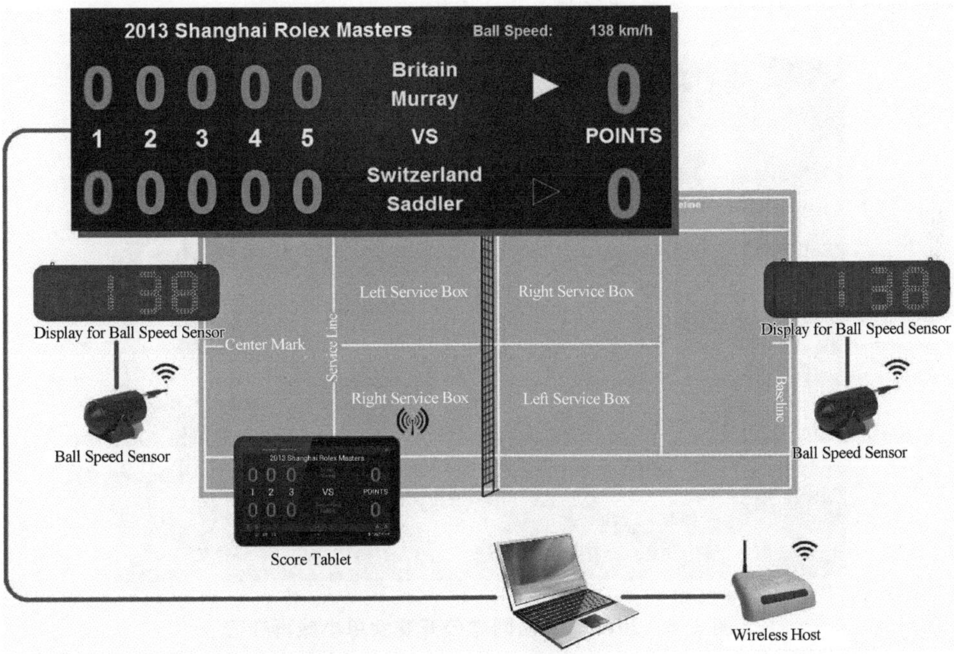


**图 8-7　网球计时计分软件和系统**

图片来源：八方资源网. 网球计时计分系统/网球计时记分软件/计时计分系统支持出售租赁赛事服务[EB/OL]. [2023-07-21]. https://info.b2b168.com/s168-117262231.html.

在 IBM 的 Slam Tracker 中数据分析的最精华部分就在 Keys to the Match 中，而数据分析最终的结果也非常直观，直接在比赛中展示出比赛双方能够战胜对方的关键因素。比如，在 2013 年温布尔登网球公开赛男单决赛中，德约科维奇如果想要获胜，就必须提高第 4 拍到第 9 拍的获胜率，提高 ACE 球成功率，提高自己的回球率。同样，穆雷若想获胜，关键在于提高自己的回球得分率，提高二分成功率和自己发球的成功率。Keys to the Match 不但找到了关键影响因素，最重要的是直接为获胜指明方向。比如在2013年法国网球公开赛女单决赛中，Keys to the Match提示小威廉姆斯，如果想要战胜萨拉波娃，接发对方的一发回球率必须超过36%。同样，萨拉波娃若想战胜小威廉姆斯，接对方的一发回球的得分率则要超过28%。因此，在Keys to the Match的回球得分率、二分成功率和发球成功率三项指标中，交手双方哪一位比对方在这三个方面做得更好，则获得胜利的概率就大幅提高（图8-8）。

**图8-8 2013年法国网球公开赛女单小威再夺冠**

图片来源：汕头都市报．法网 小威再封后[EB/OL]．[2015-10-03]．https://m.sohu.com/n/378558697/v=3.

这三项关键指标并不都是司空见惯的普通指标。例如，第4拍到第9拍的胜率、接对方一发的回球得分率，这些都是很难在现场解说或者电视转播中听到、看到的指标。但是谁又会想到，这些看似无关紧要的指标却是决定比赛最终结果的关键因素呢？不仅是普通球迷，即使是最专业的网球教练员和网球选手本人，如果仅靠现场的观看和传统的手工分析，基本也很难找到这些关键因素，而且要按照因素的重要性排列好次序。至于说为每一个关键指标设定对应的比赛方式，那更是不可能的事情。

传统的网球分析很难做到的事情，网球数字化系统很轻易就可以做到。十几年来，IBM 通过八千多场比赛、四千多万个数据、五千多个模型、四十多个动态指标，在数据采集、甄选、分析、评估等基础上，Keys to the Match 才能够为对阵的双方挑选出最重要的三个指标，并且确定及格线。

案例来源：孟岩. 大数据改变体育：在网球中看懂大数据分析[EB/OL]. [2015-10-03]. http://m.chinabyte.com/server/5/12704005_m.shtml.

### （四）心理疲劳数字化监控

**案例四**

## 备战 2008 年北京奥运会的数字心理训练

竞技体操的迅速发展对运动员心理承受能力要求很高，想要在奥运会、体操世锦赛等大型赛事中取得优异成绩，除依靠平时刻苦训练外，比赛中优异的发挥更依赖运动员强大的心理素质。如比赛中的“Choking 现象”[192]和“克拉克现象”[193]等，多由于运动员在比赛中过分紧张、心理承受力下降而导致，从而造成运动员技术发挥失常。

在万众瞩目的 2008 年北京奥运会上，中国体操队勇夺 9 枚金牌，中国举重队获得 8 枚金牌，成为北京奥运会上中国代表团夺得金牌最多的两支代表队（图 8-9）。除依靠有针对性的训练、精湛的技术外，中国代表队强大的心理素质也是取得优异成绩的关键所在。时任国家体育总局体操管理中心主任高健就认为，强大的心理承受能力是保障中国体操队取得如此优异成绩的最主要因素之一。

生物反馈训练是通过电子设备收集运动员的皮肤温度、心率、血压、脑电波等运动员生理、心理的生物学信息，经过加工处理后，以仪表形式或者声音形式传递给运动员，以此训练运动员对这些信息的反应，进而有意识地控制自己的生理、心理活动[194]。在体育界使用最多的生物反馈指标主要有脑电波、肌电图、皮肤温度、心率等。中国举重队、中国体操队都使用了生理相干与自主平衡系统（Self-generate Physiological Coherence System，SPCS），为我国优秀的举重队员、体操队员提供心理监控、监测和辅助训练（图 8-10）。生理相干与自主平衡系统

**图 8-9　2008 年北京奥运会中国举重队**

图片来源：老吴说体育.奥运最强八大军团！中国霸占三席，第一已统治世界 60 年[EB/OL].[2010-02-05]. https://m.sohu.com/a/232868285_615361?_f=m-article_30_feeds_22.

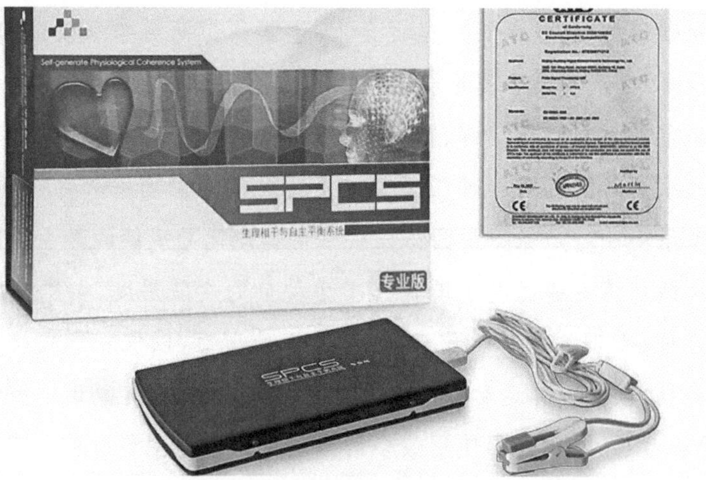


**图 8-10　生理相干与自主平衡系统 SPCS**

图片来源：八方资源网.生理相干与自主平衡系统 SPCS[EB/OL].[2019-07-06]. http://info.b2b168.com/s168-47208610.html.

通过采取运动员的心率变异性和功率谱来分析其心理状态，通过在运动员身体内部神经系统中构建动态平衡，进而达到增强心理素质、稳定身体状态的效果[195]。这种训练方式趣味性较强，避免多次接受训练的枯燥感。

心率变异性是指逐次心跳周期变异的变化情况，在连续心跳的短暂时间内心率会有微小的变化，也被称为心率反应性或心动周期变异性[196]。人的心率变化主要是受到神经系统控制。心率往往受到自身神经系统的影响，人处于安静状态下，迷走神经占据主导，心率相对较慢；人在运动、紧张状态下，交感神经占据主导，心脏窦房结自律性加快，心率变快。例如：2007 年某月某日，运用 SPCS 对举重运动员刘某某进行心理监测。首先，刘某某在静止状态呈自然放松状态测试 10 分钟。后处于比赛状态下测试 10 分钟。通过观察刘某某心率变异性检测频谱图，可以发现心率和频谱显示呈现出双峰状，其中一个峰值落在交感神经活动区，这一区域一般容易出现正弦变化的心率曲线图。在自然放松的状态下一般进入放松状态较易，时间较短。此时，心率变化较小，意味着刘某某具有较好的心理技能（图 8-11）。因此，高水平运动比赛成绩的取得不仅来自艰苦的训

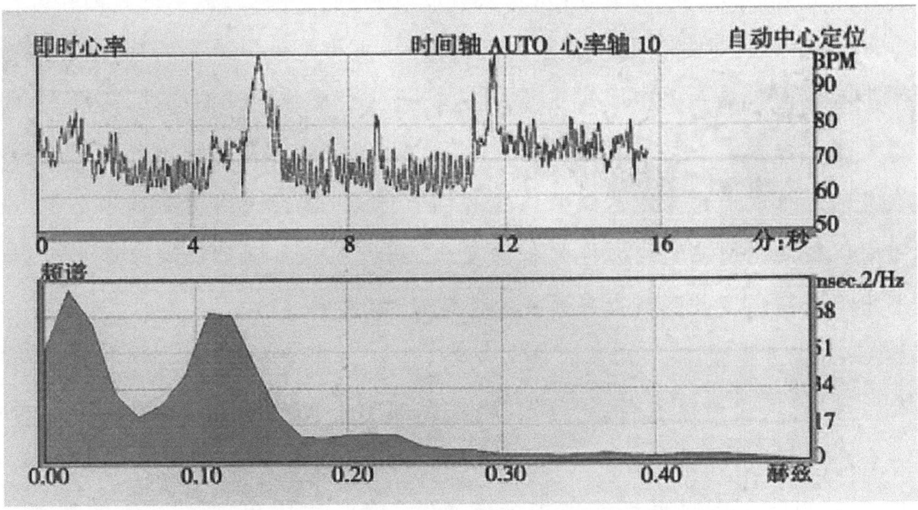


**图 8-11　刘某某心率变异性检测频谱图**

图片来源：丁雪琴，殷恒婵，卢敏，等. 中国体操队、举重队备战、参赛北京奥运会的心理训练[J]. 天津体育学院学报，2009，24(1)：10-13.

练，还在于强大的心理竞技水平。2008 年北京奥运会中国体操队、中国举重队的成功离不开良好的心理竞技能力和状态[197]。

案例来源：丁雪琴，殷恒婵，卢敏，等. 中国体操队、举重队备战、参赛北京奥运会的心理训练[J]. 天津体育学院学报，2009，24(1)：10-13.

### （五）运动损伤数字化康复

**案例五**

## Alter-G 反重力跑步机





很多运动员在下肢受到损伤后，经常会因为肌肉减退、关节受损等导致下肢力量不足，从而造成步行困难，严重影响运动员日常生活和训练。因此，在运动康复领域，下肢损伤康复一直是社会各界关注的热点之一[198]。

众所周知，重力等于物体质量乘以物体的加速度，这也是我们可以停留在地球上而没被甩到宇宙空间的原因。而提到“反重力”，想到的基本都是与航天有关的字眼。很多年前，NBA 球员便用上了名为 Alter-G 的反重力跑步机用于恢复训练。它真的可以对抗重力，并且像一般跑步机一样达到锻炼的目的？

Alter-G 的技术源自美国国家航空航天局，主要是采用平稳的气压使得跑步者下半身被固定在一个密闭气室内，让人产生一种类似飘浮的感觉，而膝盖和脚踝感觉不到压力。一旦有人在上面开始跑，Alter-G 就会及时校准气压。这样有伤在身的人可以通过奔跑达到锻炼恢复的目的，体重过大的运动员不必担心大体重对膝盖的压迫甚至应力性骨折的发生，马拉松选手则可训练速度和耐力并且不用担心高强度长距离带来漫长的恢复过程（图 8-12）。

Alter-G 可提供高达 80%的重力支持，能让使用者的下肢在较小的负荷下进行锻炼，对间接治疗患者的脚踝、膝盖、臀部受伤也有帮助。想象一下你在这样一台跑步机上，体重仿佛凭空少了 20 斤、40 斤，甚至更多，悬空时与地面的高度最多 30 厘米（含跑步机至地面的高度）。同时相比原理类似的水中奔跑，Alter-G 跑步机的功能和可实现效果更多，速度/坡度皆可调节，也不会像水池占用太大面积（图 8-13）。

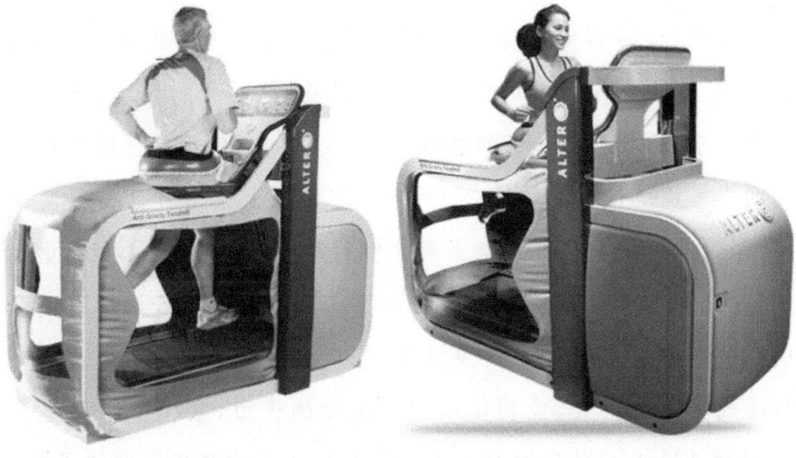


**图 8-12　反重力跑步机**

图片来源：爱燃烧.科比姚明们都用它——Alter-G 反重力跑步机[EB/OL].[2020-01-07].http://iranshao.com/articles/1481-alter_g.

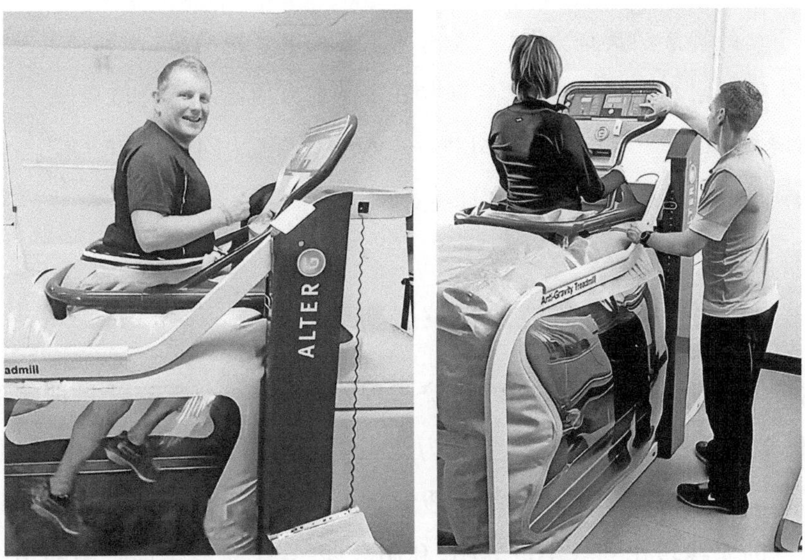


**图 8-13　反重力跑步机康复训练**

图片来源：爱燃烧.科比姚明们都用它——Alter-G 反重力跑步机[EB/OL].[2020-01-07].http://iranshao.com/articles/1481-alter_g.

Alter-G 官网的一些宣传标语传递了他们设计反重力跑步机的初衷：改变人类运动的方式，为顶级专业选手提供恢复和训练，让伤病中的人也能锻炼。NBA 球员向来是新训练装备的最早一批尝试者，火箭队的姚明、热火队的当家后卫德维恩·韦德、重返骑士队的勒布朗、湖人队的科比都曾借助反重力跑步机在伤病期间用来训练恢复。科比 2013 年曾在 INS 上放出自己使用反重力跑步机的视频，那是他遭遇左脚踝跟腱撕裂重伤后复出前的一个月，在反重力跑步机上跑步，科比不用担心会影响刚愈合的伤处，又能锻炼跟腱、缩短重返赛场的时间。姚明在 2008 年也使用过这个跑步机，当时火箭队的体能教练员戴夫马哈通过调节封闭气室内的空气，控制姚明腿上承受的压力，来模拟不同强度。身高 226 厘米、体重 141 公斤的姚明和体重 147 公斤的大鲨鱼奥尼尔都能和谐使用，一般运动员完全不用担心 Alter-G 反重力跑步机会被自己的体重累垮。在很多欧洲足球俱乐部中，比如德国的拜仁慕尼黑足球俱乐部、意大利的国际米兰俱乐部，都采用这种机器来缓解足球运动的疲劳，帮助运动员的术后康复。

在不远的将来，“反重力”这一理念并不会仅限于跑步机，加利福尼亚州的一位运动生理学家杰西卡认为，以后将有更多反重力的健身器材出现。

案例来源：爱燃烧.科比姚明们都用它——Alter-G 反重力跑步机[EB/OL].[2020-01-07]. http://iranshao.com/articles/1481-alter_g.



## 二、数字化训练：竞技体育发展新动能

竞技体育训练是一个复杂的系统工程，其中的一个难点就是训练的科学设计、科学实施和科学把控，数字化为此提供了新视野。竞技体育强国中，以大数据驱动为核心的训练和分析渗透到运动训练的方方面面。数字化训练将运动训练的实践转化到数字世界中，利用数据、算法对复杂训练中的诸多要素进行原因分析、结果预测和科学决策，保障运动员的最优化训练，保证运动员的最小化损伤，为科学、高效、实时、个性化训练提供了可能，为竞技体育发展注入新动能。

### （一）运动员数字化训练

**案例六**

## 航天黑科技助力东京奥运会备战训练

电影《西虹市首富》中，主人公“王多鱼”曾经投资了一个项目叫“陆游器”，能让人在陆地上游泳。在现实里还真有个类似的“神器”。据中国航天科技集团报道，在中国游泳队备战期间，航天九院13所时代光电公司把应用在天上飞的惯性技术成功嫁接在游泳训练中，通过数据分析帮助运动员科学制定训练方案，为提高成绩提供科学支持。6名中国游泳世界冠军参与试验，其中就包括东京奥运会夺金的张雨霏与杨浚瑄。航天技术用于游泳项目，实现“上可摘星，下可入海”。

2021年7月29日，从东京奥运会的赛场上接连传来中国游泳队的喜讯：中国选手张雨霏先在女子200米蝶泳决赛中获得冠军，为中国游泳队赢得本届奥运首枚金牌，同时又打破奥运该项目的世界纪录。而仅仅一个多小时以后，张雨霏又与其他三位队友一鼓作气拿下女子4×200米自由泳接力的冠军，并再次打破世界纪录。这两块金牌中竟然还暗藏着中国航天技术的“汗马功劳”。

据中国航天电子技术研究院介绍，2019年12月，国家体育总局向中国航天九院发出游泳比赛项目的需求，希望利用我国已有先进的航天技术研发出更加精密的测量仪器，用于辅助国家游泳队训练，提高比赛成绩。因为，在日常游泳训练中，传统的录像记录等方式已经不能够获得游泳队员的全部信息，无法对类似关节转动等一些非常细微的细节进行有效辨识（图8-14）。

通过模拟运动员在泳池中受到的水流，使用常用的游泳速度下多种动作姿态和水流助力的测试，在固定常用的游泳速度下，探索运动员在不同游泳姿态下所受到的阻力大小及其规律，以此为教练员制定科学的训练方案、优化训练方式和技术动作提供准确的理论依据。事实上，助力中国奥运代表团争金夺银的黑科技远不只有这一项，在赛艇比赛中也有一项航天“黑科技”——风洞。

据中国航天气动院介绍，针对4人赛艇比赛项目的需求，航天十一院研发出低速风洞的三维力测量平台，通过三维力测量平台，分析4名赛艇运动员的划

**图 8-14 试验中的杨浚瑄**

图片来源：观察者网. 职业体育进入大数据时代梦幻联动！航天黑科技助力中国游泳队在东京奥运会夺两金[EB/OL]. [2022-02-21]. https://www.guancha.cn/internation/2021_07_30_600962_2.shtml.

水、出水、回桨等动作姿态的气动力大小，以及 4 名运动员采用不同编队组合所产生的气动阻力影响，助力奥运训练和比赛，提高我国运动员的竞技成绩（图 8-15）。

在东京奥运会赛艇女子四人双桨决赛中，由陈云霞、张灵、吕扬、崔晓桐四位选手组成的中国赛艇队夺得金牌，也得益于此（图 8-16）。

此外，为备战 2022 年北京冬季奥运会提供科技帮助，中国航天十一院通过其在航空航天领域的多年累积和经验，将航天空气动力设计与测试技术应用于多项奥运比赛项目，针对冬季奥运会比赛项目的特点，自主研发出多套国内领先的高精度测试仪器，用于帮助中国冬奥运动员备赛过程中需要测试的项目。

**图 8-15 赛艇队青年队员在低速风洞内试训**

图片来源：观察者网. 职业体育进入大数据时代梦幻联动！航天黑科技助力中国游泳队在东京奥运会夺两金[EB/OL]. [2022-02-21]. https://www.guancha.cn/internation/2021_07_30_600962_2.shtml.

**图 8-16 2020 年东京奥运会赛艇女子四人双桨决赛**

图片来源：观察者网. 职业体育进入大数据时代梦幻联动！航天黑科技助力中国游泳队在东京奥运会夺两金[EB/OL]. [2022-02-21]. https://www.guancha.cn/internation/2021_07_30_600962_2.shtml.

2020 年 10 月 25 日，由航天十一院承建的国内首座体育综合训练风洞，在中车二七国家冰雪运动科训基地正式启用，填补了国内没有专门用于体育训练测试的大型综合风洞的空白(图 8-17)。

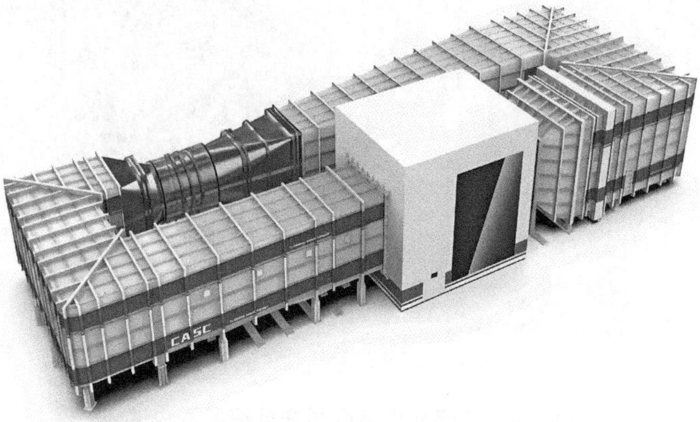


**图 8-17　体育综合训练风洞总体外观**

图片来源：观察者网.职业体育进入大数据时代梦幻联动！航天黑科技助力中国游泳队在东京奥运会夺两金[EB/OL].[2022-02-21]. https://www.guancha.cn/internation/2021_07_30_600962_2.shtml.



这座风洞由二七厂柴油机试验站改造而成，体现了我国“绿色办奥”的宗旨，功能上也处于行业领先地位，而在测试准确度等方面也高于很多国外的类似风洞。此外，该体育综合训练风洞还是一个可以满足训练和科研双需求的风洞，不仅可以进行日常的模拟训练，还能用于准确测量出各种实验数据来进行科学研究，提升训练质效。当前诸多奥运项目已经演绎为运动员和科技装备紧密联系的综合竞赛，利用科技手段助力奥运训练和比赛能够大幅提高我国运动员竞技成绩，已成为支撑奥运夺金的关键因素之一。

案例来源：观察者网.职业体育进入大数据时代梦幻联动！航天黑科技助力中国游泳队在东京奥运会夺两金[EB/OL].[2022-02-21]. https://www.guancha.cn/internation/2021_07_30_600962_2.shtml.

### (二) 教练员数字化技战术分析

**案例七**

## 足球比赛大数据分析

早在2008年，德国足球协会就开始与思爱普(SAP)公司探讨将大数据应用到足球领域[199]。2013年，德国足球协会正式与思爱普公司合作，共同研发了"比赛洞察"(Match Insights)解决方案与"Team One"App。在2014年巴西世界杯足球赛上，德国队利用这一方案收集自己和对手的相关数据，再通过App进行数据分析，并将分析结果用于辅助德国队教练组备赛。"比赛洞察"不仅可以详细搜集、分析德国队自己球员的数据和场上表现，而且能很快地将这种数据转化为可以看见的图表数据，便于教练组和运动员能够更加直观地看到自己比赛中的一些关键数据，从而改善球队和球员的场上表现[200]。

思爱普公司在足球场的四周安装八台高清摄像机，从多个角度和方向记录比赛全过程。早在20世纪八九十年代，很多欧洲足球俱乐部就开始采用视频录入比赛进行分析。不过，早期的视频分析主要依靠教练员人工对录像进行分析，效率低下。21世纪后，随着视频技术的进步和数字化技术的发展，很多欧洲国家队开始采用更加专业化的方式对数据进行挖掘，形成了现代足球大数据分析模式。

思爱普公司在此模式基础上，将足球场的所有区域格式化，场上11名队员全部被分配到一个唯一的标识符，以便追踪他们在场上的触球次数、控球时间、跑动距离、移动速度、传球次数、射门次数等。根据此数据进行有针对性的训练，同时研究对手的数据，有针对性地制定战术。2014年巴西世界杯足球赛，德国队如愿捧得大力神杯，关键因素之一就是德国队通过大数据分析，降低了平均触球时间，从3.4秒下降到1.1秒，最终在加时赛中一锤定音，战胜阿根廷队，捧得金杯(图8-18)。

英格兰足球超级联赛也采取了类似的数据采集，所有足球场地都安排了高清摄像头来追踪场上每位队员。其中，双方22名队员每1秒就会有10个数据

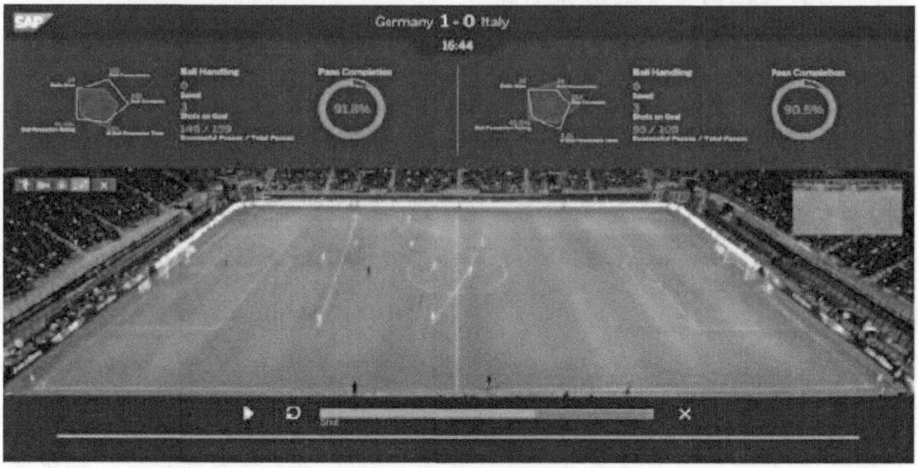


**图 8-18　SAP 视频比赛分析系统的界面**

图片来源：沙青青.体育情报——俄罗斯世界杯的启示[J].竞技情报，2018，14(4)：4-9.



被采集，每场比赛可以生成 140 万个数据点，这些数据被分别转化为传球、射门、抢断、控球等多个指标，以供教练员和球员自身来分析参考（图 8-19）。在日常训练中，球员也会穿着带有 GPS 定位系统的追踪器等高科技设备，来搜集训练过程中的数据，甚至有些球员在训练以外的生活时间（饮食、睡眠等）也会进行数据监控[201]，获得更多的个人信息，帮助球队更多掌握个人情况，满足备赛需求。

2016 年，德国足球协会与思爱普公司进一步合作，开发出 SAP Penalty Insights Web 和 SAP Challenger Insights 两个比赛数据监测与分析程序。这两个程序可以更加精确搜集对手的进攻和防守阵形，反馈给德国队教练组，以供教练组成员、球员、技术分析师共享数据。因此，人工智能和大数据在德国足球比赛中扮演了极其重要的角色，也是德国足球取得好成绩的重要基础和保障。

现代足球比赛的数据搜集不单单是为了分析自家球队和球员的表现，还可以发现传统分析中发现不了的比赛细节问题。2018 年俄罗斯世界杯足球赛上，国际足联首次允许参赛的 32 支队伍在每场比赛中同时使用两台高清摄像机，用于接受主办方提供的实时比赛数据。此外，还同意所有上场队员佩戴具有 GPS 定位系统的装备，以此获得队员的数据，也允许各个国家的技术分析师和教练员

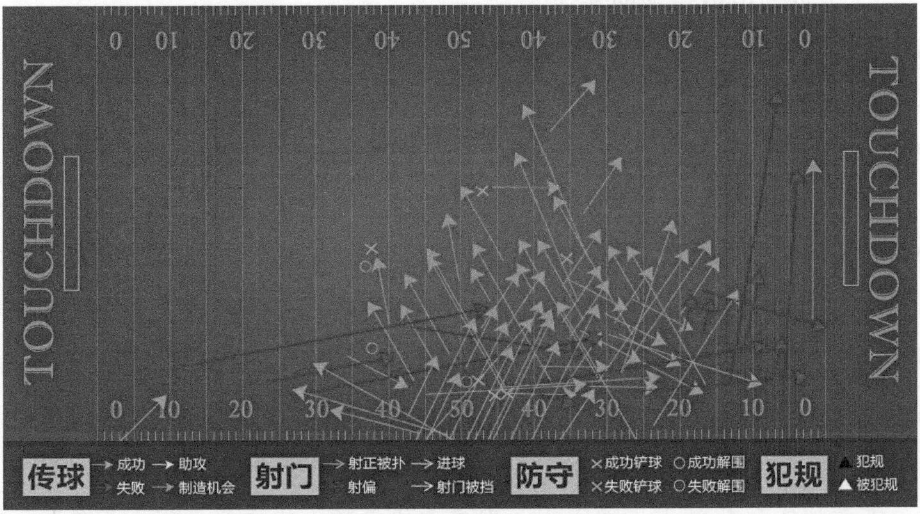


**图 8-19 足球比赛数据分析**

图片来源：赛迪网. 大数据分析，足球运动的"料理师"[EB/OL]. [2020-10-27]. https://www.sohu.com/a/106092084_120004.

相互传送相关数据，为教练员作出最合适的比赛判断奠定了良好的基础[202]。

虽然大数据发展迅猛，但是在2018年俄罗斯世界杯足球赛上似乎没有助力德国再创佳绩。上届冠军德国队小组赛早早出局，但不可否认以思爱普公司数据服务对德国队的贡献，不能因为一届世界杯的表现不佳就彻底否认大数据的价值。事实上，在长期的联赛赛程中，善于分析数据的球队往往可以占得先机。但在世界杯足球赛这种杯赛制的比赛中，难以操控的未知因素太多，球员的竞技状态和其他偶然因素也会影响到比赛成绩。研究表明，足球比赛中44%的情况属于偶然发生。而在任何一场比赛中，强队或主队获胜的概率也仅有55%，换而言之，就是足球比赛不存在永远的常胜将军，哪怕是拥有强大的数据支持和分析能力[203]。

案例来源：沙青青. 体育情报——俄罗斯世界杯的启示[J]. 竞技情报，2018，14(4)：4-9.

### （三）裁判员数字辅助判罚

**案例八**

## 数字化裁判

体育科技就像一对翅膀，正在助力体育行业起飞，尤其在竞技体育赛场，体育科技越来越吸引眼球。这不仅为比赛带来公正和新的体验，还让体育更富包容性，让更多企业跨越到体育中来，从而让产业规模扩大。像微软、英特尔这些顶级科技公司早就已经在体育领域有所布局，另外，众多体育用品品牌也在打科技牌，看上去这是一股几乎不可逆转的大势。随着体育商业化的加剧，无论体育赛事还是体育俱乐部，都开始注重精细化运营，这也为体育科技提供了施展的空间。

在竞技体育中，裁判员总是时不时成为比赛场上的主角。前不久在巴萨惊天逆转巴黎圣日耳曼的比赛里，裁判问题又成为赛后讨论的焦点。国际足联近年来一直致力于用高科技为裁判减压，比如门线技术目前已经在诸多顶级联赛中普及，这一技术的应用，让“门线悬案”向很多大型足球比赛说再见了（图8-20）。当然，门线技术能够解决的问题毕竟有限，因此有很多声音一直呼吁在足球比赛里引入视频回放技术。在那些传统派眼里，用科技控制足球比赛的做

**图 8-20　门线电子裁判**

图片来源：禹康体育.体育裁判被科技武装成大势所趋，能让体育比赛更有魅力吗？[EB/OL].[2020-05-07]. https://baijiahao.baidu.com/s? id=1563724212094976&wfr=spider&for=pc.

法并不被接受，前国际足联主席布拉特就曾表示误判是足球比赛的一部分，而前欧足联主席普拉蒂尼也是门线技术的坚决反对者。

因凡蒂诺上台后，国际足联就吹起了改革之风，足球科技的应用就是非常重要的改变。除了门线技术，视频回放技术也愈发成熟。2016 年在国际足联俱乐部世界杯上，“电子裁判”正式亮相，并且在皇马与墨西哥美洲的半决赛中发挥作用。所谓“电子裁判”，其实就是辅助裁判判罚的视频回放技术（Video Assistant Referees，VAR）（图 8-21）。当时，克里斯蒂亚诺·罗纳尔多（C 罗）在伤停补时阶段打进一球，裁判员首先判罚进球越位，但是电子裁判最终作了纠正，认定进球有效。

**图 8-21 视频回放技术**

图片来源：禹康体育.体育裁判被科技武装成大势所趋，能让体育比赛更有魅力吗？[EB/OL].[2020-05-07]. https://baijiahao. baidu. com/s? id = 1563724212094976&wfr = spider&for = pc.

用科技来规避误判，让比赛得到更公正的结果，这本无可厚非，毕竟几乎所有人都厌烦了因为裁判问题带来的无休止争吵。但是想让科技完全消灭误判也是不现实的，因为 VAR 不同于门线技术，最终还是需要通过人来对视频回放作出判断，进而向主裁判传递结果，这在某种程度上削弱了主裁判的个人权威。

案例来源：禹康体育.体育裁判被科技武装成大势所趋，能让体育比赛更有魅力吗？[EB/OL]. [2020 - 05 - 07]. https://baijiahao. baidu. com/s? id = 1563724212094976&wfr = spider&for = pc.

## （四）体育竞赛数字化服务

**案例九**

### 乒乓球智能大数据分析平台

2021年7月29日，在东京体育馆，东京奥运会乒乓球女单半决赛正在紧张进行中。除了在场的运动员、裁判员和看台上寥寥无几的观众，还有一个强大的人工智能平台正在监视着这场比赛（图8-22）。

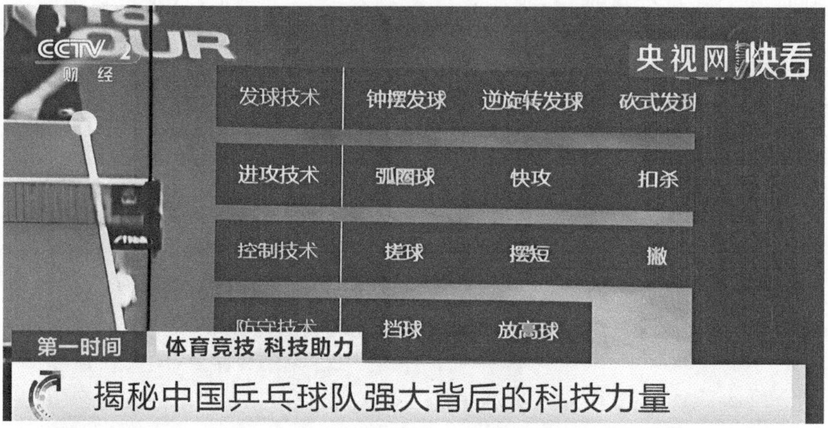


**图8-22 科技助力中国乒乓球队**

图片来源：IT之家.大数据分析，央视揭秘中国乒乓球队强大背后的科技力量[EB/OL].[2021-07-31].https://www.sohu.com/a/482793220_114760.

伊藤美诚的每一次发球、挥拍、移动等，都被这个部署在东京的AI云平台所记录。这些数据，以平均100 Mbps的速度被传送到离体育馆2 442千米外的“浙江大学乒乓球智能大数据分析平台”的技术团队手中。几乎是在这场比赛结束的瞬间，一份有关比赛的技战术分析报告立刻由AI云平台推送到了中国乒乓球女队教练员和运动员的平板电脑上。这些最新的比赛视频和技战术数据分析报告，将直接帮助中国乒乓球女队教练员和运动员，在准备女子单打半决赛和团体决赛中使用（图8-23）。

浙江大学计算机科学与技术学院副院长巫英才，正是这个能“实时更新战斗力”的乒乓球智能大数据分析平台的主要研发者，接应他的是出征东京奥运会的

**图 8-23　浙江大学乒乓球智能大数据分析平台**

图片来源：中国计算机学会. 畅想 2022 杭州亚运会的智能力量[EB/OL]. [2021-09-08]. https://www.ccf.org.cn/yocsef_new/xwdt/2021-09-06/736203.shtml.

国乒队里唯一的科研技术人员——浙江大学教育学院体育学系张辉教授。他们两人也是浙江大学体育大数据创新团队的关键人物。这个团队在近年来，一直为国家乒乓球队提供比赛数据分析和技战术研究的服务。乒乓球智能大数据分析平台除了在比赛中提供支持，在前期国乒队备战东京奥运会期间，也发挥了很大的作用。与其他球类项目相比较，乒乓球运动员的技术更加细腻和精确。因此，每次比赛后的技术分析，都显得尤为重要。但是，乒乓球比赛数据的标注采集工作费时费力，可谓非常有挑战性。

以往乒乓球比赛中技战术数据的采集工作一般都是通过赛后回看录像的方式进行。然而，由于乒乓球的速度太快，科研人员往往无法快速、准确且全面地标注运动员比赛中的所有的比赛行为，例如，运动员击球的技术、落点、位置、拍序等信息。因此，如果需要一场比赛详细的数据，有时需要 5 个小时左右的时间来采集数据，效率低下的同时，也不利于备战赛程密集的奥运会。

如何在低质量、低帧率的电视直播视频上删除多余的转播镜头，精准地识别每回合的分数变化，检测、定位每一拍，并高效地进行自动化或者半自动化的数据标注，成为一个科研难点。从前年开始，巫英才带领团队开始了乒乓球大数据标注分析和平台建设的工作。经过一年多的时间，体育大数据创新团队依靠交互的可视化人机界面，结合人工智能算法与人的经验智慧，开发出了乒乓球智能大数据分析平台，实现了半自动的数据标注。这个平台不断进行技术突破，将标注时间不断缩短。从2小时、1小时……到现在，比赛一结束就能够完成数据采集。

除此之外，乒乓球智能大数据分析平台还可以针对性地进行击球质量评估。原来，教练员和科研人员需要在现场或观看比赛视频，对运动员的击球质量进行人工评估，再对运动员进行指导和分析。但是，如果有100场、1 000场视频该怎么办？这样的任务几乎不可能完成。因为评估挥拍有很大的主观因素，这也成为一个技术难点。如何让计算机学习到专家的知识，并结合每一拍所使用的技术、球员身位及球的落点等一系列属性，来对挥拍进行客观而准确的评估，成了一个很大的技术难题。从2020年开始，巫英才通过和南京大学的周志华教授团队合作，使用反绎学习的理论框架，开始攻关这个技术难题，并在2021年取得了重要的进展和原创性的成果。利用反绎学习的理论框架，把30多条乒乓球的技战术规则融合到数据驱动的机器学习中，开发出了一个能自动评估挥拍质量的框架。只要在乒乓球智能大数据分析平台上输入比赛视频，视频中球员每一拍的质量都能自动得出。这项分析技术，也将逐渐被运用到国乒队备战日常训练中。

案例来源：酷扯儿.浙江大学乒乓球智能大数据分析平台助力中国乒乓球队东京夺冠![EB/OL].[2021-08-10]. https://baijiahao.baidu.com/s?id=1707667160320260312&wfr=spider&for=pc.

### （五）竞赛成绩数字化预测

**案例十**

## 2018年俄罗斯世界杯“预测之殇”

2018年俄罗斯世界杯F组小组赛中，上届冠军德国队0比2意外爆冷输给韩国队，以小组垫底惨遭淘汰。虽然在世界杯的历史上，一直有“卫冕魔咒”一说，即上届世界杯冠军一般在下届世界杯成绩一般，但事先所有媒体没有想过德国队会无缘小组出线。自 1954 年世界杯采用小组赛会制度以来，德国队从未在小组赛折戟。德国队的小组出局，不单单让很多媒体和球迷未曾预料，就连专业的数据分析公司也大为震惊。瑞银集团综合参赛国家队实力、世界杯资格赛成绩、历年世界杯表现、国家队队员身价等诸多因素，通过投资分析工具进行研究，模拟 1 万场虚拟比赛，最终得出结论，德国队夺冠概率最高(24.0%)(图 8-24、表 8-1)，其次分别是巴西队、西班牙队，分别为 19.8%、16.1%。但最终捧得大力神杯的法国队，夺冠赔率仅为区区的 7.3%[204]。

**图 8-24　德国队赛前集结备战 2018 年俄罗斯世界杯**

图片来源：新浪体育中心.德国队赛前集结备战 2018 俄罗斯世界杯，论训练我们是认真的![EB/OL].[2018-07-29]. http://k. sina. com. cn/article_6441081747_p17feb1b930010083a7. html? cre = tianyi&mod = pcpager_spt&loc = 5&r = 9&doct = 0&rfunc = 100&tj = none&tr = 9.

**表 8-1　瑞银关于 2018 俄罗斯世界杯夺冠概率预测**

| 代表国家或地区 | 冠军 | 亚军 | 半决赛 | 1/4 决赛 | 小组赛冠军 | 小组赛亚军 |
|---|---|---|---|---|---|---|
| 德国 | 24.0 | 36.7 | 51.3 | 66.7 | 68.6 | 22.0 |
| 巴西 | 19.8 | 31.9 | 44.1 | 60.5 | 66.8 | 23.1 |

（续表 8-1）

| 代表国家或地区 | 冠军 | 亚军 | 半决赛 | 1/4 决赛 | 小组赛冠军 | 小组赛亚军 |
|---|---|---|---|---|---|---|
| 西班牙 | 16.1 | 28.0 | 50.5 | 68.5 | 60.6 | 26.5 |
| 英格兰 | 8.5 | 18.7 | 31.4 | 66.2 | 53.7 | 33.6 |
| 法国 | 7.3 | 16.1 | 35.1 | 59.5 | 60.1 | 24.6 |
| 比利时 | 5.3 | 11.6 | 23.8 | 56.9 | 38.3 | 43.7 |
| 阿根廷 | 4.9 | 11.3 | 26.9 | 51.8 | 54.7 | 26.4 |
| 葡萄牙 | 3.1 | 8.0 | 21.8 | 39.8 | 25.2 | 38.2 |
| 乌拉圭 | 1.8 | 5.5 | 15.8 | 32.0 | 42.5 | 34.3 |
| 瑞士 | 1.8 | 5.0 | 11.5 | 22.9 | 19.7 | 39.6 |
| 墨西哥 | 1.8 | 5.3 | 10.9 | 22.5 | 17.2 | 36.6 |
| 俄罗斯 | 1.6 | 4.6 | 14.4 | 30.4 | 41.4 | 33.6 |
| 波兰 | 0.9 | 2.9 | 7.1 | 24.7 | 35.4 | 28.7 |
| 哥伦比亚 | 0.5 | 1.8 | 5.0 | 20.0 | 28.2 | 27.9 |
| 瑞典 | 0.4 | 1.4 | 3.8 | 9.9 | 8.8 | 23.7 |
| 伊朗 | 0.4 | 1.7 | 5.6 | 14.2 | 9.4 | 21.4 |
| 尼日利亚 | 0.3 | 1.3 | 4.8 | 15.9 | 16.3 | 25.5 |
| 秘鲁 | 0.3 | 1.2 | 5.3 | 16.8 | 14.4 | 27.2 |
| 塞尔维亚 | 0.2 | 1.0 | 2.8 | 7.7 | 8.1 | 22.8 |
| 塞内加尔 | 0.2 | 0.9 | 2.7 | 12.6 | 19.9 | 22.8 |
| 冰岛 | 0.2 | 0.7 | 3.7 | 13.6 | 13.8 | 23.5 |
| 克罗地亚 | 0.2 | 0.9 | 4.4 | 15.0 | 15.2 | 24.7 |
| 韩国 | 0.1 | 0.6 | 1.9 | 6.0 | 5.4 | 17.7 |
| 丹麦 | 0.1 | 0.9 | 4.3 | 15.5 | 14.2 | 26.0 |
| 澳大利亚 | 0.1 | 0.5 | 3.3 | 12.0 | 11.3 | 22.2 |
| 摩洛哥 | 0.1 | 0.3 | 2.2 | 6.8 | 4.9 | 13.9 |
| 日本 | 0.0 | 0.4 | 1.6 | 9.8 | 16.6 | 20.6 |
| 埃及 | 0.0 | 0.2 | 1.5 | 5.1 | 9.5 | 17.3 |
| 突尼斯 | 0.0 | 0.3 | 1.1 | 8.0 | 6.0 | 15.9 |

(续表 8-1)

| 代表国家或地区 | 冠军 | 亚军 | 半决赛 | 1/4 决赛 | 小组赛冠军 | 小组赛亚军 |
|---|---|---|---|---|---|---|
| 哥斯达黎加 | 0.0 | 0.2 | 0.9 | 3.9 | 4.7 | 14.5 |
| 沙特阿拉伯 | 0.0 | 0.1 | 0.6 | 3.2 | 6.7 | 14.8 |
| 巴拿马 | 0.0 | 0.0 | 0.2 | 2.0 | 1.9 | 6.8 |

数据来源：Investing and Football Special Edition：2018 World Cup in Russia.[204]

另外一家国际知名金融机构美国高盛公司也预测德国队具有夺冠的实力。高盛通过近二十万个统计模型，利用最新研究成果，持续深入挖掘 32 支参赛国家队和每位球员的个人数据，模拟出一百多万种可能的比赛结果，进而评估各个国家队球队在比赛中可能的成绩，并最终预测德国队和巴西队最有可能最终捧得大力神杯[205]。实际上，在很多主流预测机构和金融机构的预测分析中，德国队都是冠军的热门候选队伍，基本没有一家预测机构会怀疑过德国不会闯入八强赛[206]。英国著名的体育数据公司 Opta Sports 利用自己多年的数据库对 32 支参赛队小组赛进行预测，出线情况如表 8-2 所示。

**表 8-2 Opta Sports 俄罗斯世界杯小组出线预测**

| 小组 | Opta Sports 预测出线队 | 实际出线队 |
|---|---|---|
| A 组 | 乌拉圭、俄罗斯 | 乌拉圭、俄罗斯 |
| B 组 | 西班牙、葡萄牙 | 西班牙、葡萄牙 |
| C 组 | 法国、秘鲁 | 法国、丹麦 |
| D 组 | 阿根廷、克罗地亚 | 克罗地亚、阿根廷 |
| E 组 | 巴西、塞尔维亚 | 巴西、瑞士 |
| F 组 | 德国、瑞典 | 墨西哥、瑞典 |
| G 组 | 比利时、英格兰 | 比利时、英格兰 |
| H 组 | 哥伦比亚、日本 | 哥伦比亚、日本 |

数据来源：https://www.worldcup.performgroup.com/getinspired/predicting-the-2018-world-cup/.

在 Opta Sports 预测中，德国队理所当然地将会以小组第一名的成绩出线，还将顺利杀进最后的决赛。巴西队夺冠赔率最高，为 13.2%，德国队紧随其后，为 10.7%。除了 Opta Sports 以外，大部分主流体育数据服务商一致认为德国队将会顺利小组出线，最少进入最后八强。同期博彩公司开出的赔率中，德国队也同样排名位列前两名，赔率都在1∶5左右。由此可见，德国队之后的糟糕战绩，几乎出乎所有机构的意料。而这些预测都无一例外标榜采集了大量竞赛数据，并利用大数据、机器学习、人工智能等流行技术来进行分析。

案例来源：沙青青.体育情报——俄罗斯世界杯的启示[J].竞技情报，2018，14(4)：4-9.

# 第九章 学校体育数字化发展实践案例



## 一、体育教学：数字融入体育课堂，提升教学质量与效果

### (一) 体育翻转课堂：提升教学质量，构建自主学习模式

在数字化深入教学领域的背景下，翻转课堂越来越受到国内外教育界的广泛关注。“翻转课堂式教学模式”简称“翻转课堂”，译自“Flipped Class Model”或“Inverted Classroom”，也被称为“反转课堂”“颠倒课堂”。在我国，自重庆聚奎中学于 2011 年率先引入翻转课堂并开展实践以来，翻转课堂逐渐成为潮流之势。翻转课堂的核心在于通过对传统课堂的翻转，把大量的直接讲授移出到课外，从而解放了宝贵的课堂时间用来进行有意义的深层学习[207]。由于其对传统教学模式颠覆性的改变，翻转课堂成为推进课堂革命转型升级的一个突破口。

在当前国内教学改革中，翻转课堂的研究和实践多应用于以室内教学为主的文化学科，而对以室外活动为主的体育教学研究相对较少。受传统教学观念的影响，当前体育教学存在着一定的问题，许多体育教师常以小学生自控能力差为由怀疑他们的自学能力，教学过程中一味讲究教师的主导作用，使学生丧失主动参与学习的机会，导致体育教学程式化，课堂上学生不能自主发现问题、分析问题、解决问题，存在一定的思维惰性。学生学习方式的被动性使得学习不得法，运动技术练习时比较盲目，导致学习效果不理想。翻转课堂则能在提高学生自主性方面提供一些帮助，但由于实际操作的难度和程序烦琐，翻转课堂并未能普遍展开。翻转课堂教学的实施涉及视频的录制，学校在硬件设备方面的欠缺是导致翻转体育课堂未能实现的重要因素。后期视频的编辑处理要求教师具备

较强的信息技术能力，而由于体育教学户外性质的限制，大部分体育教师的信息技术应用能力相对不足，很难独立设计出优秀的翻转课堂，甚至会有意或无意避开翻转课堂教学。这也是直接导致体育翻转课堂教学研究与运用相对滞后的一个重要原因。但随着数字化技术与体育教学的不断融合，操作层面的难度逐渐降低，翻转课堂成为体育课应用升级的重要手段，已有不少学校在体育课上进行翻转课堂的教学尝试。

**案例一**





## 金沙小学足球变向运球教学翻转课堂

东莞市长安镇金沙小学作为体育传统强校，近年来重点开展少儿阳光足球特色项目。为了更好地将体育教学与数字化技术相结合，提高体育教学质量，金沙小学专门成立了体育翻转课堂案例研究小组，推出小学足球变向运球教学的翻转课堂[208]。教学组参考现有体育“翻转课堂”的研究成果，并借鉴非体育学科翻转课堂的成功经验，结合小学足球教学的特点初步构建出“两个板块、三个环节”的翻转体育课堂模式（表 9-1）。

**表 9-1　体育翻转课堂教学板块**

| | 课前（微信平台） | 课中（课堂教学） | 课后（微信平台） |
|---|---|---|---|
| 教师 | 制作微课 | 布置任务 | 视频反馈 |
| | 答疑解惑 | 引领指导 | 交流总结 |
| | 签到记录 | 评价总结 | 记录学情 |
| 学生 | 家长签到 | 小组交流 | 练习反馈 |
| | 微课导学 | 自主练习 | 巩固提高 |
| | 练习反馈 | 纠错提高 | 再次学习 |

资料来源：原创力文档[EB/OL].[2020-12-17]. https://max.book118.com/html/2019/0815/5310301220002114.shtm.

案例视频内容依次包含足球变向运球微课、微课导学、课堂教学、巩固练习及总结评价五部分。视频前后配有片头、片尾，相应环节中穿插背景音乐、字幕和旁白，时间总长度在17分钟内。其中足球变向运球微课的录制，需根据变向运球的技术特点，设计详细的录制方案，包括录制时间、地点、人物、内容、角度及器材的选择与确定。此外，相关体育类的翻转课堂制作还应考虑到室外天气对拍摄效果的影响。由于体育教学对动作画面要求高的特殊性，为追求更好的录制效果，体育翻转课堂视频录制过程除使用相机、录像机等常见录制工具以外，还使用了GoPro Hero 5 Black运动摄像机、手持云台稳定器、遥控无人机进行视频的录制与采样。教师利用手机录音功能进行课程教学旁白录制，并用Gold Wave进行后期处理。案例视频制作使用绘声绘影软件对图片、视频、文字、声音进行合成与剪辑。



金沙小学足球变向运球的翻转课堂分为"课前活动、课中教学、课后活动"三个部分。在课前活动中，体育教师在课前2～3天通过微信平台将录制好的《足球变向运球》教学视频发送给家长，学生在家长的陪同下进行自主学习，同时请家长录下学生的练习视频，上传至微信平台，供大家反馈交流，也便于教师及时掌握学生的学习情况。课中教学部分主要分为教学前、教学中、教学后。课程开始，首先教师带领学生进行行进间的足球热身及控球游戏练习，通过游戏，学生自主体会变向运球技术要领。其次，教师布置练习内容和场所，安排学生进行小组交流和足球变向运球自主练习。学练环节植入云梯跑、变向跑等素质练习。教学中教师重点关注技术薄弱、学习能力较差的学生，进行个别化或小范围指导。最后，通过变向运球射门竞赛检验学生的自主学习情况。结束部分，进行放松练习，以及教师对学生自主学习和课堂表现进行总结评价。课后，教师及时对学生课堂的练习情况及易犯错误动作进行点评总结，引导学生自我评价。学生可根据自身存在的问题再次观看网络微课教学视频进行巩固练习，提高并掌握足球变向运球技术动作。

案例来源：慕课创新案例文本《翻转体育课堂，构建自主学习模式——以小学足球变向运球教学为例》[EB/OL]. [2019-08-15]. https://max.book118.com/html/2019/0815/5310301220002114.shtm.

翻转课堂改变了传统的体育教学模式，将教学的主动权交给学生，充分发挥了学生的主体性，学生变被动接受为主动探究，大大提升了学生的学习兴趣与练习乐趣。在具体实施过程中，教师在制作微课过程中提升了自身的信息技术能力和教学能力，对学生自学能力的把握也更加清楚；学生通过视频自主学习，不仅培养学生的学习兴趣，还在一定程度上丰富了课余生活，帮助学生形成良好的学习习惯。对体育教学而言，翻转体育课堂精简了教师讲解时间，增加了师生之间的互动，使教师有更多的时间去关注每一位学生，帮助提高学生的技术水平。但另一方面，体育课堂的重点是身体活动，器材与练习场地是限制大部分学生家庭的重要因素，学生只能单一地观看微课教学视频，不能对足球变向运球的技术动作进行进一步的实践练习，从而影响翻转课堂的实施效果。



在数字技术的推动下，体育翻转课堂的模式能够对当下体育教学起到一定的革新与促进作用，但也存在着需要改进之处。对体育翻转课堂的反思主要有三点：一是深度解读教材，提高视频制作水平，保证微课质量。微课质量的优劣将直接影响学生学习的效果，体育教师在制作微课时需合理选择教材，并对所选内容的技术要求及重难点作深入分析，力争以最简洁直观的形式呈现给学生。为此，体育教师还应着重提高视频制作水平，只有将技术动作巧妙地通过录制编辑呈现出来，才更有利于学生掌握动作技术。二是充分借助家长的力量，实现学生自主学习。学生家长在小学体育翻转课堂中发挥着重要的作用，体育教师应积极同家长沟通交流，争取获得家长的支持与帮助。提前在家长微信群上告知学习内容与所需器材场地，请家长协助准备，提供相应的练习条件。家长督促学生观看学习视频，保证练习时间，及时反馈学习情况。三是课中要做到“收放有度”。课前，学生通过自主学习已经在一定程度上掌握了所学技术内容，课堂教学过程中，教师要充分相信学生，给学生自主练习的自由空间。同时，教师应结合学生的掌握情况，及时给予相应的指导并布置练习任务，这样既调动了学生的练习积极性，又保证了课堂练习效果。未来数字技术愈加发达，体育翻转课堂也将迎来更加广阔的发展空间。

### （二）体育线上教学：云端互动学习，线下自我锻炼

2020 年新冠疫情防控期间，大中小学校停课，“居家锻炼”“健康防疫”成

为热门词汇，各省市大中小学校都在积极发布与推广居家科学健身方法，以期解决宅在家的健康新问题，如体重增加、食欲缺乏、胃肠道功能紊乱、情绪焦虑、睡眠变差及用眼卫生等，而体育锻炼是解决这些问题的有效方法之一。

结合防疫抗疫形势和高校体育教育教学目标，在居家环境、器材限制、无人配合及难以监督等复杂因素下，体育课教学如何开展、远程教学如何实施、众多在线远程教学工具与平台如何选择、哪种方式适用于体育课健康与技能养成的在线教学成为亟待解决的问题。在不断探索中，大多数学校都推出了“停课不停学”线上学习的课程，体育课也不例外，课堂从学校的操场转移到了学生家中，教师出现在了屏幕上，与学生云端相聚。通过网络，教师将相关的体育知识、资料和信息传递给学生，学生学习并接受有关体育教学的知识与技能，教师同时能够及时为学生答疑解惑。



**案例二**

## 成都中医药大学体育课线上教学

成都中医药大学推出体育学导式线上教学，利用网络开展数字教学，并记录考核。“学导式”教学是一种由授课教师引导学生自主学习的教学模式，学导式中的“学”表示学生经过教师的指导，可以具有目的性、计划性地进行学习，而“学”主要的体现方式为学生的主动性、实践性等两个不同方面；“导”则表现为教师在教学过程中，将重点放在锻炼指导、锻炼方法及锻炼思想上。教师作为主导力量、学生作为学习对象，其核心以培养学生的健康与技能为目标。结合“线上自主学习，线下自主锻炼”的混合式理念，遵循“学导锻炼”“目标导向”的基本教学目标，结合体育教学实际，成都中医药大学开启了运用新教务系统与居家锻炼方式的体育学导模式，鼓励学生居家自主学习锻炼，并将学习锻炼情况纳入本学期体育课程学习与考核评价中[209]。

线上体育课程的开展需要具有一系列流程，通过当下数字技术基本可以实现。第一，教务系统发布每周学习内容。按照公共体育课教学大纲与内容，通过教务系统推送，给学生发布每周体育课程学习指南与锻炼内容。在留言板中，教师可发布每周的学习内容,学生可下载并留言反馈。第二,QQ班级学习群交流。通过建立QQ班级学习群,补充发布每周的视频学习资源,对学生接收学习任务后的疑问进行沟通,针对学生在线视频学习中的关键问题进行线上讨论与交流,营造良好的学习氛围。同时,在群里面发布导学提示,再次提醒运动中的安全防护与锻炼要求,做好防护措施。每周日在学习群组中展示部分学生的锻炼照片,通过对学习情况进行点评,进行一周的复习。第三,教学步骤与要点可视化。体育教学内容,不能单以文字或语言的形式呈现,需要运用视频、图片进行直观教学。为了更好地帮助学生掌握学习内容,教师亲自录制视频与示范,促进师生的信息传递和情感联结。通过课程学习视频链接或录制,指导学生精确掌握视频讲解中的重难点与易犯错误点,并对学习要点进行标注,运用图片、全程辅助在线学习指导。在学习中标注动作的练习要点与方法,发布学习注意事项,帮助同学们安全、科学地进行居家学习。第四,居家锻炼。依据运动技能学习规律,按照准备部分—基本部分—结束部分的顺序,由易到难、由简到繁、从局部到整体的顺序锻炼。结合每周体育课程目标任务,让学生做到课前感知、课中指导、课后持续练习,将"学"与"导"充分结合。第五,提交作业。结合每周教学内容与授课重难点,按照学习内容设计了作业格式,将学导部分知识与自主锻炼内容相结合,将理论与实践结合,将文字与图片进行多维呈现,让学生清晰直观地明白每一周需要完成的学习内容与要求。

案例来源:成都中医药大学教师发展中心.线上教学设计心得与案例分享(十八)|体育课线上教学案例分享[EB/OL].[2020-03-09]. https://mp. weixin. qq. com/s/QMFV4IyDxEZWe-FmEWCu0g.

数字技术融入体育教育,是未来的教育发展趋势。线上教学对教师而言是数字技术的挑战,对学生而言是一种新的形式,具有极大的吸引力。互联网这种前所未有的运作方式,无疑为广大青少年学生积极参与网上体育教学提供了良好的平台。网络体育教学突破了传统体育教学的时空局限,让师生异地也能够教学,学生不论何时何地都可以接受网上体育教学。这种灵活性和及时性不仅使体育教学的可持续性得以保证,而且能及时反映学生的体育需求。从长远来看，从学校体育扩展到家庭体育是一个新趋势，因为数字化具有速度快、信息量大、复制快捷、覆盖范围广等特点，可以让更多的师生受益。网络的最大特点就是具有资源共享性，作为体育教学载体的网络，能将许多优秀的体育教学资源连接起来，真正实现资源共享，发挥资源的最大作用。2020 年新冠疫情防控期间的线上教学实践，为数字时代体育教学模式的多样性积累了有价值的经验。

### （三）数字虚拟球场：突破场景限制，促成学练赛一体

骨生长质量差、力量耐力不足、肥胖近视高发成为当下青少年群体的重点问题，中国青少年目前的体质状况令人担忧。众所周知，现在学生的学业负担过重、沉溺电子产品、审美观念偏差、学生安全等新老问题交织，使得传统体育活动难以满足学生需求，青少年普遍缺少运动，体质整体下滑。中国教育科学研究院体卫艺研究所所长吴键表示，运动的孩子与不运动的孩子在精神面貌、性格品质等方面有着明显差异，青少年的阳光形象基于强健的体魄，体育运动是促进青少年身体智力发育及培育健全人格的有效手段。体育与数字结合迎来了新的发展机遇。

在中国，由于气温差异大，南北方冬季的运动体验完全不同。在冬季体育课上，南方最低温度常在零摄氏度左右，南方的同学运动几乎不受影响，短暂的热身之后就能迅速进入运动状态。而越往北，气候对室外运动就越不友好。此时室内场馆不足、室内体育活动限制等因素，又将体育活动的热情消磨。减少气候、空间等环境因素对体育活动的影响，丰富室内体育活动，成为数字体育时代改革的一项重要任务。

**案例三**

## 学练一体化室内智能模拟网球训练系统

良嘉体育科技（上海）有限责任公司，是一家集室内网球、棒球、羽毛球、高尔夫等模拟器高端设备研发、生产、销售于一体的高新技术企业。良嘉体育在室内网球、棒球、高尔夫、模拟器及相关设备的领域有丰富的多元化产品。作为一家

研发智能模拟产品的公司，主要解决传统校园难以实现或不能实现的体育项目的痛点，从而丰富学生们的体育活动，使其接触新鲜运动并开阔视野，同时也丰富学校体育。该公司主要掌握体感虚拟技术，通过声、光、电、软件、AI 等的互相结合，体育运动产生不一样的效果，技术不是单独的个体，而是经过各环节的组合，将运动与科技相结合，并改变学生以往对体育运动的印象，增强学生的运动兴趣。良嘉体育所研发的室内智能模拟网球训练系统，能够帮助校园网球解决传统网球场地面积不足、建设资金成本高的难题，快速有效地推进了校园高雅时尚网球运动的落地[210]。





良嘉体育研发的数字产品打破传统网球培训模式，打造教学、练习一体化课程，让学生学习网球省时省力。智能网球课程从教学练习到比赛，全部一体化完成，无须拥有真实的教练员和对手，便可以完成学习、练习和比赛，帮助学生在玩的过程中学习专业的网球知识，还可以与虚拟对手比赛，在线邀约其他用户。良嘉体育的智能网球课程将其产品围绕校园绿色康体智能设配，进行区域集成化，以校园实验区域为基础，把好的智能产品快速融入校园，为校园康体教育添砖加瓦。室内网球课程操作共分为三种：第一种为训练对打模式，通过专业 AI 一对一训练，自主研发的网球轨迹运算和运动轨迹的监测和 AI 算法，让练习过程通过软件完美呈现；第二种为专业训练模式，只需一个人就能从零开始，学习回球、姿势等各种网球基础培训内容；第三种为游戏竞技模式，通过自带的游戏功能，支持在线双人对战网球竞赛，提升学生对网球的学习兴趣。

案例来源：SmartShow 创新社. 良嘉体育梁振学：全面提高国人健康水平，需将智能体育和科技教育相结合[EB/OL]. [2020-01-07]. https://mp. weixin. qq. com/s/dyYAUpBI9VyTZL8ymT6zuA.

科技与教育的融合需要打破传统教育理念，创新思路。传统思想是一定要在正规的场地进行培训训练才能够达到效果，但正规的场地就必须要考虑面积、季节、气候、资金等一系列问题。将新的体育项目引入校园的过程中首先要做的就是转变传统思维，突破场景限制，用科技的力量帮助校园实现培养多样化人才的目标，运用完善的设备帮助校园提高教学质量，帮助学生提高学习效率和兴趣。科技在发展，数字信息化融入体育教学成为趋势，打破传统思想，将科技融入校园，未来将有更多的体育运动走进校园，让校园生活更加丰富多彩。

### （四）数字体育游戏：数字结合体育，实现智慧体力活动

数字体育是数字科技与传统体育相结合催生出来的产物，立足大数据、智能AI、5G等新型信息技术结合多媒体手段对体育进行升级，是IT、通信、互联网技术手段，数字游戏和数字媒体形式，同体育锻炼、竞技健身、互动娱乐的完美结合。数字与体育二者存在着千丝万缕的联系，如今随着5G、VR、AR及可穿戴设备等数字技术融入体育，赋予了体育发展更大的舞台。在体育游戏中的应用，让体育活动更加富有运动的科技感。

与传统体育游戏、单纯身体活动和网络游戏形态不同，数字体育更加强调“流汗”的肢体运动，借助摄像头、可佩戴式头盔或传感器、动作捕捉系统，来实现人机之间、人—网络系统—人之间的交互运动和娱乐。几乎所有的传统体育和娱乐形式，都可以通过“数字体育”手段加以重新“解码”和“编码”，产生新的效果。

**案例四**

## 人机互动体育游戏

南京投石科技有限公司主要从事“人机交互系统”的研发、生产、销售等多媒体展示交互业务。2020年11月23日，全国科普日系列活动之科普进校园活动走进科峻小学，投石科技运用5G+XR数字多媒体技术结合体育运动，打造智慧体育科技游戏项目，其中以一款左右横跳的体感互动音乐节奏类游戏最受欢迎。在这个游戏里，学生作为玩家可以同音乐节奏的可视化进行互动，富有趣味性的玩法令玩家沉迷在体育锻炼中，从而达到锻炼体能的目的[211]。投石科技通过5G+XR的赋能融合各种传感器全面连接和感知体育相关的要素及行为，结合了智慧和体力的竞技类团队游戏，可以突破时间、空间的限制，赋予体育新的魅力，让体育与数字深度融合。

案例来源：投石科技.投石科技5G+XR智慧体育科技走进2020广州校园科普日[EB/

OL]. [2020-11-27]. https://mp. weixin. qq. com/s/z_As1lO6qu0S-vjAgySJkg.

数字体育中的多媒体互动游戏,互动娱乐化、体验趣味性,对青少年群体而言具有极大的吸引力。数字技术可以根据学生群体的兴趣爱好特点,在互动视觉和互动形式方面变换多种组合设计方式,结合趣味性的互动多媒体技术及数据的分析处理,能够增加青少年体育运动的兴趣,丰富学校体育的形式与内涵。

## 二、体质监测:数字监测科学分析,提高体质健康水平



### (一)数字体能测试:建设智能体育场景,数字化统筹测试成绩

体质监测是学校体育的重要工作,体测工具的意义不仅是获取学生的成绩,还是学校管理学生训练成果的数据化工具,能够为学生的长期发展提供参考。体质监测会对学生个人形态、机能、素质三方面进行体质水平测试与评价,可以让学生清楚、全面地了解自身体质的优缺点,能有目标、有方向地进行科学运动,也能够提前预防一些运动损伤的发生,从而增强体质。体质监测是科学运动的前奏曲,通过测试结果得到科学运动指导;而通过定期测试,还可以了解体质改善情况、运动效果,并根据情况调整运动方案,不断增强体质、增进健康。

**案例五**

### 智能体育中考考试系统

如今业界有不少智能体育公司在体测技术方面崭露头角,研发出适用的智能体育软硬件产品。成都佳发安泰教育科技股份有限公司是一家致力于研发、生产、销售、实施,具有自主知识产权和自主品牌的教育信息化产品并为用户提供相关服务的公司。其“智慧教育”和“智慧招考”的顶层设计方案及软硬件产品,遍布全国 29 个省(自治区、直辖市),应用于上千个教育管理机构及上万所学校。佳发教育在体育中高考改革的背景下,致力于打造“考、教、管”三位一体智慧教育业全场景,利用数字信息技术打造 AI + 标准化考场,用信息化服务保障考试公平公正,围绕信息技术推动教育均衡发展。在体育教育领域,佳发教育公

司打造了智能体育场景建设方案，方案从“AI＋产品＋内容＋服务”出发，利用AI运动引擎，不仅能实现对运动的个数、距离、时长自动进行精准判断，还能对多个运动的姿势进行智能纠错识别，产品从教、学、练、评、考、研六个方面渗透青少年体育锻炼的全过程，同时通过专家团队对专业内容持续创造和优质的运营服务为学校体育教学改革全面赋能。智能体育产品为教师提供AI助教，协助教师在课堂上组织学生进行自我测试、记录成绩、纠正错误动作，形成个性化的“运动处方”，做好“教会”工作。为学生提供校内外自主运动场景，同时，打通课堂测试数据，结合运动处方，为学生提供个性化的运动建议；通过专业的运动内容、游戏化的使用体验，陪伴孩子享受运动乐趣，让孩子爱上运动，同时释放身心压力。佳发教育智能体育产品为学校提供微信小程序端的体育家庭作业，学生随时随地方便使用，解决了学生课后体育锻炼无法监督、执行、科学跟踪的问题，同时营造家庭锻炼的氛围，实现家校共育[212]。

2021年，佳发教育利用智能体育场景解决方案进行海东市平安区1 641名考生、西宁市湟中区5 645名考生的体育中考考试。佳发教育根据海东市平安区、西宁市湟中区的实际情况，按照各区域《2021年初中体育学业水平考试方案》要求，分别制定了《2021年初中体育学业水平考试实施方案》，提供体育中考测试服务设备、项目采集分析、技术服务、现场人员组织保障等多种服务。

考试方案中，海东市平安区体育考试项目中必考的有立定跳远、跑步(50米/800米/1 000米)、仰卧起坐、引体向上、坐位体前屈。西宁市湟中区体育考试项目中必考的有1分钟跳绳、立定跳远、投掷实心球；选考的有握力、跑步(50米/800米/1 000米)、仰卧起坐、引体向上、坐位体前屈、篮球。在体测中，佳发教育智能体育场景解决方案通过AI人脸识别认证、体育项目智能采集、数据跟踪、实时上传的体质分析、语音播报和违规提示等多个功能模块，满足学生日常体质测试、课堂训练提升等各类需求，实现学生体质健康与运动技能等级动态批量采集，提高考务人员的工作效率，保障了体育中考的公平性、高效性和可追溯性，给管理者和考生提供了更准确的体质报告。

佳发教育研发的智能体育场景解决方案，以机器视觉、AI视频分析、大数据分析等先进技术分别从教、学、练、评、考、研六个方面渗透体育学科建设和智能评测，对学生各类体育项目实现精准测量、智能分析及指导，同时，满足教育考试院、管理者、教师、学生的不同应用需求，实现更加智能化的体育教学与管理，为学校和师生构建全新的智慧体育校园（图 9-1）。

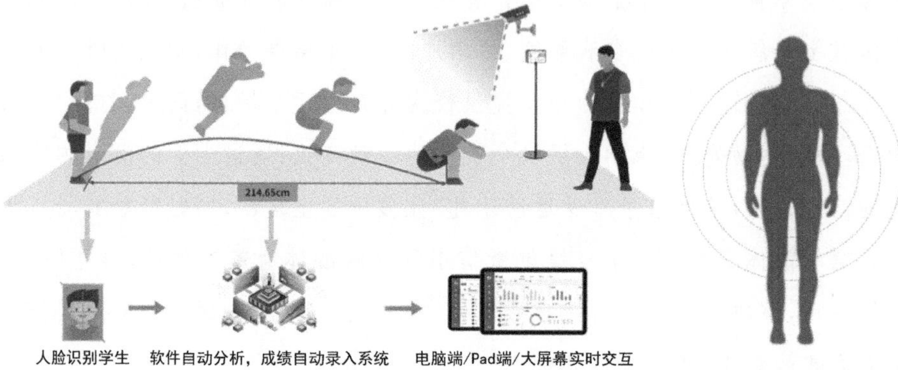


**图 9-1　智能体育中考场景解决方案**

图片来源：佳发教育高效助推体育中考迈入“智能化新时代”！[EB/OL].[2021-05-28]. https://mp.weixin.qq.com/s/IeupdsMFrm_cYrolI8clBA.

该产品具有 AI 识别、标准化人工智能体测功能：可移动式设备，便捷部署，同一设备支持多运动项目；全流程数据智能采集、分析，无人为因素干扰，测试成绩更客观公平，测试过程更高效；人脸识别认证学生身份，数据实时传输、存储，有效防止替考、错考或漏考；共设 20+体测项目，符合《国家学生体质健康测试标准》；产品销售模式、产品运营模式、共建共享模式等多种服务模式，满足用户多元化需求。并运用 AI 识别技术，通过大数据分析统计学生体质健康情况和运动成长性，实现合理安排学生校内运动课程。同时将多端数据汇总，打通家校壁垒，对全面监测学生体质健康发展提出更高要求。将技术与教育创新融合，为新时代的教育改革赋能。目前，佳发教育智能体育场景建设方案已在四川、青海等多省项目中落地，产品应用覆盖全国 20+重点中学。

案例来源：佳发教育.全民健身计划来了！佳发智能体育为青少年体育锻炼全力护航！[EB/OL].[2021-08-05]. https://mp.weixin.qq.com/s/k14uivgXvKQat97KSHWhKA.

未来，数字科技体育公司将成为学校数字体育升级的重要力量，运用企业资源和信息化技术，加强校企合作、不断突破创新、深化体育教学模式、丰富体育运动项目、完善学校运营服务，将成为数字体育发展的重要任务，用科技助力青少年健康成长。

### （二）数字体征监测：实时量化体征，个性化反馈评价

在学校体育场景中，学生的运动监测与管理是一项重要任务，其能够督促学生科学运动，有效防止运动损伤等意外发生。而传统体育教学方式在实际过程中存在着许多难以解决的问题，如：想知道学生的体育达标成绩，要统一组织、计时；要了解学生的体质情况，需要预定时间、场地、设备，然而测试结果却往往因受学生当时的状态影响而并不十分可靠；等等。这些问题的产生实质上是通过常规手段所能够采集到的信息量和细致程度远远不足以满足现代化、个性化、数字化教学的需求，也难以发现学生体育潜在的问题。



**案例六**

## 香山里小学智能体育课监测评价系统

深圳市南山区香山里小学是一所以“创新@未来”为办学理念的公办学校，学校从理念体系、课程体系、师资队伍、技术支持系统、空间环境和评价体系六个维度，高标对接世界级创新型滨海中心城区，打造“高品质、定制式”的“安全而充满童趣的协作、探究型”智慧学校。为解决传统体育教学问题，香山里小学在体育教学中采用了由北京华创互联科技股份有限公司开发的智能体育课监测评价系统。

该智能体育课监测评价系统通过对体育课上实时体征数据的量化，从多个维度生成数据报表，通过分析给出针对个人的运动指导方案。利用数字化的体育生态管理体系将传统体育课教学模式优化升级。该系统配备运动穿戴设备，进行数据的采集，从而设计针对性的教学方案，开展个性化运动处方的指导，全方位帮助每一个学生提高身体素质，践行“健康第一”的办学理念。香山里小学在体育课上利用华创互联智能穿戴设备，实时采集学生的运动数据和体征数据；

通过体育课实时体征数据监测管理系统将学生的心率、运动强度、运动量，以及课程强度、课程密度、课程结构等数据进行可视化呈现，体育教师可以实时关注到每一个学生，给予更好的帮助和反馈。

体育课上容易发生伤害。运动项目和运动强度应当适合学生的身体承受能力和体质健康状况，防止事故的发生。传统教学手段难以发现身体机能存在的隐患，该系统使用的心率安全预警功能通过可穿戴设备则可在第一时间给教师和学生发出预警提示，当运动量过大、心率过高时手环则会震动提醒需适当休息，提升运动安全性。同时该系统配有“课上快捷评价”功能，体育教师可在学生运动过程中根据学生的表现即时作出评价。课程结束后，使用“课后综合评价”功能可根据数据反馈对学生快速作出综合评价。通过长期的数据监测，对研究制定中小学体育课卫生监测与评价方案，进一步探讨有效提升学生体质健康水平、机能素质的方法和手段，指导学校科学有效地上好体育课具有一定意义。过去体育教师主要凭经验，看学生的脸色是红是白、出的汗是热汗还是冷汗，以此来判断学生体育课的运动状况，现在则根据学生实时体征数据及时调控运动量。

另外，智能体育监测评价系统能够根据学校特色设定其他体育功能，如香山里小学定制的阳光体育功能，通过系统自动创建每天所有班级的一小时运动课程表，督促学生到操场或足球场上运动，如跑步、跳绳、做操等。教师可通过系统设置班级学生运动心率、卡路里达标值，对运动达标学生给予相应的奖励，从而促进学生更积极地运动[213]。

案例来源：SmartShow 创新社. 深圳市南山区香山里小学“智能体育课监测评价系统”[EB/OL]. [2020-11-15]. https://mp.weixin.qq.com/s/V6HVI5tuEYnWoPz4Bddfbg.

在教育综合改革和建设“健康中国”的背景下，基于物联网和蓝牙技术的发展，融合大数据技术和人工智能分析技术，打造基于智能手环的校园感知系统解决方案，成为学校管理的重要方式。未来，聚焦现代化校园常规管理、学生体育课信息化、体质健康档案大数据、排选课支撑、教育教学数据流转、校园安全等全方位的应用场景，构建技术先进、扩展性强、安全可靠的大数据平台，能够更加有效地进行数字化管理，提升管理效率，学校数字教育生态系统功能进一步完善。

### （三）数字运动比赛：智能融入运动会，赛训测相结合

随着科技的不断发展，社会的不断进步，学校对于信息的处理开始走向数字化，数字化信息处理能力已经成为体现一个学校综合实力的重要指标。对于学校体育而言，运动会是重要的体育活动。校园运动会作为学校数字体育化的一个关键的部分，不仅是一次校园文化活动，更是检测学生体能素质的良好时机，在运动会上运用相关数字服务系统，不仅能够更好地提升管理运动员的操作效率、管理的水平和管理的质量，提高运动会办赛效率，还能够收集分析学校运动员的体能信息，更好地、有针对性地把握学生的基本运动水平和体质状况。

**案例七**

## 学校运动会智能服务系统

2021年中国人民解放军国防大学举办智能运动会，应用了由北京普世吉科技有限公司提供的智能设备支持。在办赛组织上能够提升，录入项目的分组、成绩排名输出等的效率。该公司提供的姿态仪设备具备自主考核、同步考核多项选择，可同时满足中长跑、曲臂悬垂、引体向上、仰卧起坐、俯卧撑监测，单科目到多科目随意切换，还可以根据需要开发延伸至全科目，完美解决设备单一化、训考流程操作烦琐复杂等问题，使运动会中的训练和考核更简单便捷、智能高效，既节省了人力物力，又节省了开支，也提升了训考的趣味性。智能蛇形跑监测设备可识别运动员身份和编号，具有实时监测、语音导航、二维码或指纹识别验证功能。红外探头及时检测人体姿态、显示训练状态和考核成绩。

智能姿态仪设备的应用使运动会成为多元化训考的场所，将体育文化活动与训练考核相结合，把任务重的体能测试工作转变成为一项轻松的任务。智能设备精准的计数结果、不一样的考核方式，形成完整的考核训练监测方案，为学校运动会增添科技感和多重功能[214]。

案例来源：北京普世吉科技有限公司. 传统运动比赛与借助智能设备运动比赛的区别![EB/OL].[2021-05-31]. https://mp.weixin.qq.com/s/YCBicW_saSrbtS5WjLig-Q.

### 案例八

## 青少年运动能力评估系统

在运动中做好学生的体能素质评估工作是当前学校体育数字化的重要工作之一。在学校中往往因为人数庞大、工作量大，开启一场学生体能素质测试并不容易实现，利用好运动会时机和智能软硬件设施尤为重要。当下有关方面的技术应用研究也在不断深入中，由上海体之星体育科技有限公司自主研发的“体之星”运动能力评估系统，利用轻量化的体质评估系统，能够为学校、军队、大型企业等人群密集的单位提供快速且准确的体质评估，同时能为专项体育提供动作教学辅助。该系统采用动作捕捉技术，由摄像头、数据云端传输结合本地AI算法处理的方案，对场地、硬件要求低，并能够支持1万人同时开始测试。在小学，该系统能够建立6～12岁青少年体适能档案，为学校提供全校学生体适能整体分析报告；为体适能数据表现不好的学生提供针对性训练方案；为体育教学提供整体教学内容服务；还能够根据学校特色，帮助建立特色校队。在中学，通过设定该系统能够根据学生体适能数据，帮助选择中考内容并提供针对性强化方案；根据学生特长，帮助链接少体校或其他运动队，进行特长输送。系统依据测试数据及AI判断后，给出针对每个人的训练计划，保证每个训练周期都依照大数据训练模式。未来，基于数字技术，学校体育教学中对学生的体能测试工作难度将逐渐降低，用数字化助力构建学生个人画像，在辅助教学工作的同时，也能够促进学生的健康成长。

案例来源：上海体之星体育科技有限公司。

### （四）数字体医融合：从健康体适能测评到运动在线管理

2020年11月，教育部就青少年体态异常作出重要指示：要积极采取一系列措施，加强青少年学生预防脊柱弯曲教育、落实相关的健康促进行动。《学校卫生工作条例》明文规定：学校应当积极做好学生常见病的预防和矫治工作[215]。可见，以学校为场域采取必要措施有效预防疾病和改善青少年的体质已成为一项紧迫的国家行动。而近年来提出的“体医融合”健康促进的新思想、新理念为这项行动的有序推进提供了强有力的策略指导。

### 案例九

## 健康体适能测评系统

奥美之路（北京）健康科技股份有限公司（简称“奥美健康”）成立于2002年，为体育教育、体育科研、慢病防控、健康管理和运动康复等领域提供运动评估和科学健身指导的技术创新和支撑。奥美健康作为“体医融合”整体解决方案的先行者，成立了“运动是良医研究院”，提供运动能力及风险评估、运动处方及科学健身指导、运动损伤预防与康复、运动数据跟踪分析与管理等服务，形成体医融合科学健身服务平台，为“健康中国行动计划”助力[216]。奥美健康中的运动训练安全监控管理系统是一款科学的运动训练监控系统，以监控用户的运动强度为目的，可通过运动心率来判断运动强度是否符合自身强度。带领用户摆脱盲目训练，以最适合用户自身的训练强度，改善身体情况。其远程管理系统是基于互联网技术，搭载智能可穿戴设备、智能终端等，以微信小程序为载体，实现全过程、多维度运动健康数据的自动采集、运动处方实施过程中的实时监控及动态调整，极大提升了运动处方的管理效果和实施效能。

奥美健康体适能管理系统V9是奥美健康体适能管理系统系列的第九代产品，为软硬一体化的设备，做到专机专用，减少故障。系统可为国民体质测定、心肺功能、体成分、骨密度、脊柱机能、糖尿病风险、平衡能力等十余项检测项目提供测试数据和科学综合分析处理服务，并自动评估运动能力、运动风险，给出科学的综合锻炼指导方案。奥美健康进入校园，通过体适能测评对学生进行个性化运动指导和运动过程的心率安全监控，帮助学生在安全的状态下以最佳的运动强度进行科学有效的训练，让训练起到事半功倍的效果，从而在青少年脊柱侧弯等健康问题的解决上产生一定的效果[217]。

案例来源：奥美健康.奥美健康为慢病康复服务机构赋能|2020 体育 BANK 年度评选入围提名[EB/OL].[2021-02-25].https://mp.weixin.qq.com/s/3gnqCZAmjxvSQNo525R6Zg.

奥美健康.健康体适能测评的高端平台——奥美健康体适能管理系统 V9[EB/OL].[2020-03-27].https://mp.weixin.qq.com/s/5hPxEqHqPkhXrxpJxVfmCw.

青少年正处于身心发育阶段，一般而言，存在的体质健康问题属于一种可矫正、可改善型的功能性障碍，可以通过科学、合理、有效的方法，也就是“体育＋医疗”手段，早教育、早预防、早发现、早干预予以改善。在数字技术不断进步的当下，利用好体育与医疗的结合，让科学运动为青少年的体质健康保驾护航。



## 三、数字管理：数字校园一体化管理，科学统筹学校体育

### （一）数字体育操场：监测防范运动风险，提升信息化水平

**案例十**

### 智慧操场管理系统

目前，我国青少年体质健康问题突出，肥胖率与近视率提升，心理疾病逐年增多。同时，全国普遍存在体育教师缺口大的难题，学校体育的管理难度大。学校体育教育方面主要存在运动时长难考核、运动效果难量化、运动风险不可控的难点。针对这些问题，中金育能教育科技公司基于大数据、5G(物联网)、云计算等前沿技术，开发出智慧操场管理系统，将学生在学校体育中的主要活动场所进行数字化管理，缓解体育教师管理人员不足的难题，提高学生管理的科学性。该系统通过采集学生在体育课堂中的运动数据，由大数据云平台运算并输出评估报告，为学校提供体育课堂安全风险防范、运动效果监测、成绩分析、素质分析等服务，推进校园体育数字化建设。

该系统对于体育操场的数字管理能够直击体育锻炼过程评价管理的盲区，提升锻炼过程管理水平。通过视觉系统和体征采集系统，多维度采集学生锻炼过程中产生的数据，记录学生出勤锻炼时间，避免学生只打卡不锻炼类似“走过场”行为的发生；严抓运动时长、运动强度、运动消耗等运动量化指标，帮助学校

实现对学生体育锻炼效果的量化评估。智慧操场作为体育教师的智能助手,可以实现学生运动过程有据可查、制定教学方案有据可依,满足学校体育教学管理需求。同时,在体育安全方面,传统的操场管理存在两大难题:一方面学校处于高度警惕状态;另一方面,当事故发生后存在定责溯源盲区。该系统通过智羿智能腕表,实现近乎无感的数据采集,在不增加管理者及师生过多负担的情况下实现两个预警:一是通过实时采集的运动体征数据,实现心率异常提前预警,帮助学校科学合理地安排运动负荷;二是当学生感觉不适时,可主动提前预警,系统将通知教师及时处理。智慧操场大数据平台持续积累的数据能够及时反馈学生学习效果,为教师提供教学数据,缩短教学优化周期,为学生健康成长提供有效指导依据,对学生健康成长具有深远意义。

同时,操场管理配有大数据云平台管理系统,切实解决锻炼时长难考核、锻炼效果难量化等实际问题,优化对学生体育锻炼过程的监管与评价,提升管理效率,实现对锻炼效果的量化评估。通过卷积神经网络视觉系统,对运动动作进行视频采集,通过AI视觉生成骨骼模型,与示范动作进行比对,在可视化、数字化的模式下直观反馈动作质量,从而精准指导学生掌握动作要领和技巧,改善教学方法,提升教学质量。在体测工作方面,配有AI标准化学生体测中心,根据教育部下发的《国家学生体质健康标准》定制开发,确保符合标准要求。利用AI视觉系统,实现仰卧起坐、立定跳远、引体向上、坐位体前屈等体育运动项目的无人值守测试和考试评定,满足学校的具体需求[218]。

案例来源:SmartShow创新社."光合"育能智慧操场:助力校园智慧体育建设[EB/OL].[2020-06-11]. https://mp.weixin.qq.com/s/nApGlcRvGXPR4z2EKf7lgw.

操场是学生进行体育运动的主要场景,智慧操场将学生运动的主要场景进行数字把控,为学校提供体育课堂安全风险防范、运动效果监测、成绩分析、素质分析等服务,推进校园体育教育信息化建设。

## (二) 数字体育资源：数据管理一体化，提升学训赛效果

案例十一

### 精英博爱小学校园智能体育数据服务平台

数字体育中的数据包括学生运动数据和教师教学数据。数据成为教学中的重要资源，利用大数据库对提升课堂效果和学生连续性管理具有积极作用，特别是在体育专项教学中能够展现更多优势。河北精英博爱小学是河北省人民政府批准，由民革河北省委、共青团河北省委、河北省妇联、河北省工商业联合会、精英集团联合主办，精英集团精英未来学校承办的面向河北省孤困女童，养教并重的公益学校。学校利用校园智能体育数据服务平台，在足球专项上，从普及性足球课到校队专业化训练进行系统数字化运作。

校园智能体育数据服务平台包含 Spiideo 智能球场系统、赛事直播、教学课件和教师培训。Spiideo 智能球场系统为国际足联认证通过的 EPTS 设备，将场地数据采集生成 3D 画面，通过云端 AI 分析，学生无须穿戴设备；教师、教练员和管理者在移动端(手机、Pad)上可以在 3D 画面上追踪学生，包括实时打点标记、AR 战术指导、距离测量、自由拖拽旋转缩放画面、技战术分享、智能剪辑等功能。Spiideo 是一项专业运动影像采集及视频分析管理系统，校园智能体育数据服务平台现已应用于中超联赛青训队伍、校园足球特色学校。

在足球训练中，青少年球员对语言的想象力不足、空间感不强，使得教练员在给队员讲解战术的时候往往达不到预期效果。精英博爱小学通过校园智能体育数据服务平台，利用便携的平板电脑进行可视化复盘，在训练中出现问题，教练员能够立马直观地让队员看到自己在场上的位置，并且利用战术画图工具标示出相关跑动路线，同时运用打点标记功能，教练员能在 1 分钟内将不同日期的训练场次出现的同一个问题，马上汇总剪辑成一个文件，实时展示给队员，这样结合视频讲解起来，极大地方便了队员对技战术的理解。之后也能将训练及比赛画面呈现在移动端和电脑端上，方便教师及时指导和赛后分析，同时，学校管理者可以实时进行监管。

在教学比赛中，传统的视频角度总是以球作为追踪视角，事实上无论是青训教练员，还是学校体育教师，都希望能看到每一个孩子在场上的情况。Spiideo系统能够通过手势放大缩小整个场地，就像放大缩小智能手机里的照片一样简单，能做到在直播、录像视频中，对整个场地放大缩小进行查看。在分析视频训练中，教练员既能看到前场前锋所在的位置，也能看到后场门将所在的位置，进行更合理的指导训练[219]。

案例来源：SmartShow 创新社. 河北精英博爱小学“校园智能体育数据服务平台”[EB/OL]. [2020-11-06]. https://mp.weixin.qq.com/s/coLFqMvYa9b5N1deBcPS8Q.





通过数字化的体育课堂数据管理平台，能够将学前、学中、学后紧密联系，构成完整的体育教学链，能够为体育专项活动提供系统的管理，提升数据资源的利用率，在体育教学全局工作中提供更好的数据管理服务，提升教学质量。

### （三）数字体育评价：精准分析数据，提升运动管理效率

2020 年 10 月 13 日，国务院印发的《深化新时代教育评价改革总体方案》中明确提出强化体育评价，建立日常参与、体质监测和专项运动技能测试相结合的考查机制，将达到国家学生体质健康标准要求作为教育教学考核的重要内容，引导学生养成良好锻炼习惯和健康生活方式，加强大学生体育评价，探索在高等教育所有阶段开设体育课程等。由此可见体育评价在学校体育中的重要性。引导学生加强运动锻炼、养成良好的生活习惯是学生在学校健康成长的重要保障，而针对学生运动上的数据监测，让体育教师实时监控学生运动各项体能数据又是当下体育课难以解决的问题。

**案例十二**

## 成都师范银都紫藤小学体育课时评价系统

成都师范银都紫藤小学是直属于成都高新区的公办小学，学校由成都高新区管委会与成都师范银都小学合作共建，于 2015 年 9 月 1 日正式上课。与传统老校不一样的是，作为一所新学校，紫藤小学将 TEAM Model 教学专家系统覆

盖学校所有班级、学科，打造智慧教室，实现智慧教学的常态化。TEAM Model是结合硬件、软件、网络、服务等教学科学技术，精练而成的教学专家系统，达到兼具便利(Convenience)、智慧(Intelligence)与效能(Efficiency)的教学环境[220]。在体育课应用方面，紫藤小学采用怡康科技公司研发的体育课时评价系统，该系统运用群体运动智能手环穿戴设备，能够实现体育老师课堂实时管控，包括课前准备、课堂考勤(学生生理期、请假、特殊情况)、准备活动、教学主题(小组分类、学生体能分层)等数字化教学功能。

在怡康科技体育课时评价系统进校后，学校将学生体育课堂运动监测工作范围扩大，从整体角度帮助体育教师能更精准地获悉学生动态运动状况，大大提高了体育课教学质量和学生的运动数据管理能力。系统通过可穿戴设备能够精准监测到学生的运动数据，再运用大数据呈现进行精准分析，包括运动强度、运动密度及特殊学生运动指导，为教师的教学管理工作提供重要依据。学校在建设健康校园、阳光示范校等质量体系中，系统能够得到重要的数据支撑，使体育教学更为数字化，提高学生群体运动健康整体管理效率[221]。

案例来源：SmartShow创新社.成都师范银都紫藤小学"体育课时评价系统"[EB/OL].[2020-11-18].https://mp.weixin.qq.com/s/Jfwct52BQdMfptravqCVww.

为全面落实中共中央、国务院印发的《"健康中国2030"规划纲要》《深化新时代教育评价改革总体方案》《关于全面加强和改进新时代学校体育工作的意见》精神，加强和改进新时代学校体育工作，结合学校实际，通过智能穿戴设备、数据采集终端及信息化管理平台与学校体育工作的融合，从全天运动监测、周期性体育健康测试、运动评价三个维度为学生提供运动健康数据画像。未来的数字体育管理体系将更加全面地与学生、校园相结合。

### (四) 数字体育平台：收集常态运动数据，提供决策依据

2021年8月26日，云南省全民健身大数据平台项目1.0版本(以下简称"大数据平台项目")正式落地。大数据平台项目运用"互联网+体育"的模式，帮助云南省体育政府主管部门实现"数字体育"在线，通过收集云南省群众体育活

动相关海量数据，构建全民健身管理与服务体系，为政府体育相关部门提供决策依据，为大众科学健身提供服务指导，实现省、市、区三级体育部门对大数据的应用管理。大数据平台项目整合云南省群众体育 12 个业务大板块数据与资源，全力助力全民健身运动的开展，增强全民健身科学意识，提高全民身体素质。大数据平台项目充分利用群众体育部门各类资源优势，通过现代科技手段，采集、整理、统计全民健身场馆、活动、组织、体质监测、国家体育锻炼标准、社会指导员等数据信息，为全民健身管理工作人员提供理论、案例、工具模块等，实时动态地实现服务互动、信息交流等应用功能，使管理、交流、互动更加及时、便捷、高效，实现领导决策、工作管理、服务全民的需求，推动全民健身管理服务走向数据化、智能化。



**案例十三**

### 云南官渡校园数字大数据综合服务平台

在学校体育方面，云南省昆明市官渡区推出全国首个智慧校园数字大数据综合服务平台，该系统能够监测、评估学生的体质健康和运动技能水平成长情况，并提供针对性的改善方案辅助学生高效提升体质与运动技能水平，通过系统收集学生常态运动数据及学生体质健康数据，为体育考试的公平公正起到了极大的辅助作用。官渡区 26 所学校开展了体质健康数据采集工作，全部录入智慧官渡校园数字体育大数据综合服务平台，该平台由云南怡动体育科技有限公司研发，顺应体教融合的态势，贴合云南省中考体育 100 分改革的社会化服务需求，依托 5G 物联网、大数据应用技术在云南全省范围内率先打造校园数字体育建设项目，为云南省青少年体质健康全面提升提供有力支撑[222]。

案例来源：怡动体育.智慧官渡校园数字体育工作有序展开[EB/OL].[2020-11-05]. https://mp.weixin.qq.com/s/iy-X6INQ-4M8NuoYlDUNKg.

搭建好体育数据管理平台、利用好学校体育数据是未来数字体育发展到新阶段的新要求，能够为保障学生体育运动发展提供支持，为政府体育相关政策决定提供参考依据。

# 第十章

# 体育产业数字化发展实践案例

体育产业是以体育为中心所进行的相关体育产品生产、传播与服务的一系列经济活动的集合，是促使体育行业良性有序发展的基本命脉[223]。我国体育产业相较于西方发展较晚，但近年来，我国体育产业受到越来越多的重视，体育产业种类不断完善与齐全。国家统计局于 2019 年颁布的《体育产业统计分类(2019)》，详细地将体育产业划分为 11 大类，即体育管理活动，体育竞赛表演活动，体育健身休闲活动，体育场地和设施管理，体育经纪与代理、广告与会展、表演与设计服务，体育教育与培训，体育传媒与信息服务，其他体育服务，体育用品及相关产品制造，体育用品及相关产品销售、出租与贸易代理，体育场地设施建设[224]，而数字化的介入使得我国各类型体育产业运行呈现新变化、新趋势。

从传统到创新，从硬件到软件，从场馆到赛事，数字化的介入加快了体育产业改革的进程，产业元素不断进行数字化的建构重组，同时催生出新的产业成果。作为科技应用和市场风向最敏感的体育产业领域，在数字化这一催化剂的作用下，形成了新的体育数字产业生态。

## 一、从传统到创新：数字要素推进改革，数字产品占据顶流

数字作为一种生产要素渗透到体育产业领域的各个层面，给传统体育产业带来巨大的冲击，特别是体育用品生产行业，数字化形成一股独特的生产力，不断推动着传统体育产业的改革。当数字要素实质性进入体育用品生产的各个环节，改革不再是一种外部的呼声，而成为体育用品生产行业谋生存求发展之道。不仅是传统的体育用品生产，数字化的加持也不断催生着新的产业形态，围绕着

数字化时代新的市场需求，一股数字体育IP之风在资本的推动下愈演愈烈，数字体育IP从创立之初就不仅仅是现实的写照，在数字技术不断迭代的加速推动下，数字体育IP自诞生之日起就注入了探索未来的基因。

### （一）数字化体育用品生产：从传统内部发出的改革之声

数字智能技术在体育用品生产中得到广泛应用。我国的体育装备制造业虽然规模较大，但大多处于价值链中低端，产品科技含量和档次都不高。数字化转型加快提升体育制造业技术和质量档次。数字化不仅打造了运动装备的科技名片，还在设计、生产、销售等多环节中起到了至关重要的作用。



**案例一**

## 安踏体育数字化转型

作为一个扎根于传统体育用品生产的本土品牌，在不断提升市场份额的同时，安踏也敏锐地捕捉到数字信息时代的新机遇。2020年，安踏提出全面推进数字化转型战略，通过直面消费者来实现“一个中心三个重塑”，以消费者为中心和人、货、场地重塑，从而形成从产品开发、运营到营销的良性闭环，推动品牌升级。3D技术作为安踏数字转型新的突破口，不断为安踏品牌升级提供助力。

**1. 提升产品研发设计效率，降低生产时间成本**

3D技术的规模化应用方案由安踏和时谛科技合作推出，包含了鞋款3D建模、四视角照片级、云渲染720°渲染、材料数字化扫描、线上预览、线上细节评审修改等诸多功能，可以极大赋能设计、提升效率，压缩生产周期并降低成本。过去设计一款鞋从图纸到打版、选材要耗费设计师大量的时间和精力，其间还要经过反复修改，一个小小的细节变动可能就需要将前面的工作推倒重来，这给设计师们带来很大挑战。但引入数字化3D技术后，设计师只需要将平面图纸和鞋子材质扫描到系统中，便可以自动生成逼真的3D效果图，工作量显著减少。

不仅如此，该系统还支持线上细节评审和即时修改。新冠疫情防控期间，这套方案就派上了大用场，安踏在国内和美国的设计团队可以实现线上沟通和调整产品设计，在线协同。不仅是安踏主品牌，安踏集团旗下FILA品牌在订货会前，通过 Ideatio 建立的虚拟样品，集团在两周内完成了 900+配色和所有样品的制作，如期完成了评选会，这在以往不可想象(图 10-1)。

**图 10-1　3D 渲染图与相机拍摄实物图照片对比**

图片来源：搜狐.安踏用的这个技术太牛了[EB/OL].[2020-10-13]. https://www.sohu.com/a/424452216_498578.



### 2. 及时获取市场反馈，迎合消费端需求

数字化 3D 技术的价值不仅仅体现在设计端，在制造和销售环节，这项技术的应用同样意义重大。在生产端，安踏致力于打造数字化供应链，安踏联合时谛科技开发数据平台，利用 AI 技术，自动生成拼色设计，通过中国社交媒体资讯数据平台，进行信息抓取分析，把反馈意见整合报告给生产设计部门。

供应链平台数字化的建立，一方面可以快速掌握供应商生产的产品品质状况，另一方面能实时获得商品售卖情况。品牌可以根据市场反馈随时调整，迎合消费端的需求。通过数据，建立每款产品的销售模型，准确预测产品的重要销售节点，厂商可以提前备货、科学备货(图 10-2)。以 3D 技术为代表的数字化技术应用，以消费大数据为核心的数字化转型将加快实现从以生产为导向到以市场为导向的转变，让安踏更懂消费者，从而助推品牌升级。

### 3. 强化专业运动形象，打造科技自主品牌

在推动品牌升级方面，近年来安踏提出成为以科技引领打造极致品质价值

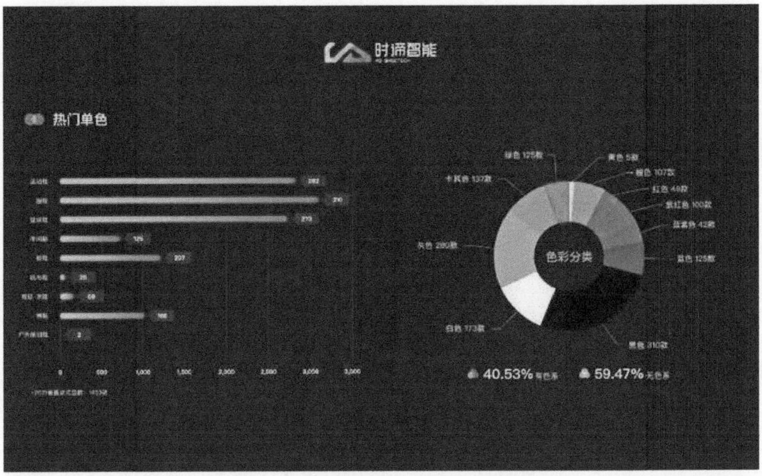


**图 10-2 智能化信息反馈平台**

图片来源：体育大生意. 引领行业数字化革命，3D 技术成安踏品牌升级新推手[EB/OL]. [2020-10-15]. https://baijiahao.baidu.com/s?id=1680583624341532689&wfr=spider&for=pc.

的专业运动品牌，并创造了“科技+颜值+故事/合适的价格”的公式。特步通过赞助大量马拉松赛事强化“跑步”属性，安踏则亮出了“专业”这张王牌。

以安踏篮球旗下的旗舰产品 KT 系列篮球鞋为例，KT 系列作为一双国产运动鞋(图 10-3)，KT6 价格逼近千元大关还是源于对产品的自信。在设计上，KT6 以高山流水为主题，将中国元素和内涵融入产品，同时在细节上处处体现克莱印记，彰显了出色的产品设计能力。在最为重要的科技含量上，KT6 实现重大突破，首次使用 3DFLOW 科技系统与 3DHUG 稳定支撑模块、CARBON-FIBER 碳纤维抗扭&力传导模块、SMARTS. A. M+ALTIFLASH 智能吸震反弹模块四大科技模块及山形水纹涟漪打底，帮助用户提升运动表现和安全性能。此外，AR 虚拟克莱讲解员、AR 游戏等创新玩法也有助于提升消费者体验。从 KT1 到 KT6，安踏正是凭借科技创新带来的极致价值收获了越来越多忠实“粉丝”。2019 年，KT 家族产品销售同比增长 60%，年销量在中国篮球鞋品类细分市场保持领先，KT 系列也成为安踏品牌升级和年轻化的一个重要突破口。

对于运动用品行业而言，鞋款 3D 建模并非什么新鲜事物，但将这项技术规模化应用，直到 2020 年才真正实现。作为国产运动品牌龙头，面对新冠疫情带

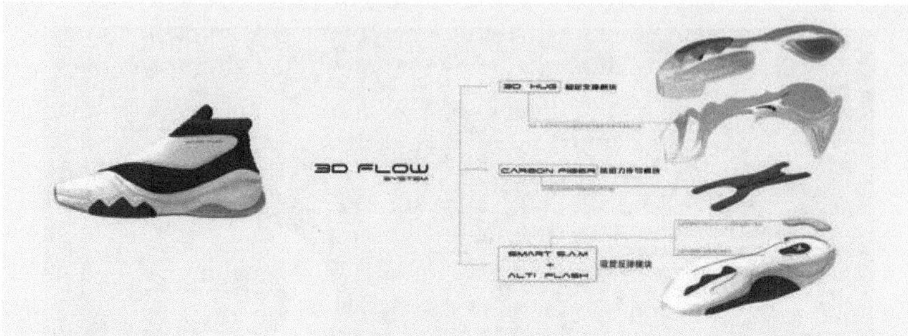


**图 10-3　KT6 科技展示**

图片来源：体育大生意. 引领行业数字化革命，3D 技术成安踏品牌升级新推手[EB/OL]. [2020-10-15]. https://baijiahao.baidu.com/s?id=1680583624341532689&wfr=spider&for=pc.





来的新机遇，安踏将全面引入 3D 技术应用到鞋履设计、生产、销售全过程，引领行业新一轮数字化变革[225]。

案例来源：何星. 专注中国运动科技 安踏助力中国奥运[EB/OL]. [2021-07-23]. https://baijiahao.baidu.com/s?id=1706044495654313436&wfr=spider&for=pc.

搜狐. 安踏用的这个技术太牛了[EB/OL]. [2020-10-13]. https://www.sohu.com/a/424452216_498578.

体育大生意. 引领行业数字化革命，3D 技术成安踏品牌升级新推手[EB/OL]. [2020-10-15]. https://baijiahao.baidu.com/s?id=1680583624341532689&wfr=spider&for=pc.

### （二）数字化 IP 打造：叩问未来的现实之作

数字信息技术作为一个强大的改革动力，持续推动着传统体育用品生产业的数字化改革，如果我们将数字化从单纯的数字信息技术放大到更为广阔的消费市场，就会发现数字化也拥有着强大的生产力和创造力，不仅能“破旧”，还能“创新”。基于数字化出现的不同于传统市场的新业态从出生之日起就是“数字之子”，它们不仅是数字信息技术的应用成果，更是数字消费市场的需求体现，这些“数字体育 IP”往往是现实数字技术的集大成者，但同时也在持续的自我更新中探索着未来数字体育发展的方向。说到此类经典案例，我们就不得不提到电子竞技。

## 案例二

# 英雄联盟赛事

虽然学界和业界对电子竞技的体育成分和归属有所争议,但从电子竞技的产业形态来看,电子竞技毫无疑问是“数字技术”的产物。而电子竞技也以不同于传统体育运动的竞技方式和直观刺激的竞赛风格得到社会各界的关注。因其参与方式简单快捷、参与时间与地点不受限制、参与门槛低等特点,近年来在我国发展迅速。

当电子竞技运动在我国正式被认定成体育项目以后,一系列关于电子竞技产业可能性的探索逐步展开。其中,英雄联盟项目及其相关赛事无疑是近些年来最受关注的电竞内容之一,也是电子竞技的超级 IP。那英雄联盟是如何借助数字技术的先天优势打造 IP,又是如何在数字消费市场中不断升级的?

**1. 布局移动电竞,完成电竞生态的闭环**

英雄联盟的 10 年运营经验为其手游搭建专业电竞运营平台带来了先天优势。历经 10 年发展的英雄联盟,早已成为当下最火热的网络游戏和电竞赛事 IP,在全球范围内积累了无数忠实“粉丝”,有着成熟的赛事运营经验。可以说,英雄联盟是最受欢迎的 MOBA 类端游之一,也是中国电竞行业发展不可忽视的一大推动力。英雄联盟手游的问世,搭建起端游“粉丝”向手游“粉丝”转移的桥梁,使端游影响力得以在移动端延续。一方面,手游的赛事体系以头部俱乐部为带动,发挥其影响力价值;另一方面,也没有忽略大众参与者,全方位整合玩家资源。

2021 年 9 月起,腾竞体育将启动职业选拔阶段并陆续开启 LPL 赛道、全国大赛赛道、影响力赛道三大通道。LPL 赛道为 LPL 联盟俱乐部专属通道,共开放 5 个英雄联盟手游一级预备职业俱乐部名额。全国大赛赛道则更多面向大众,通过英雄联盟手游全国大赛角逐出 6 个顶级职业俱乐部名额。影响力赛道的所有选手,都将通过玩家招募而来。该赛道将以真实记录的方式打造特殊赛事,并打造电竞纪实赛事内容《所向无前》,展现最真实的俱乐部运营。依

**图 10-4 腾讯电竞英雄联盟手游计划**

图片来源：新华网体育. 讲述"新电竞故事"——腾竞体育公布英雄联盟手游电竞计划[EB/OL]. [2021-06-17]. http://www.xinhuanet.com/sports/2021-06/17/c_1127567226.htm.





托端游影响力，英雄联盟手游希望牢牢锁定固有"粉丝"和潜在"粉丝"群体，完成电竞生态的闭环。英雄联盟手游推出电竞计划(图 10-4)，一方面有助于提升电竞产品的商业价值，为拓展市场空间搭建平台，提前布局移动电竞赛道下的新一轮竞争；另一方面，也有助于提升行业的规范化、职业化程度，共同做大移动电竞的市场蛋糕。

2. 数字技术加持，打造数字体育名片

电子竞技运动更是一个以互联网技术作为基础的深度数字体育化的运动，许多最新的数字技术都会应用于电竞之中，比如近些年来发展迅猛的 VAR 技术、大数据技术等。英雄联盟项目的教练组有一个专门的职位叫数据分析师，分析师们使用计算机对职业选手所有比赛的海量数据进行分析，找寻对手的薄弱环节并对自身的技战术进行优化[226]。可以说数字体育的发展为电子竞技运动提供了强大的推动力。

数字体育提高了大型赛事的控制能力与精彩程度以及趣味性，减轻了职业选手训练时的枯燥感。如在 2017 年的英雄联盟全球总决赛的决赛赛场上，鸟巢运动场上空出现了一只用 AR 技术制作的腾空巨龙(图 10-5)，这场精彩的 AR 秀还获得了艾美奖的"最佳直播画面设计奖"。不仅如此，数字体育的外延空间非常广阔，它可以为大众提供更加方便的健身服务，提供虚拟的运动形式，创新体育运动项目新形式，可以预见电子竞技运动会因为数字体育的高速发展受益良多。

**图 10-5　英雄联盟 S7 总决赛巨龙**

图片来源：腾讯体育.原来是 AR！官方揭秘 S7 总决赛巨龙制作过程[EB/OL].[2017-12-16].https://sports.qq.com/a/20171216/006042.htm? pgv_ref=aio2015_hao123news.

### 3. 增加自主制播权，丰富赛事内容形式

数字在电竞上的应用，增加了项目本身的娱乐性，吸引了受众的关注与参与，同时也让传统赛事制播形式发生转变。数字技术与电子竞技体育项目结合最为代表性的案例莫过于英雄联盟职业赛事的打造，电子竞技项目依托于数字技术的不断发展。随着数字技术的推动，电竞赛事无论从转播还是现场呈现，在一定程度上已经超过众多传统体育项目。2019 年，腾竞体育播出制作中心正式投入使用（图 10-6），腾竞体育直转播制作中心位于上海市静安区，总面积 3 550 平方米，含 5 个演播室、5 个导播室等其他电竞专用功能房。制作中心是基于业内领先的远程制作技术而设计、集成的新一代演播室群节目制作基地。

腾竞希望可以进一步落实主客场制度，承担更多的远程制作与播出任务，加强本土化的二次制作，在节约成本的同时，获得内容制作上更多的自主权。除了继续服务 LPL 和拳头游戏未来或将推出的其他赛事产品，制播中心还可以满足全国不同城市各级别赛事直转播需要，以及国际赛事需求，后续还将探索电竞赛事线上线下相结合的模式[227]。

当新冠疫情突然袭来，具备电竞赛事全远程直播能力的腾竞体育播出制作

**图 10-6　腾竞体育播出制作中心启动仪式**

图片来源：体育大生意. LPL 无惧疫情线上开赛背后，这座电竞超级“中央厨房”功不可没[EB/OL].[2020-09-04]. https://zhuanlan.zhihu.com/p/216301659.

中心便派上大用场。远程制作最大的特点是减负和高效，可以大幅减少驻守在前方转播现场的工作人员数量，这就大大降低了因人员频繁流动带来的疫情风险，为线上开赛带来可能。此外，更多赛事衍生内容的研发也使得消费者获得更多样化的赛事内容。

**4. 数字化包装，品牌深入合作**

英雄联盟赛事直播时与众多赞助品牌开展合作。从 2019 年开始，赛事官方在游戏中为肯德基设置了更新实时数据的“KI 上校”，数据包含获胜概率预测、资源获取数据等。另外，在游戏的关键节点如“第一次击杀”“获取大龙资源”出现时，比赛直播界面会发放肯德基或其他合作品牌的专属购物优惠券，深化了赛事与品牌之间的合作关系。除此之外，赛事直播的主播台与屏幕下方会出现相关赞助品牌 Logo，在直播和采访的各个流程中加入品牌元素的引入，提升合作品牌的曝光率。

除赛事制作外，英雄联盟周边产品的衍生能力同样使赞助商倾心。在 2017 年的全球总决赛中，官方制作了由梅赛德斯奔驰冠名的城市味道的串场节目。节目中除借由嘉宾的视角介绍阶段赛事举办地的风土人情和地方特色美食外，还对奔驰自身产品进行了介绍与推广。在2019年，梅赛德斯奔驰还出现在当年主题曲宣传片之中。在视频中，出现了全新奔驰GLA和EQC纯电汽车的身影，MBUX智能人机交互系统说："你好，奔驰，带我去上海！"这成了英雄联盟社区内部的热点话题。

战队管理兼具职业化和商业化。战队除了需要管理选手日常训练活动外，还对选手和战队进行商业包装和宣传。以英雄联盟知名战队FPX为例，在2019年FPX合作了9家品牌，分别为上好佳、Victorage维齐、鱼酷、赛睿、Omlet Arcade、虎牙直播和比心等；获得S赛参赛名额后，他们又签约OPPO和快手成为全球合作伙伴，比赛期间还入驻了快手。FPX战队三周年线下活动，邀请了赞助商与战队成员一起开展品牌游戏活动，利用选手的名人效应带动销量，提高品牌知名度，共享红利。广告营收是战队正常运转的重要一环，支撑战队完成各项活动与赛事，有利于战队的可持续发展[228]。

案例来源：新华网体育.讲述"新电竞故事"——腾竞体育公布英雄联盟手游电竞计划[EB/OL].[2021-06-17]. http://www.xinhuanet.com/sports/2021-06/17/c_1127567226.htm.

腾讯体育.原来是AR！官方揭秘S7总决赛巨龙制作过程[EB/OL].[2017-12-16]. https://sports.qq.com/a/20171216/006042.htm? pgv_ref=aio2015_hao123news.

体育大生意.LPL无惧疫情线上开赛背后，这座电竞超级"中央厨房"功不可没[EB/OL].[2020-09-04]. https://zhuanlan.zhihu.com/p/216301659.

## 二、从硬件到软件：数字技术充盈感官，数字服务紧贴人心

数字信息技术的直接成果就是各类硬件实体的革新迭代，就如同从BP机、大哥大、小灵通到智能手机一样，各类体育智能化设备从无到有，从旧到新，不断出现在各个体育领域。不过，数字化改革不仅体现在智能硬件，随之而来的体育智能软件系统才是真正打开了新世界的大门，数字社区、数字居民、数字生

产、数字生活不断构建着新的社群关系，也不断衍生着新的消费关系，数字技术持续突破极限，充盈感官，与之配套的数字服务则需要持续解读个性需求，紧贴人心。

### （一）数字化健身休闲：照进现实的第六感

作为体育产业新的增长点，休闲体育与大众的距离更近，也拥有更为广阔的发展空间。与数字信息技术在竞技体育的硬核特质不同，在大众体育的应用中，不仅体现在竞技性上，还体现在大众娱乐和体育社交上，而数字体育的植入空间似乎更大。数字技术丰富着人们体育参与的感官体验，也拓展着基于线上社群的体育社交，可以说数字化如同一种“第六感”，促进我们对体育有了新的认知。



**案例三**

## 体感运动 Switch

大众体育健身已经拥有广泛的市场，也是数字技术的必争之地。网络体感运动是先进的科学数字技术与传统的体育运动融合发展的产物。作为数字化时代新的休闲运动方式，网络体感运动集游戏、娱乐、运动于一身，代表着时尚、健康、科学，弱化了体育休闲运动障碍，具有不受时空限制的优势。

作为当下最具代表性的体感游戏平台，Switch 以灵活优秀的机械设计、极大延伸的游戏场景和先进的体感技术博得了广大游戏爱好者的青睐，其中一系列出色的体感健身游戏更吸引了众多健身爱好者在 Switch 平台上的聚集（图 10-7）。尤其在新冠疫情防控期间，现实交往的受限导致的 Switch 健身游戏玩家数量的激增，更深刻地反映了现实交往与虚拟交互的深度融合带来的身体与媒介的相互嵌入。

#### 1. 升级硬件设备，打造全新健身模式

数字技术的引入，提升体感运动设备的科技属性，打造了用户全新的健身模式。Switch 所提供的外部体感设备——Jon-con 手柄（图 10-8）内置了高精度感应器，可以准确捕捉健身游戏玩家的身体所提供的刺激信号并产生电信号，将其转化为精准的数据以动画或音效呈现在可视化屏幕上。人们可以很直接地使用

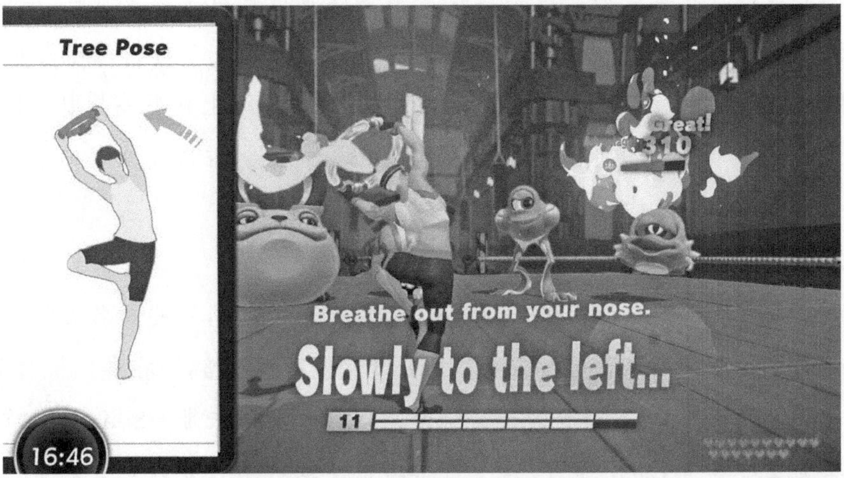


**图 10-7　Switch 健身环大冒险**

图片来源：什么值得买. Switch 游戏分享 篇六：买了任天堂 Switch 就是为了玩体感游戏的吧？这份体感游戏清单收藏好！[EB/OL]. [2020-03-06]. https://post.smzdm.com/p/a6lr6lzn/.

**图 10-8　Jon-con 手柄**

图片来源：Jon-con 手柄[EB/OL]. [2019-05-18]. http://basictechtricks.com/wp-content/uploads/2019/02/Nintendo-Switch-Tips-Tricks-1.png.

肢体动作与周边的装置或环境互动，而无须使用任何复杂的控制设备，便可让人们身临其境地与内容互动。传感器技术提供健身用户自身热量消耗、心率、血液、脉搏和睡眠等身体机理的数据化，并帮助他们搭建一个可持续跟踪的数据库，所有的这些数据都可以在 Switch 自带的可视化屏幕上直观地获取。体感技术通过收集、积累数据，将日常习惯和身体实践可视化，并以此为基础给健身游戏玩家进行身体实践的自我考察和调整提供了可能[229]。

**2. 创新价格定位策略，反哺游戏开发商**





数字技术的研发与创新往往伴随着高昂的投入成本，一些知名品牌往往会因自身研发投入和品牌影响力在硬件方面设置较高的价格，而在游戏机行业中，除主机硬件的销售外，更重要的产品是游戏软件和实体卡带。Switch 在首发时的价格为 299 美元，相比而言，这个价格略低于同级别行业内竞争对手。虽然 Switch 主机价格略低，但其游戏价格却设置得略高，通过软件与游戏内容获得收益。这种价格策略使得对于高昂游戏主机价格望而却步的消费者来说，无疑提升了其购买主机的动力，Switch 主机率先占领市场后，逐步推广其游戏内容，还可以把更多的利润分配给游戏开发商，增加游戏内容投入，实现良性循环。此外，任天堂在为广大的第三方游戏厂商提供各种优惠政策，研发独具任天堂品牌特色的游戏内容，利用自身平台进行推广，而游戏开发商们在更好研发自身产品的同时，也加深了与任天堂之间的合作关系。

**3. 强化线上线下合作，升级产品销售模式**

数字技术不仅创新了体感健身新模式，同时打造了全新的线上线下合作销售模式。线上渠道是如今不可忽视的重要消费渠道，任天堂与著名电商平台亚马逊平台合作的同时，与世界著名游戏在线销售平台 GameStop 进行合作。通过亚马逊、GameStop 等多家电商平台的线上销售，不仅拓展了类似亚马逊等电商综合平台的销售，增加潜在用户的接触机会，还加深了游戏专业平台用户对任天堂的了解与认知。针对不同类型平台和用户制定推广内容，使得不同玩家们在互联网上购物更加便捷。游戏玩家日常更喜欢接触电子产品，因此线上平台销售更能激活游戏玩家们的消费动力。线下销售不同于线上，需要满足玩家真实体验感。任天堂同众多线下店铺诸如必酷、秋叶原游戏店铺展开线下销售合作。高质量的游戏品质再加上令人舒适的实体体验服务，不仅仅提高了销售数量，拉动线上销售，还对任天堂品牌影响力、受众的认可、产品持久力，都有着巨大的帮助[230]。

**4. 赢得媒体与分享媒体，数字化发掘体育消费市场潜在用户**

数字技术使得一个产品的成名更加容易，而任天堂深谙此道——赢得媒体和分享媒体。例如任天堂在卡带制作过程中加入了一种特殊材料，让其味道尝起来很难吃，这样万一被孩子或宠物放入嘴里，就会因为难吃的关系而立刻吐出来。这一起初是为了防止小孩误吞的设计却引起各路人群的极大兴趣，随着各种"舔卡"体验报告的不断发表，有越来越多的知名媒体加入了这一行动。产品销售量的提高，也自然而然地令用户通过产品本身更加深入地了解体感运动，发掘体育消费市场潜在用户参与体感运动。

体感运动是数字化加持下的体感技术在运动领域的应用，是科技在体育领域内的创新应用。未来体感运动产品的应用场景将会更加多样，市场空间也会更加广阔。网络体感运动一方面联系着数字体感技术的研发，另一方面勾连着电子销售平台，各个产业间的合作，势必会擦出不一样的火花，体育产业链的发展会因体感运动的介入拓展出新的可能[231]。

案例来源：什么值得买. Switch 游戏分享 篇六：买了任天堂 Switch 就是为了玩体感游戏的吧？这份体感游戏清单收藏好！[EB/OL]. [2020-03-06]. https://post.smzdm.com/p/a6lr6lzn/.

## （二）数字化体育教育与培训：大众消费的数字百态

对于以"言传身教"为准则的体育教育与培训行业来说，数字化的初次相遇似乎没有擦出太多的火花，很多业内人士也认为无论数字传播如何强势，也无法撼动体育教育与培训业的传统模式。但随着数字生活成为常态，大家也不得不重新考量其市场价值和背后的商业逻辑。不仅是教育培训的数字传播，数字化作为一种手段、一个渠道、一个平台，越来越影响着体育教育与培训行业的发展轨迹，特别是新冠疫情的反复，使得大家更加迫切寻求新的生存手段。2022 年新冠疫情中的"刘畊宏热"也让线上体育教学"破圈",受到体育行业之外大众消费市场的青睐,这也不得不让体育培训从业者重新思考数字传播的价值。这是流量的侥幸还是资本的力量?是体育线上教学新的风口还是体育教育与培训的备选项?可以肯定的是,这些问题也只能在数字体育实践中寻求答案。

当然,与流量的热度相比,我们似乎更应从稳定和持续的产业生态中寻求规律,所以我们还是把目光投向各类体育教学 App,看看它们的数字化之路有哪些心得。





**案例四**

## Keep 的数字化运营

新冠疫情暴发后,户外健身与健身房健身活动受到了极大限制,人们长时间待在家中这一现实情况为线上体育教育与培训提供了发展空间。疫情防控期间,人们为保持健康的体态使得家中健身成为常态,但不科学的健身方式影响人们的健身效率。在新需求之下,为受众提供科学健身指导的线上健身指导平台迅猛发展,智研咨询发布的报告显示,在线运动健身客户数量从 2014 年的 1 040 万人暴增到 2018 年的 1.26 亿人。

### 1. 覆盖多维场景,打造线上线下结合模式

Keep 是集合在线健身运动、自研课程、智能硬件 KeepKit,线下运动空间 Keepland 等多维度服务的运动科技品牌。在数字经济业态下,数字化运营逐渐成为健身服务业的基本运营模式。受 2020 年突如其来的新冠疫情影响,让注重线下体验和参与互动的健身服务业几乎陷入停滞,随之而来的非接触性和可聚集的"家庭健身"成为典型运动场景。尽管此前 Keep 在商业化探索过程中经历了业务调整、裁员、线下门店关闭等事件,但疫情后,Keep 全面聚焦"线下 + 线上"的家庭健身场景,持续优化运动服务,覆盖多维场景的产品、满足运动全周期的服务需求,完善用户运动体验,通过 Keep + Keepland + Keepstore 的商业运营模式,结合线下服务 + 商品销售的方式开源收入,实现消费品业务销售规模超过 10 亿元的盈利[232]。

2. 注重科技创新投入,创造全民健身数据平台

Keep 的运动产品始终以健身用户为中心,以消费场景为半径,通过科技、内容、数据的赋能,为用户提供优质的产品体验和服务。Keep 在近几年的发展中,也依靠自身科技力量持续推动行业发展。首先,Keep 基于海量大数据与数字技术,积极打造完整的健身生态闭环,为线上场景用户提供更为优质的服务。目前,Keep 拥有 3 亿用户和数以亿计的运动数据,基于丰富的数据内容,Keep 反向赋能用户,通过精准大数据逐渐打通客户端、智能产品、线下运动场景三者之间的阻滞。同时,Keep 的智能产品也通过人工智能技术,精准筛选出健身用户的运动特性和运动爱好。其次,Keep 注重对产品的科技研发投入。如在 2019 年国际消费电子展 CES,Keep 推出包含人工智能、虚拟现实、物联网等智能技术的 W1 健走机、C1 智能单车、智能运动手环等 KeepKit 智能产品,并基于"互联网"、"物联网"、大数据等科技,为用户创设了沉浸式的家庭骑行场景,实现了健身运动的数字化升级(图 10-9)。最后,家庭健身智能产品覆盖用户垂直领域的全场景和全生命周期。Keep 智能产品已覆盖用户吃、穿、用、练的家庭健身应用场景,为用户提供了更加智能化和场景化的家庭健身服务。可见,Keep 已率先将内容、产品和用户数据全面打通,连接了线上 + 线下的服务闭环,创造了更具

**图 10-9　KeepKit 系列智能硬件**

图片来源:中华网. KeepKit 更多运动的新装备 更专业多维的运动新体验[EB/OL]. [2019-01-09]. https://www.163.com/news/article/E53ASVUS000189DG.html.

科技性和高价值的全民健身数据平台。

3. 创新营销策略，打破健身消费壁垒

伴随全民运动普及和消费升级影响，Keep 意识到创新营销策略是满足用户需求、提高品牌影响力和激发健身消费活力的有效途径。其创新营销策略上主要表现有以下几点：第一，多维场景覆盖用户群体，Keep 将优质、丰富的线上内容与服务向线下延伸，纵向连接城市、家庭等生活场景。如智能产品 KeepKit 连接运动与家庭，线下健身场所 Keepland 连接运动与城市，线上电商连接运动与消费。第二，通过“多量”维度联系品牌与用户。如在“星量”维度通过明星、KOL（关键意见领袖）、运动员代言品牌，以“星耀 K 计划”和“K-Star 计划”流量产品，帮助品牌能够高效地触达用户；在“声量”维度通过 UGC（用户原创内容）加快创设“运动 + 生活”社交平台，同时凭借线上挑战活动、趣味话题和数据报告等形式助力品牌口碑输出；在“能量”维度通过用户和品牌共同参与社会公益项目，潜移默化地产生品牌影响力。第三，AI 领域进行技术营销，通过 AI 技术智能分析云健身用户的在线停留时长、点击和转化等行为数据，精准确定用户画像，制定出针对性的营销策略。第四，多种体育 IP 营销，例如健身赛事 IP、课程 IP、跨界 IP 等营销内容。第五，发展电商平台，并与众多知名品牌进行联盟营销，提高用户的消费体验。经过数年发展，Keep 站位于国际视角，其 KeepTrainer 和 KeepYoga 两款 App 已成为拓展海外市场的主力产品，在未来发展中，Keep 也将不断创新营销策略，实现品牌效能、用户需求和健身消费之间的协同增长。

4. 打通各个环节，完善产业链循环

Keep 基于数据和 AI 算法的人机协同运营，革新传统的商业模式，建立了 Keep + Keepland + Keepstore 的商业运营；同时，通过挖掘健身用户的运动数据，整合数据资源，构建平台与健身用户之间的联结，为健身用户提供定制化和数字化的服务方式。基于健身用户的消费需求，开发丰富多元的产品线和服务内容，并通过数字技术覆盖产业的生产链，实现生产效率提升。在销售服务方面，通过 Keep 的线上电商平台、“新零售”、“体育 O2O”的形式，以及线上健身信息咨询、个性化需求定制实现线上健身业务知识付费，实现利润的多元化收入。在产出上，Keep 将产品嵌入数字功能，实现健身产品的软件化和服务化。同时，基于 5G、人工智能等技术贯通健身产品和内容的生产、设计、服务等流程，衍生出健身直播、在线培训、健身赛事、线上销售等新模式。至此，健身服务业基于以数字技术为主导的线上运作形式，打通产品和服务端的设计、生产、流通、消费的各个环节，从而推动产业链各个环节的有效循环，实现高质量发展[233]。

疫情过后，一些线上体育市场受到巨大挑战，但运动健身最核心的内容——增强体魄仍将是体育产业吸引消费者的主要卖点。数字技术的加持不会是阻碍体育产业的绊脚石，它是促进体育产业多元化、现代化的助推器。体育产业要加速自身与数字化的结合，推动体育产业创新、高效、可持续发展。

案例来源：中华网. KeepKit 更多运动的新装备　更专业多维的运动新体验[EB/OL]. [2019-01-09]. https://www.163.com/news/article/E53ASVUS000189DG.html.

## 三、从场馆到赛事：数字理念提速增效，数字生态覆盖蔓延

随着体育产业的发展，体育场馆已不仅是赛事必备的硬件设备，还成为集结大众体育消费、大型体育赛事、大型竞赛表演的综合体，而场馆的运营也涉及日常管理、门票销售、竞赛安全、文化传播等多个层面。体育赛事也不再单纯是竞技比拼的舞台，更是一个涉及信息服务、信号制作与传播、文化竞演等多个维度的综合文化服务市场。可以说，体育赛事是体育产业的汇报演出，不仅关乎体育赛事产业本身，更与其他体育产业领域，如体育用品制作与生产，体育经纪与代理、广告与会展、表演与设计服务，体育教育与培训，体育传媒与信息服务等领域有着直接的市场关联。

随着数字化改革不断深入，在从传统到创新，从硬件到软件的递进中，数字化的底层建设逐步扎实，数字理念越发清晰，并成为发展的关键要素，推动着数字化改革提速增效，数字生态覆盖蔓延，而这在综合场馆运营和体育赛事服务中得到充分体现。

### (一) 数字化体育场馆：老问题的新算法

体育场馆运营是体育产业市场的“老大难”，如何稳住老业务，开拓新市场，如何提高场馆效率，增加运营收益，如何展现竞技体育，兼顾大众需求，在数字智能的加持下，老问题也似乎找到了新算法。

**案例五**

## 智慧场馆





新兴信息技术逐步渗透到公共体育场馆的建设、运营、管理中，为建设环保、节能、最优管理效益的公共体育场馆提供了发展契机，“智慧场馆”应运而生。

1. 数字化施工建设，提升工程质量

为了保障亚运会的使用需求，中建八局总承包公司致力于“智慧场馆”打造[234]。杭州奥体中心项目作为2022年亚运会的核心区(图10-10)，其场馆建设对气流组织、噪声、风速的标准要求之高，泳池水处理、冰蓝转换、赛事照明等调试难度之大不言而喻。项目机电安装管理团队通过“数字建造”来实现“智慧场馆”的建设，通过管理和技术创新解决系列问题，与此同时，也进一步提升了工程质量，实现了“智慧亚运”的总体目标。杭州奥体中心项目施工一直注重绿色环保的要求，采用机房装配式施工“431”管理体系，以“工厂管道预制+现场组队安装”的方式，在提升效率的同时，避免了以往施工过程中的焊接污染和材料、人力的浪费。同时运用“无线水电节能监测系统”，主要由数据采集层通过电能表、能量表、水表等获取各回路的电耗及其相关电力参数、能量消耗和水耗等能源信息，避免资源浪费。

2. 数字化管理运营，助力大型赛事举办

随着信息、网络、物联网技术的变革和发展，现代化技术与传统体育赛事相互渗透，极大地提高了体育赛事的智能化程度，二者呈现螺旋向上的发展趋势。以第十四届全国运动会主场馆——西安奥体中心建筑群为例(图10-11)，作为2021年全运会的主要场馆，西安奥体中心的相关建设标准和配置无疑会是同类

**图 10-10 杭州奥体中心体育游泳馆的夜景**

图片来源：都市快报.亚运场馆首次对市民开放，没想到奥体中心这么震撼！[EB/OL]. [2021-04-25]. https://mp.weixin.qq.com/s/xVemKf9Ve5vovkA6ey0xcA.

**图 10-11 西安奥体中心建筑群**

图片来源：网易.四年巨变！西安奥体中心片区 7 大"长安系"地标引领东城新崛起！[EB/OL].[2021-09-23]. https://www.163.com/dy/article/GKK5R1LL0525HAAA.html.

场馆中最高的，其中，智慧安防和室内导航最有代表性。全运会期间，西安奥体中心迎来120万的总观赛人次数和最高10万人的峰值人流量。要在如此人流量下满足1 300亩面积、总计近9万个座位，数十个区域和出入口的全面安保需求，单靠人力显然是无法完成的。因此，华为携手合作伙伴不仅为场馆安装了全面的视频监控设备，更引入了5G安防眼镜、5G安防无人机、5G安防机器人等全新科技装备。在运营和管理层面，华为及合作伙伴还为主办方和场馆运营者打造了完整的数字化、智能化管理运营体系。基于此，管理者不仅可以在运营中心大屏上对场馆各个子系统和赛事的状态进行全维度、深入细节的完整把控，更可以借助人工智能、大数据等新一代ICT技术实现应急和日常管理的自动化，从而提升管理的效果和及时性[235]。



**3. 数字化信息共享，打造智慧社群**

传统上，体育场馆的商业模式主要以竞争为主要形式，随着信息技术产业的发展，内容共享成为新的趋势，催生了新型的商业生态。商业生态是众多大型、松散的网络，由各类互联的网络联合成一个整体。

浙江黄龙体育中心（以下简称“黄龙中心”）是国家实施“所有权属于国有，经营权属于公司”的分离改革试点场馆（图10-12）。新时代的黄龙中心，在浙江省体育局指导下，按照运动休闲综合体、文体培训大本营、竞赛表演集聚区、场馆运营新典范的业态定位，高标准规划黄龙智能场馆“大脑”项目，打造全国智能场馆领域标杆，以及浙江省数字化改革在亚运场馆领域实践典范。依托“互联网+体育”的创新技术模式，通过智慧化改造升级，实现了场地在线预订、会员储值、门票售卖等线上化服务，并随着智能闸机、智慧灯控等人工智能高端硬件设备的广泛接入，体育场馆公共服务水平稳步提升，黄龙生态下的体育场馆智能“大脑”逐步成型。

黄龙中心利用智慧运营平台、互联网、大数据等科技力量为场馆赋能，数据化运营和场景重现把人吸引到运动场所，把各种活动和产品带给运动人群，形成消费联动。作为浙江省体育局数字化转型项目的省级试点单位，黄龙中心在智慧化改造方面的前行从未止步，在体育领域“最多跑一次”改革试点中亮点突出

**图 10-12　浙江黄龙体育中心效果图**

图片来源：浙江日报.投资 10.6 亿元！黄龙体育中心开启亚运场馆改造[EB/OL].[2019-12-18].https://baijiahao.baidu.com/s? id=1653234773289809381&wfr=spider&for=pc.

并引领全省智能化水平。据相关负责人介绍，2021 年年底黄龙中心上线人脸识别实名认证和线下人脸支付等应用场景，在室外网球场、笼式足球场打造无人值守运动体验馆，同时上线运动场所空气质量指数（包括温度、湿度、PM2.5 等五项指标）提醒、智能灯控、电量能耗消耗统计、无纸化、无现金化、进出场人员结构化统计等功能[235]。

案例来源：都市快报.亚运场馆首次对市民开放，没想到奥体中心这么震撼！[EB/OL].[2021-04-25].https://mp.weixin.qq.com/s/xVemKf9Ve5vovkA6ey0xcA.

网易.四年巨变！西安奥体中心片区 7 大“长安系”地标引领东城新崛起！[EB/OL].[2021-09-23].https://www.163.com/dy/article/GKK5R1LL0525HAAA.html.

浙江日报.投资 10.6 亿元！黄龙体育中心开启亚运场馆改造[EB/OL].[2019-12-18].https://baijiahao.baidu.com/s? id=1653234773289809381&wfr=spider&for=pc.

智慧体育以信息化为根本载体，而智慧体育场馆是体育产业与科技信息产业结合诞生的创新突破，体育场馆是注重现场服务和体验的行业，互联网产品和技术的应用，将有助于在场馆运营管理过程中有效地降低成本、提高效率、提升服务品质。同时，伴随着智慧场馆的不断发展，将会推动数字经济与体育产业进一步深度融合。

### （二）数字化体育赛事：全体育的开卷考试

近年来奥运会的组织和举办遭遇了新的危机，与此同时，职业体育赛事市场也是良莠不齐，传统的体育赛事在数字化时代迎来了新的挑战和机遇。综合体育赛事不仅要为举办方谋求政治影响、市场利益和文化价值，还要为体育项目本身争取份额，寻求发展；同时，体育赛事作为体育产业的龙头，也影响着体育产业其他领域的兴衰。可以说，数字化时代的体育赛事，是一场全体育领域的开卷考试。



**案例六**

## 联通5G应用于北京冬奥会

2022年北京冬奥会是5G大规模商用之后的第一届冬奥会。作为官方通信服务合作伙伴，中国联通将5G与AI、大数据、云计算、区块链等技术相结合，围绕观赛、办赛、参赛三大场景，打造包括智慧云转播、智慧观赛、智慧医疗等在内的丰富的智慧应用，为冬奥会注入“智慧”的基因，为大众带来极致的体验。

2022年北京冬奥会在整个奥运会发展轨迹中将成为科技与体育融合的一次标志性赛事，也是中国向世界展示科技自主创新能力及硬核科技实力的重要舞台。

1. 智慧观赛

在观赛场景下，有的现场观众因座位位置偏远、角度不佳，导致错过很多精彩瞬间。但有了联通5G技术的加持，就可以通过手机等终端自由切换观赛视角，实现360°无死角观赛，也可以智能追踪某个自己喜爱的运动员。无论身处何处，都能拥有最舒适和个性化的“VIP观赛体验”。此外，还可以实时观看回放，或者享受VR沉浸式观赛、时间和空间立体化的子弹时间等丰富体验。

2. 智慧办赛

(1) 智慧指挥调度高效助阵。冬奥会的组织运行是一个极其复杂的系统工作，涉及多个业务领域统一、高效的调度和运行。基于云平台＋5G公网对讲技术，借助高速率、广覆盖的移动网络，中国联通智慧指挥调度平台能够助力冬奥组委快捷、高效率地进行人员调度、指令发布，满足冬奥两地三赛区统筹管理的广域调度需求。该项业务前期已在相约北京系列测试活动中规模商用，有力提高了赛事调度效率（图10-13）。

**图10-13　中国联通测试活动**

图片来源：人民资讯. 中国联通保障冬奥会通信网络运行安全稳定、优质高[EB/OL]. [2021-04-10]. https://baijiahao.baidu.com/s?id=1696622822933898760&wfr=spider&for=pc.

（2）智慧专线智能化服务。中国联通提供的奥运标准的智慧专线不仅可以提供基础专线服务，还具有用户自主预约调整的自助服务功能，极大地方便了媒体记者等奥运大家庭成员按需使用，实现基础服务智能化。

（3）贯彻绿色奥运理念。中国联通积极落实国家碳达峰、碳中和政策，严格遵循“绿色办奥、节俭办奥”的理念，采用新技术升级网络，建设智能极简的实用网络，同时坚持开放共享、避免重复建设，并积极推进节能减排，将可持续发展的理念贯穿于整个筹办、举办及赛后利用的过程。

3. 智慧参赛

（1）智慧云转播颠覆传统。云转播服务是对传统转播模式的颠覆和创新。

它基于5G大上行和云网协同能力，构建了完全IP化的“采编播”体系，把传统以现场为主的转播工作拆分，实现了转播设备网络化和人员服务远程化，更好地支撑异地远端制作，并通过低成本、专业级视频转播服务平台，打造轻量化赛事转播、无人混合采访和远程新闻发布三项创新服务，以科技助力竞赛场馆内外精彩活动的呈现，从而惠及更多人参与和观看精彩的体育赛事。这种全新的转播模式为疫情下的体育赛事转播提供了全新的方向，也正在改变着未来的转播模式。

(2) 智慧医疗守护生命。“冬奥会上很多精彩刺激的项目实际上非常危险”，而一些项目的比赛场地(如高山滑雪等)又普遍离市区比较远，一旦运动员受伤，及时救治会非常困难。中国联通打造的智慧医疗产品，能够通过5G网络将受伤运动员的身体体征数据及现场情况实时回传，让医院后台的专家第一时间进行远程指导，并提前做好入院救治准备，从而赢取最宝贵的救治时间[236]。

案例来源：懒熊体育.中国联通围绕北京冬奥会打造十大5G应用，覆盖观赛、参赛和办赛三大场景[EB/OL].[2019-12-27]. http://www.lanxiongsports.com/posts/view/id/17656.html.

人民资讯.中国联通保障冬奥会通信网络运行安全稳定、优质高[EB/OL].[2021-04-10]. https://baijiahao.baidu.com/s? id=1696622822933898760&wfr=spider&for=pc.

在国家政策、社会需求和市场资本的推动下，数字化改革在体育产业的发展中不断开花结果，但我国体育产业市场的土壤仍难说肥沃，加上在地域、项目、产业结构中的布局和发展不均衡，使得我们的抗风雨能力仍然不足；虽然不同领域都有成功案例，但与行业的整体繁荣目标仍有距离。

# 反思篇

第十一章　群众体育数字化发展反思
第十二章　竞技体育数字化发展反思
第十三章　学校体育数字化发展反思
第十四章　体育产业数字化发展反思

# 第十一章

# 群众体育数字化发展反思

随着信息技术的发展，人工智能和大数据的普及，数字技术与体育的深度融合已为体育的发展带来巨大活力和生机，但同时也会陷入另一个困境。正如马克思所说："技术的胜利似乎是以道德败坏为代价换来的。随着人类愈加控制自然，个人却似乎愈易成为别人的奴隶或自身卑劣行为的奴隶，甚至科学的纯洁光辉仿佛也只能在愚昧无知的黑暗背景上闪耀。我们的一切发现和进步似乎结果是使物质具有理智生命，而人的生命却化为愚钝的物质力量。"[237] 如果数字技术与体育融合和应用没有人类的理性思考和适当控制，那么由此带给体育应用上的风险和伦理道德上的困惑将最终会适得其反，进而影响体育的持续、健康发展。

数字时代带来的便捷性提升了人的多维效能，提高了工作、学习、锻炼的效率，如同保罗-莱文森的"补偿媒介理论"所言，数字技术随着人类的需求不断补充新的元素进来，媒介自我存在补充与修复的功能，人类的需要促进了媒介的成长，媒介的成长反馈给人类，形成互为共生的结构状态。关于数字技术的讨论，业界往往欣喜于数字城市、智慧体育等带有社会学想象力的词语与实践便利；而学界则应警醒于新技术带来的熵增，反思技术和人共生的现在及未来，回归人本主义的价值所在。

## 一、弱势群体体育参与的数字鸿沟

结合本书关于群众体育数字化发展理论与实践前沿的分析和解读，我们必须在"新麦克卢汉主义"的媒介生态观念之下，从原点出发，探究人之为人格与数字之为技术之间的双生关系，揭示数字进步存在世代递增性。对于媒介接触端使用逻辑来看，“80 后”是翻着书页成长，“90 后”是敲着键盘成长，“00 后”是划着平板成长的一代，新的技术在喂养新时代的人类，却也不可避免地“隔离”了 20 世纪六七十年代甚至更早出生的人。高新技术密集的产业都是分秒必争的，高新技术带来的鸿沟甚至是“倒刺”，以及由此产生社会价值和社会责任可能需要引起更多的关注。生产者追逐新时代的注意力及购买力，谁来带动中老年群体参与到群众体育数字化的生态中？这几年我们在路边看到很多老年夫妇颤颤巍巍，在高架桥下颤抖着打车，却看着一台台空驶的出租车呼啸而过，三伏天、寒月夜，是否老年人的身份在适配数字时代的一切时就应该慢半拍，人格平等的价值存在缺位是不是现代社会的必然？中老年人也是参与群众体育数字化的重要社会人群，如果在数字化进程中出现了“卡脖子”的问题，社会全面数字化建设和运作无异于是存在结构性缺陷的。

飞速发展的中国媒介化社会对较远离网络的老年人、偏远地区居民等群体的日常生活也产生了一定的冲击。老年人在当今的移动互联时代属于信息弱势群体，如何利用智能手机进行信息获取、处理及分享？如何使用智能手机健身 App 进行合理锻炼？老年人面对移动互联终端的数字鸿沟问题开始显现。对于目前市面上流行的健身 App 来说，基本上没有为老年人专门研发定制的，60 岁以上的老年人基本不是健身类 App 的潜在目标用户。老年人在接入和使用移动互联手机设备来增强健身效果的过程中，也存在着一定的困难。对于 60 岁以上的老年人来说，智能手机或者智能手环的数据统计功能，他们用得最多的就是每日的基础步数统计，而对于较为复杂的健身认知操作或者有目的地选择训练课程，则较难掌握。对于老年人面对手机健身 App 的使用来说，必须正视“数字鸿沟”问题，从老年人个人的主观能动性和技术使用的普及性两方面加以认识，以充分理解中国社会背景下老年人健身面临“数字鸿沟”问题的现实情境，进而探讨促进老年人健身数字融入的有效方法路径，在信息弱势群体融入媒介社会的过程中揭示数字化反哺日常生活存在的作用机制。

## 二、青少年群体线下体育参与的引导

相比中老年端的新媒介适应性，目前我国在儿童青少年端的保护主义落实得卓有成效。作为群众体育数字化中的一种类别，电子竞技一直是舆论的焦点，其背后涉及体育产业新形态、社会风潮价值、产品商社会责任等现象级问题。2021年9月，国家新闻出版署下发《关于进一步严格管理切实防止未成年人沉迷网络游戏的通知》，针对未成年人过度使用甚至沉迷网络游戏问题，进一步严格管理措施，目的在于坚决防止未成年人沉迷网络游戏，切实保护未成年人身心健康[238]。电子竞技本身拥有群众体育的休闲及娱乐属性，但青少年作为自我认知及控制不完全的群体，对待容易沉迷的游戏时缺乏自主抵抗力，国家以数字手段管控数字媒介的做法值得称道。但我们要从另一角度再审视这个问题，相对于青少年的参与度而言，为何传统的体育项目正在被电子竞技取代？除了观感的多维度升级之外，"接近性"也是容易被忽视的问题，一局电竞游戏从开始到结束20分钟，这可能是受众实实在在投入的20分钟，而群众体育活动也是如此，为何现在越来越少的青少年投身体育活动？主要原因可能有三：一是规则的接近性，电子竞技是游戏产商赚钱的工作，本质是一种数字化营销，其背后有一套引导青少年上手游戏的算法和路径，在做好青少年游戏导师的基础上，加深用户黏性，而现在我国群众体育的社会化开展仍然不够，在参与门槛方面高于电子竞技类的游戏；二是场地空间的易得性，游戏世界里空间是无限大的，而游戏世界外的空间可能只是掌上那几英寸的屏幕，孩子抓来就能把玩，自己不过瘾，可以通过数字社交媒介呼朋唤友，更有花钱购买陪玩的服务路径，而传统群众体育在开展过程中，需要场地、器械等要素，物理空间受限，通勤距离过远，都会给青少年带来不便感和不适感；三是"多孩政策"尚未出现政策回响，参与体育锻炼的受伤风险存在，家长依然对下一代处于过度保护状态，线下体育健身的意识不足，体育健身锻炼尚未成为国人重视和珍视的普遍社会文化实践活动。

## 三、数字体育参与信息的隐私保护

除了中老年人和青少年的体育活动存在数字技术壁垒之外，群众体育数字化还存在着一定的数字隐私风险和隐患，主要体现在线上打卡、线上互动、周期性健身数据等，任何在云端服务器或者公众交流平台上的数字信息都很难删除，一旦分享就可能成为他人利用的工具。受众、服务商、社会、政府，哪方来保护这些数据，或者说数字体育的数据是否因为非个人或财务类隐私，就可以随便转嫁，数据隐私是否也存在着价值判断，有高下之别。例如，2018 年健身应用 My Fitness Pal 就因受到黑客攻击，1.5 亿用户数据遭到泄露，在我国公安网安部门违法违规 App 专项整治典型的十个案例中就提到智能健身软件“每日瑜伽”未以显著位置、显著字体申明收集用户信息数据，存在数据风险。



在实践中，数字健身依赖用户个人信息的充分供给，且数字健身领域收集的数据不但包含用户基本的身体信息，一般还包括个人生物识别信息、行踪轨迹、健康生理信息等个人敏感信息，一旦泄露可能危害人身和财产安全，根据个人信息保护的法律框架，对这部分信息的收集和处理不仅需要征得数据主体明确、具体的同意外，还需要满足必要原则、个人数据安全评估等相关要求[239]。但目前来看，数字健身领域普遍存在诱导用户略过隐私政策，过度收集个人信息，对个人信息安全重视不足，用户信息风险管理机制、个人健身信息保护机制都尚未建立，信息的储存和安全面临严重的风险[240]。数字体育信息侵犯、数字体育信息遗失、数字体育信息污染乃至数字体育信息犯罪的安全事件时常发生，占数字信息安全发生事件的 13.1%，数字化体育信息安全服务业发展明显滞后于数字信息发展的要求，引发大众的种种忧虑。例如，一些不法分子利用城市中体育健身俱乐部电子系统上的系统漏洞或安全保护上的缺陷，通过各种非法手段攻击保密的电子系统获得非授权的“特权”或“权力”，然后侵入一些高档俱乐部的电子系统，非法盗取俱乐部会员的个人信息，并且出售给其他个人或组织以牟取经济利益。

数字体育发展首先立足群众体育，这是我国体育事业发展的底层逻辑。体育的全面发展应以群众的体育参与习惯、体育观念的形成为基础，以社会体育氛围、体育文化繁荣为关键，进而促进竞技体育、体育产业等的升级与进步。当前，数字技术正在不断渗透和融入我国群众生活、工作、社交的方方面面，全社会在欣喜数字体育带来便利的同时，需要更加重视与反思群众体育的数字化进程带来的诸多问题，形成富有地方特色、项目特征、数字化优势的群众体育发展方略，进而带动群众体育的全面繁荣。

# 第十二章

# 竞技体育数字化发展反思





## 一、竞技体育数字化发展与应用的可能风险

### （一）降低运动员“以人为本”的主体地位

竞技体育比赛是运动员借助一定的器械而进行的体能、技能和心理较量的过程。在这个过程中，运动员是主体，而器械只是不可缺少的手段[241]。从技术哲学的观点来看，技术力量在其发展中成为与人们对立的力量[242]。这一点在古代、近代和现代体育的发展中可以体现。在古代、近代体育发展中，技术受制于人们主观感觉和身体结构，人们掌握着技术。而在现代体育发展中，技术打破了这种传统的壁垒和限制，科技发展增大了人们对于自然的掌控，同时，科技发展也增加了技术在现代体育中的作用，成为与人们同等重要乃至对立的一种力量；甚至在很多领域，科学技术对现代体育的重要性已经超过了人自身，人的主体性受到了严峻的挑战。新技术、新材料的使用改变了体育器械、器材的质地、性能，极大提高了运动员的运动成绩。因此，这里就产生了新的问题：运动成绩的提高是因为运动员技能的提升还是因为体育器械的升级？

在竞技体育发展中，人类的每一次突破都举步维艰，又吸引运动员不怕艰难，勇攀竞技体育的一个又一个高峰。在第五、六次科技革命的影响下，各种高科技广泛应用于竞技体育各个领域，并已经成为助力运动员取得优异成绩的重要“法宝”。如何研发新的高科技体育产品、体育器械，如何进一步增加运动训练中科技含量，如何进一步发挥科技在公平、公正的竞技体育中的作用等一系列问题亟待回答。在高科技快速提升运动成绩的同时，无孔不入的高科技甚至成为

提高成绩的首要因素，而不再单纯依靠运动员本身运动技能的提升。因此，很多国家开始担忧无孔不入的高科技所带来的弊端——忽视或者弱化运动员自身在竞技体育中的主体地位。“奥林匹克之父”顾拜旦先生提出，体育运动的特殊功能在于消除社会上普遍存在的各种各样技术异化的现象，强化人这一运动主体真实而丰富的体验，进而来消除因为人成为机器的附属品而导致的主体地位缺失的消极作用[243]。

不可否认，高科技成为提高竞技体育成绩的主要因素和手段之一，其价值和意义已经得到全世界公认，但过分夸大高科技在竞技体育中的地位和作为，而忽视人的主体性地位和主动性作用，可能造成人的主体和技术的客体之间本末倒置，体育目的与体育手段之间的混乱，进而带来人的价值迷失。例如：运动员在训练和比赛中的主要任务是提高自身运动技能还是掌握新的运动器械？运动成绩的提高源于运动员自身竞技水平的提高还是运动器械的升级换代？竞技体育的竞争到底是运动员之间的竞争还是高科技之间的比拼？运动员被各种高科技运动器械影响，是否其被变相剥夺了竞赛权利？提出这些疑问和反思，并不是反对高科技的运动器械，而是思考如何在保证运动员的主体性和竞技体育本质性的前提下发挥器械的作用。高科技服务于运动员本身，服务于竞技体育，而不是凌驾于运动员之上，成为引导竞技体育发展的重要因素。





### （二）影响公平公正的竞技体育精神

在科学技术高度发展的今天，通过科学技术帮助人类最大限度地发挥运动极限，已成为现实[244]。科学技术的发展存在严重的国家或区域的不平衡，欧美发达地区利用其高科技优势，可以很大程度提高其竞技体育成绩，而亚非拉等欠发达地区因其科技劣势，在很多竞技体育项目上停滞不前，与欧美发达地区的差距越来越大。“以公正、正当、光明正大的精神道德进行竞赛”是竞技体育精神的本质要求，是否弘扬了这种精神道德，体现了竞技体育精神实质，是衡量竞技体育成功与否的重要标准，也是热爱竞技体育运动的人所追求的理想与目标。诚然，在体育比赛中没有绝对的公平，只有相对的公平。它不要求运动员之间的绝对平等，它要求运动员在比赛中不受外界因素的影响，能够站在同一起跑线上竞争。

虽然所有竞技体育比赛项目都是从同一起跑线出发,但是这种形式上的公平与公正却无法掩盖实质上的不公平、不公正。在 2020 年东京奥运会上,高科技体育装备也成为奥运会焦点。美国代表队考虑到东京炎热天气,配备 RL cooling 降温运动服,通过位于颈后部的空调装置,将热量散发出去,以此来调节体温。挪威 400 米栏名将瓦尔霍姆的跑鞋鞋底采用了最新的碳纤维板加固,能让鞋底更薄,也使钉鞋更加轻便,减少人体机械能耗。试想:身穿这些先进设备的运动员与来自贫苦地区没有高科技装备的运动员相比,谁的获胜概率更大?答案是显而易见的。事实上,在竞技体育比赛中,运动员在利用高科技装备谋求自身最佳比赛成绩的同时,实际上已经将这种不利因素转移给没有高科技装备的竞争对手,无形之中形成了比赛的不对等性。何况,在高水平比赛中,选手之间的差别是微乎其微的,这种高科技的使用可以将原本微乎其微的差别转变成天若悬河的差距,直接决定了比赛的结果和名次。因此,在经济发展不同、信息和科技不对等的国家和地区,因为这些外在因素而导致的不公平仍将长期存在。高科技的投入会使一些体育强国以其原有强大的综合国力作为后盾,依托体育设备、器械方面的优势,从而长期在很多竞技比赛项目上处于垄断地位,不利于竞技体育可持续健康发展。



### (三) 加大不同国家之间竞技水平的差距

体育是一个国家综合国力的展示,特别是经济实力的强弱对于体育,尤其是竞技体育的发展具有举足轻重的作用。一个国家经济实力的强或弱,将会直接影响其在竞技体育人、财、物上的投入。中国体育在近些年取得的骄人成绩离不开中国经济的发展。只有在稳定的经济投入前提下,科研工作者才能持续、稳定地推进科技与体育的深度融合发展。因此,没有强大国力支撑的竞技体育就如同“空中楼阁”,这就决定了不同国家、地区之间科技和体育的不同步。在 2020 年东京奥运会上,中国游泳队共夺得 3 枚金牌。中国航天电子技术研究院把应用在天上飞的惯性技术成功嫁接在游泳训练中,利用惯导分系统获取游泳运动员每一秒的姿态、每一秒的呼吸情况、每一次往返的划水频率、划水幅度、划水次数、转身时间等数据，对每个动作进行精细化测量。模拟游泳过程中水场，开展常规游泳速度下不同技术动作姿态、阻力测试，以及运动员不同游泳姿态时所受水阻力的规律，为教练员团队制定训练方案、优化运动员技术动作提供科学、全面的理论依据。

发达地区运动员已经凭借高科技在比赛中占得先机，而欠发达地区运动员在比赛中只能依靠最原始的体能来努力获得好成绩。这种巨大的差距使得业界开始反思：这种差距是否还能践行竞技体育公平、公正的精神本质？这种差距加大了发达国家与发展中国家的差距。这种差距是否会造成发展中国家对参加国际大赛的兴趣下降？国际赛事及体育市场是否会失去其潜力[245]？如果是这样，只会将国家地区之间的竞技体育差距越拉越大，不利于竞技体育在全球范围内普及和开展，竞技体育的可持续健康发展也得不到保障。



### （四）违禁药物泛滥等现象频现

科技的发展在促进竞技体育大数据分析和人工智能应用的同时，也带动医学的发展。很多国家、机构利用高科技有可能研发出更难以检测的新型兴奋剂药品。这可能也是各个国家兴奋剂检测机构面对的巨大危机和挑战。违禁药品首先伤害的是运动员自身的健康，以牺牲健康为代价换取成绩，严重侵犯了公平、公正的竞技体育精神。随着当今科技的发展，虽然兴奋剂对于运动员身体的伤害越来越小，但远远没能达到没有任何伤害的地步。业界、学者们反思：以损害运动员身体为代价来换取的冠军是否值得？这种行为是不是一种体育异化行为？这种行为的频繁出现，是否会损害竞技体育的价值和意义。从公平、公正的竞技体育精神角度来看，依靠兴奋剂取得成绩本身就是一种不道德的行为。借助兴奋剂来获得超出自己真实运动的能力，获得原本不属于自己的冠军，这本身就是一种欺诈行为，严重破坏了体育比赛的公平和公正，违反了体育的伦理道德，将比赛的意义和价值扭曲，扰乱了比赛的秩序。

假如比赛秩序被扰乱，赛场规则就形同虚设，胜负也真假难辨，体育明星与奥运冠军的公信力将大大降低。如果说假冒伪劣产品是对市场经济的破坏，那么利用违禁药物就是对纯洁的体育赛场的玷污[246]。借助兴奋剂提高竞技成绩只是一时“量”的提高，却不能实现可持续性“质”的飞跃。但是因为现代竞技体育政治化和商业化的特征会给赢家带来巨大好处，这使得很多参赛者以身试险。兴奋剂巨大的检测难度使得反兴奋剂绝非易事，检测过程中所耗费的巨大人力、财力让世界反兴奋剂机构（WADA）越发不堪重负，这就决定了这场反兴奋剂的“战争”具有持久性。2016 年里约奥运会前夕，俄罗斯田径协会大规模使用兴奋剂的丑闻引爆全球，导致该国的田径队、举重队集体遭国际奥委会禁赛。科技既促进体育的发展，又在某种程度上造就了兴奋剂这一体坛“魔鬼”，甚至有人预言，即将出现的基因兴奋剂几乎是兴奋剂检测机构的噩梦，因为它将无法被检测到。因此，数字体育中高科技在竞技体育中的应用所带来的违禁药物使用问题显得迫在眉睫，国际体坛反兴奋剂斗争依然任重道远。

另外，数字体育算法具有主观性，它代表着责任者的个人倾向，经常会导致一些违背体育逻辑、侵犯隐私和体育伦理风险等社会问题，其由算法偏差导致。算法偏差是由算法设计者的主观判断和认知偏差引起的，容易引起社会歧视，造成体育伦理问题。例如，数字“骨龄”测试系统对于运动选材的判断虽然提升了便捷性，但基于数字“骨龄”测试结果对于运动员未来的身高进行预测，从而评判运动员未来是否适合此项运动，忽略了天赋及人类发展自我成长的不确定性。另外，数字算法还被滥用于体育预测、竞猜、评判等领域，体育竞赛本身具有不可预测的魅力，强行引用数字算法，误导大众参与赛事竞猜。由于“算法黑箱”即算法的复杂性及不透明而造成的不稳定结果，不能保障预测的准确性，而部分投机者和平台却借此集资圈钱，损害人民财产安全。此外，滥用数字算法在体育治理方面容易引起侵犯人权、隐私等问题，如体育竞赛中的评判算法容易偏好肤色偏白的特征人群，引发群体性体育问题。

## 二、竞技体育数字化发展的伦理反思

竞技体育是人类为了达到真善美而进行顽强拼搏的一种竞技运动。“更快、更高、更强、更团结”的奥林匹克格言，不光是竞技体育最终要实现的目的，其中也包含了人类对于伦理方面的价值要求。竞技体育的精神内核与人类正确的伦理价值相符合，所蕴含的目标代表着人类对自我进行追赶和超越的崇高伦理思想，相关规则的制定和运用从侧面表现出人类对伦理在公平性和公正性方面不懈追求与渴望。然而，众多智能设备的出现在推动竞技体育向前进步的同时，又将其推向道德困境，因此导致了一系列有关体育竞赛内核与体育伦理思想之间的争端和辩驳[247]。数字体育介入后，有效处理竞技运动中所存在的伦理问题的方式有三个层面：宏观层面上，确立数字化体育在竞技运动中应用的伦理规范；中观层面上，把握好数字化体育在竞技运动中的伦理要求；微观层面上，积极化解数字体育在竞技体育中出现的伦理困境。





### （一）设立竞技体育数字化发展的伦理准则

在人类目前的竞技体育赛事中，在缺乏先进技术手段的情况下，仅凭现有的比赛经验及拓展体能的方式已经很难获胜，而试图以陈旧的道德准则来避免更多先进技术运用到竞技运动中，这一点也很难实现。原因在于，借助于发达的体育科技进一步强化运动员综合素质并提升其竞技表现，是现阶段发展竞技体育的一大关键举措。并且，由于科技永远在创新的道路上前进，在奥林匹克精神的正确指导下，现今的体育科技持续得到进化，其实质是社会不断发展带动竞技体育发生变革的结果[248]。虽然不能把特定技术应用于某一体育领域，无法全面地促进体育科技的发展，但体育和科技的关系也会日益紧密。

当今社会体育运动中道德需求的产生，是竞技体育自身发展的必然结果。由于体育运动日益受到政治目的、经济利益、专业活动等因素的影响，使其与自身目标的距离日益遥远。除此之外，科技本身就带有矛盾性十足的伦理问题。从竞技运动的伦理要求出发，竞技体育技术的广泛使用必须与尊重生命、增进健康、扩大参与、公平竞争、促进和谐的道德规范相符合[249]。从全局出发，要确立数字化体育在竞技体育中的应用伦理规范，是科学化解竞技体育技术运用伦理问题的重中之重。

一方面，在竞技体育中要倡导发挥人文主义精神。需要注意的是，竞技体育人文观的实质内核就是要主动落实竞技体育对人的生存意义和价值的终极关注，进一步确立以人为本的人文思想，重新将人作为竞技运动的主体。如果要做到大力提倡竞技运动中所包含的人文观，就必须让教练员、相关科技人员、裁判员及广大的赛事观众掌握必备知识，在体育活动中强调人文关怀，对抗高技术发展给运动员造成的身心疏离，从根本上杜绝体育领域没有“人”参与的情形发生，让竞技体育变为现代人类精神生活中非常重要的一环。

另一方面，需要打造竞技体育领域的相关道德评估体系。体育道德评价是指人们按照一定的道德准则，以科学合理的方式，对竞技体育主体的实践行为的善与恶的本质作出判断。裁判员、运动员和教练员是主体，然而其他的社会成员也是评价主体。对道德的评价，要坚持辩证唯物论的基本原理。以体育发展的规律为基础，以社会与国家利益为依据，达到相对与绝对的统一。团体协作、遵守规则等伦理规范是体育道德评价的基本准则[250]。





### (二) 明确竞技体育数字化发展的伦理需求

美国研究者 Morgan 和 Meier 认为：“竞技体育的实质实际上是游戏进行了一定的延展，其深层基础其实是游戏，因此竞技体育基础价值是根据游戏衍生出的。”[250]竞技体育项目对于游戏中本来就存在的某些属性实现了增强，如规则属性、竞争属性等。就竞技体育本身而言，其就是挖掘身体潜力、强化心理素质、锻炼运动等方面的能力，而技术是达到这一目标的手段。就竞技体育的标准而言，竞技运动遵循同样的比赛规则；就竞技运动过程而言，它使运动主体能得到愉悦的体验，这一过程也创造了精神财富，刺激甚至引导着物质财富的创造；就竞技体育的结果而言，就是体育主体本质力量的对象化，也是运动主体自我完善与表现自身内在力量的统一。

要明确竞技体育中数字体育应用的伦理需求，一方面，要明确人的主体地位。当代竞技体育发展的主体对象从来都是人，所以，竞技体育必须以人为中心来展开，强调人所具有的关键性主体意识和地位，而无论是竞赛还是日常的训练，其本质都是达到这个目的所用的方式。一段时间以来，人们深陷于对竞技体育认识的误解之中，总是把更好的成绩视为竞技体育代表的最核心价值，却对竞技体育中人的全方位发展视而不见[251]。在 2008 年北京奥运会开幕之前，来自美国游泳队的主教练马克说：“对于运动员来说，他们的选择题很简单：选择金钱或是选择金牌。”于是在教练员的影响下，美国的游泳运动员几乎全部都不再使用原赞助商装备，相继穿戴了来自 SPEEDO 品牌的高科技泳衣。由于共有 108 项世界纪录被打破，这使得 SPEEDO 在北京奥运会游泳项目中，因为其制造的革命性新泳衣而获得了广泛关注和源源不断的订单[241]。拥有技术加持的科技泳衣出现，让运动员的主体地位大大降低，取而代之的是各国科技力量的对抗，运动科技带来的高成本，使得许多欠发达国家的运动员可望而不可即。因此，参与比赛的众多选手在跳入泳池之前，就已经被打上了不公平的烙印，由于经济实力的差距，使得运动员的成绩越来越呈现分化趋势[252]。





技术在竞技体育中无穷无尽地扩展，产生了种种人文困境。随着科学技术的成熟，人类的困境也越来越严重。运动科学与技术的发展，对人类原始结构的破坏是巨大的，它体现了人类不断前进与超越的精神。其根源在于人们把体育的价值目标转向了人的运动极限，转向打破量化纪录。所以，人们越来越多地关注体育功利主义的结果“胜利”，忽略或忘却其原始价值[253]。美国名将菲尔普斯也希望游泳能回到该运动项目本身。他的看法是：“高科技的新式泳衣给这项运动带来了革命性的变化，它已经不再是游泳，报纸上的标题都是运动员们穿着什么样的泳衣。”因为受到广泛的舆论批评，国际泳联被迫宣布，从 2010 年 1 月 1 日起穿着高技术泳装在国际竞赛中将被完全禁止，将来只使用纺织品材质作为泳衣的材料[254]。

另一方面，竞技体育必须将“竞技”二字作为着眼点。数字发展造成竞技体育多个层面的异化，如科技异化、规则异化和贸易异化等，有人已经开始慢慢违背竞技体育项目的道德初衷，将体育伦理和道德观念弃之不顾，更有甚者还作出权钱交易等与体育精神背道而驰的行为。在数字时代，体育数字化发展不仅让运动员屡屡打破世界纪录，还冲击了传统的体育价值观念，促使人们在体育科技实践中创造性地发现新的伦理精神。

尽管有一些转折点，但在竞技体育方面的道德创新却是一次循序渐进的调整，既突破了前人的伦理精神，又承袭着传统伦理精神[255]。体育伦理道德精神的持续需要基于三个不同层面进行探讨：其一是现实角度的考量，根据全新的数字体育实践形式，发现达成“善”“公平竞争”等传统道德的要求；其二是未来角度的考量，找到数字体育发展规律，在保持创新理念的同时，构建新时代下的伦理精神；其三是可行性考量，在数字体育快速发展之中，对运动员具体的行为是否合规进行伦理判断[242]。

人类社会的发展离不开竞技体育，这种特殊的社会实践活动，在丰富人类实践活动、增强人的体质、培养人的毅力、培养人的精神素质等方面都起到了不可代替的重要作用。需要关注的是，竞技体育在发展中还存在着一些顽疾和困境。在现阶段，竞技体育运动开始出现异化趋势，如果竞技体育活动真的失去了对人性本真的关怀，那么就势必将失去前进的方向和动力。在高科技对竞技体育发展的影响日益增大的今天，我们必须重视其核心价值和内涵，回归体育精神的本质[256]。



### （三）解决竞技体育数字化发展的伦理问题

在我国竞技体育事业发展过程中，存在着对体育精神、体育价值的偏颇理解和狭隘实践，面临一定的体育伦理异化现象。体育伦理体现的是实现竞技体育自身的内在价值所带来的间接性的外在价值。内在价值和外在价值必须有机和辩证地进行整合，过分地体现外在价值或内在价值可能导致体育异化[257]。

在现实的体育实践训练和比赛中，部分运动员成为荣誉代言人和经济利益创造的工具，“一旦没有了主体性，那么个体就失去了价值及存在的意义。归结到具体的竞技赛事中，主体则难以产生责任感和荣誉感，无法完成理性思考过程，只会被迫听话服从”[258]。长此以往，运动员的职业操守、理想信念被践踏，竞技体育本身的道德维度丧失，导致一系列异化现象的出现，这与“团结友爱、公平竞争、相互理解”的奥林匹克精神实质相去甚远。如何解决竞技体育中数字体育应用的伦理问题？笔者建议从以下几方面来考虑。

第一，规范竞技体育的道德与法律同步跟进。它们就像车的两个轮子、鸟的一对翅膀而不能分开，其本质是维持与促进社会和谐的两种基本方式。道德观作为法律的基本材料，支撑着法治，保障了全体社会成员对法律体系的广泛认可。作为道德规范的体系化实施，取决于道德的存在。道德的功能主要依赖社会舆论、人们的内在意识、宣传教育和公众谴责等多种方式，而法律依赖国家强制执行，唯有符合道德规范的法律规则才能更易为人所接受和接收。所以，解决竞技体育中数字应用的伦理问题需要二者的结合，即实现依法治体与依德治体二者强强结合。在数字体育方面强化立法，就是要在合乎伦理的基础上使道德规范制度化，在对体育竞赛中的非道德行为予以禁止、惩治、消除时能够有法可依；加强数字体育执法力度，目的是展示法律的威严，并且强化惩戒力度，依法追究违法者的法律责任[254]。竞技类体育运动正日益走向商品化，它如同一把双刃剑，既能大幅度提升竞技体育的经济效益，又能对竞技体育道德的约束力产生冲击，从而使人们冲破道德防线，滋生腐败和贪污乱象，使竞技体育的经济利益受到极大的损害。要想重新确信竞技体育的道德和伦理准则，就必须借助法律这样的“硬性条款”，凭借法律法规的施行，给予竞技体育道德建设一定的法律和制度帮助，推动构筑竞技体育道德相关标准。并且，在法律支持下进行道德建设，可以更好地发挥法律的规制功能，从而促进竞技体育顺利、持续、良性发展。



第二，结合竞技体育的发展规律建立完善的体制。竞技体育中数字体育应用的伦理问题的突出表现就是实践问题。它的深层次和根源性原因则是文化价值问题。一方面，在发展过程中要树立文化自信，大力弘扬体育精神，营造体育文化氛围，传承体育精神；另一方面，要充分调动各个层级人士参与竞技体育的积极性，建立数字一体化的运动员选材、培养、运动训练和竞赛体系。

第三，在发展群众体育的基础上发展竞技体育。如果没有强大的群众基础作为支撑，那么竞技体育就难以立足，如同无源之水，难以健康有序科学地发展。在数字体育的加持下，全民掀起运动热潮，有了群众体育的基础，会让更多人有机会被科学地选入专业队，扩充后备人才。这样在根本上解决竞技体育伦理的异化现象，会使竞技体育的发展具有坚实的群众参与性基础，真正做到新时代体育发展中体育内在价值与外在价值的辩证统一，实现体育伦理与体育道德的共融。

数字技术在竞技体育方面的深入应用，在给其发展带来活力的同时，也使它被新一轮的道德难题所困扰，与此有关的公平公正、增进健康、扩大参与等原则也经历了极大的冲击。想要彻底解决竞技体育中数字体育应用的伦理问题，要在反思的基础上进行改革，消除数字技术对竞技体育带来的伦理风险，以进一步确保数字技术在竞技体育长远发展方面作出贡献。

# 第十三章
# 学校体育数字化发展反思

数字技术实现了高效的工作机制，使得体育行业工作效率大幅度提升，但由于缺乏人类情感的融入，在情感交互、体育价值判定和可解释性等方面存在不足。基于数字技术的高科技体育产品可以帮助解决学校体育发展中的一些问题，但由于产品功能的固定化和模式化，在数据处理上缺乏人类情感，无法关注学生内心深层次的心理波动，缺乏共情体验。人类对体育精神和体育价值的评判，需要情感和意志（包括很多潜意识的部分）及逻辑思维等综合判断，这也是数字技术所不能模拟的。如2016年AlphaGo虽然战胜了韩国围棋选手李世石，但从体育伦理视角来看，对以人为本的竞技体育来讲意义不大，因为没有遵循公平第一的体育精神。另外，一个不争的事实也暴露出来，足不出户体验数字体育激情的同时也隔断了人们走向大自然，骤减了青少年走出户外参与体育运动的时间和机会。更为严重的是，使青少年更加“游戏”于自我的生活空间中，沉迷于虚拟的“体感世界”里。长此以往，青少年的体育参与情感很容易异化在封闭的游戏空间中，不愿走出室内，无法自然地享受体育运动的本意和魅力，不能实现人与人之间面对面的情感交流，以及运动体验后的内心宣泄，更不能促进自我与群体的亲社会行为。因此，面对数字体育发展的“双刃剑”，未来学校体育可能需要进行如下方面的革新与反思。

## 一、营造数字体育教学环境，挖掘数字体育文化内涵

数字体育教学环境的创建与优化是开展学校体育教育服务数字化发展的基础。数字体育教学环境以设施环境和文化环境为主[259]，设施环境强调学校对数

字化设施设备的财政投入，对体育教育数字化信息技术应用的硬件供给、维护与使用，以及校园体育场馆及教学场地科技信息化设备的支持和保障；设施环境还包括各种数字体育教学技术软件的研创升级，包括体育教学及健康数据库构建、大数据、云计算、区块链等技术的有效运用，以及用户使用终端等，满足教师进行教学的数字化资源配置及技术加持。而数字体育教学的文化环境，则强调政府及有关部门应进一步发挥政策的导向作用，提出相应完整地推进数字体育教学进程政策体系，进一步推进数字体育教学的开展；学校应根据实际教学需求，着力培养数字技术＋体育教育的教师团队，加强体育教师对数字信息技术的知识储备，创造体育教师系统学习数字技术的机会，特别是体育教师在教学评价、课堂反馈，以及数字智能化教学手段等环节的设置和把控能力需要重点强化；同时数字体育教学的文化环境还要求学校科学认识数字化、智慧化信息技术对学生运动指导，以及锻炼意识、能力、素养的提升作用，正确把握数字体育教学现代化发展的重要趋势，积极倡导数字体育文化的培育与传播，强化学生及家长的数字化体育学习的意识与能力，充分实现数字体育教学的便捷、高效、精准。

## 二、强化数字体育课程开发，创新数字体育教学模式

当前学校体育教学面临着改革与创新的任务，改革传统体育课程体系、构建数字体育课程体系，是全面系统地进行数字化教学改革的基本环节，也是当前素质体育教育进一步发展的需要。当前数字体育教学的主要形式依旧依托体育教学课程体系而展开，数字化背景下学校应继续强化运动项目数字化课程资源的开发与应用，丰富数字体育教学网络教育资源分享，创新多元数字体育课程教学方式方法，塑造数字体育强化学生体质健康观念。

与此同时，学校要在数字技术的加持中突出人本主义色彩，集合不同学科理论专家及项目赛事教练员、运动员等专业人才的实践经验，以多元视角优化数字体育教学框架体系，提高课程开发设计质量。数字体育教学课程的开发，还应注重学生个体的情感适应、心理表达和技能认知能力，要在合理进行运动技能状态和运动适应能力评估的基础上，将线上技能动作教授与线下教学知识答疑进行

有效衔接，将运动项目技术学习与体育运动兴趣培养密切结合，强化课程中运动项目的文化展示，引导学生学习动机与学习意愿，从而奠定学生项目参与的技能基础，适应未来健康生活方式的时代需求。

## 三、打造数字体育教学服务平台，共建共享体育大数据

以共享性、交互性和科学性为核心所构建的数字体育教学服务平台，能够在满足学生健康发展、辅助教师课程教学、推动学校资源共享的基础上，促进学校体育的现代化、数字化及智慧化转型。虽然当前部分学校已建立了专属的数字体育教学平台，但大部分功能相互独立没有形成完整集合体、信息资源分散形成即时数据闲置、更新和维护力度不足导致数据采集不准确、开发条件与自身科技水平未达到条件出现系统漏洞与系统崩溃、数据传输不安全不便捷等情况，这些问题制约着数字体育教学的发展。在此基础上，数字体育教学平台的构建应以教学服务理念为基础，整合体育资讯推送、体育课程查询、体育场馆预约、体质健康检查等平台内容，实现教学、监测、学习、管理、社交等多种平台功能，打造集成性与综合性的校园体育移动平台，倡导学校之间数字教学及体育数据的及时共享，适度引入社会资源进行有效的校企合作，开创不同院校合作开展数字体育教学新局面。

# 第十四章

# 体育产业数字化发展反思



伴随着全球一体化的深入，数字经济的发展进入全新阶段。而在数字中国、健康中国的战略布局下，体育的数字化转型也需要更加持久有力的动能。《体育强国建设纲要》提出“到 2035 年，体育产业将发展成为国民经济支柱性产业”的战略目标；同时提出“加快推动互联网、大数据、人工智能与体育实体经济深度融合”的战略任务。可以说，体育产业的数字化转型担负着艰巨而重大的历史使命。

同时，数字经济与传统实体经济的融合仍然充满挑战，我国体育产业的深化改革也依然障碍重重，而在新冠疫情引发的多变局势下，面对从未有过的新命题，需要更加充分的理论及实践储备，特别需要在持续快速的发展过程中，以辩证的思维探讨路径，以包容的格局评估尺度，以长远的眼光布局发展。下面将重点探讨体育产业数字化融合过程中引发的价值争辩和伦理反思，以期明确中国体育产业数字化转型的持久、均衡、稳定发展方向。

## 一、数字化是手段还是目的

在数字经济时代，数字化已经全面渗透到全球经济的各个领域，数字化也全面进入社会生活。数字化不仅是信息交流的数字化，算法正不断改变人类生活。进入数字时代，发展数字经济已成为中国和世界主要国家的重大战略选择，OECD、APEC 等国际组织也纷纷将数字经济作为重要议题[139]。在各个领域，数字化都是命题作文，是必修课，也成为层层考核的绩效标准。

然而，数字基础设施建设不等同于数字化，数字技术只有带来了“变化”才是数字化[260]。在数字化转型的过程中，要对数字技术本身推动变革的能力有清醒冷静的认识，虽然数字技术确实具有巨大的能量，但并非万能，不是解决一切问题的“万灵药”。自然科学本身都还存在不可计算的局限性，而更为复杂的人类社会、人类意识和精神就更加难以被计算。具体到体育数字化，我们可以计算出体育数字化的覆盖率、体育数字化的产值，但这些数字本身是否就能代表并说明体育数字化的程度或者成果？或者说体育数字化是否可以用数字来计算或测算？

我们可以通过基础数字化设备搭建、数字化技术引进来评估体育数字化的基础，但无法精准把握体育数字化的程度和效果。数字化转型不只是原有模式和理念的数字化，仅仅把传统的手段数字化，模式的“形”和理念的“神”都没有变，仍未实现真正的转型。只有当手段、模式和理念都实现了革命性重塑，才是形神兼备的数字化转型。

数字化是一个全面且持续的过程，不能将数字化的覆盖率和利用率作为评估数字化转型成功与否的唯一标准，否则将陷入“唯技术论”“数据主义”和“数据迷信”的错误认知中。所以，在数字体育的构建中，必须重视数字基础建设，但也应关注数字体育的深入和持久发展。数字化是助力体育事业发展的手段，而非体育事业发展的目的，也不是评估体育事业发展成功与否的单一指标。

## 二、体育产业数字化转型困境是数字困境还是体育困境

数字体育的融合发展面临着多重困境，国内学界和业界有多重讨论并有基本共识。具体包括以下几个方面：

一是体育产业数字化转型的监管难度大。数字化转型降低了跨界扩张的门槛，不同领域边界被打破，不同产品之间能通过组合创新方式实现功能扩张，这在一定程度上为不同政策领域部门和机构的交叉监管带来了挑战[261]。政府对体育产业数字化转型发展的治理能力和治理水平尚存不足，体育市场准入与负面清单管理办法尚未涉及体育数字化转型相关内容，体育产业数字化转型的监管政策体系尚未建立。

二是体育企业数字化转型成本高，转型周期长。《中国产业数字化报告（2020）》显示，我国数字化转型的投入远远不足，数字化转型投入超过年销售额5%的企业占比仅为14%。当前，我国体育产业的市场主体比较薄弱，体育骨干企业偏少，体育中小微企业活跃程度不高，数字化转型面临着较大的成本压力。同时数字化转型从顶层设计到落地实施都需要一整套商业流程的改造，涵盖数字化营销转型（客户数字化），建立数字化组织架构（员工数字化），内部管理流程如生产线、供应链、财务流程的数字化（经营数字化）等。数字化流程持续时间久，升级改造体系复杂[262]。

三是体育产业领域的数字化人才短缺与结构性失业风险并存。当前，我国信息与通信技术（ICT）人才短缺，《中国产业数字化报告（2020）》[263]显示，我国企业 ICT 人员占总人员的比重仅为1.0%～1.5%，这一结果间接折射出我国体育产业数字化人才短缺问题。从我国经济社会发展状况看，人才供给结构的调整滞后于产业结构的变化。而传统体育人才由于缺乏数字技术能力，短期内难以适应体育企业数字化转型的要求，这在一定程度上容易增加体育产业领域的结构性失业风险。

四是体育产业领域的“数字鸿沟”与“数据孤岛”并存。数据作为核心生产要素，不同人群、不同区域之间的数据获取具有差异性，“数字鸿沟”凸显；相关产业业态之间的数据联系不紧密，“数据孤岛”凸显，给体育产业数字化转型带来了一定的不利影响。

数字化发展过程的不协调、不稳定因素，作为“原生障碍”依然影响着体育数字化的要素配置、组织优化和生态格局，聚焦到上述体育数字化面临的困境，我们会发现更为深层次的依然是体育事业和产业发展过程中的“体育底层”问题。职业体育赛事的没落直接影响着体育竞赛表演的精彩程度，学校体育长期的供给不足也导致数字技术手段成为“无米之炊”，国民普遍的体育素养缺乏也使得大量有技术包装无体育含量的低劣网红产品充斥市场，全方位的人才短缺更导致数字体育发展的基础动能不足且增长乏力。

由此，体育数字化转型面临的困境表层看来是“数字原生困境”，实质则是先天不足的“体育基础困境”，而要想突破障碍，则要从体育基础建设发力和储能，从而才能借助数字化这个催化剂，否则只能是“数字”“体育”两张皮，体育的数字化转型只能形似，而不能神往。

## 三、体育产业数字化是“体育＋”还是“＋体育”

数字与体育的跨界融合，促进了体育与医疗、健康、文化、旅游、传播等不同业态的交流和共建，“体育＋”的生态体系在数字化的推动下日趋成型且形式多变，某些结合甚至已形成完整的产业链，拥有广阔的生长空间。

然而，在“媒介社会化”时代，在资本的推动下，越来越多的网红产品出现，越来越多的网红概念流行，“虚拟体育”“线上体育”等在多重包装之后，似乎拥有无限的产业价值。体育自带的健康光环也逐渐成为互联网营销的包装热点，似乎一切与游戏沾边的行为都可称之为“体育”，似乎一切与体育相关的产业都可称之为“体育产业”。

这使得我们不得不重新探讨“体育是什么”这个元问题。sport 一词的拉丁文原意是泛指一切离开工作而从事的身体活动性游戏，如今用来概称体育[249]。虽然体育本身兼顾娱乐、文化、军事、政治等多种功能，但从体育本质来讲，都离不开身体活动游戏。从个体而言，体育是身体活动游戏，而从社会乃至国家的体育战略层面，体育包含着“育体”的功能，通过体育习得技巧，塑造品格，培养文化，进而完成个体的社会化改造。

这并非单纯的学术探讨，而是有现实意义的实践探索。由此，全面推进体育数字化，并不意味着无限制增加数字化在体育整体布局中的权重。在线体育教育着实丰富着体育教学手段，但这并不能替代线下体育培训，因为体育教育不仅包含技巧的习得，更包括体育文化乃至体育社交的行为习惯培养，特别是团队协同和集体竞争意识，这都无法通过在线获得；5G、VR 等技术的加持给体育竞赛表演业带来更为新鲜的体验，但这并不能获得现场观赛的体验，2020 东京奥运的空场举办给现场运动员带来难以克服的竞赛困难，也使得传统的体育氛围骤减，这证明只有体育现场才是真正的沉浸式体验；数字技术给竞技体育带来的大数据资源使得在训练比赛、体能控制乃至战术安排上都有了更多的参考依据甚至技术指导，但再全面的数据分析都无法取代教练员的工作，而运动员更是需要凭借自身的意志和竞技状态去赢得比赛，没有一个数据模型可以量产冠军，也没有一个数字技术可以预测比赛。

体育并非一个营销概念，而是内容实体、理论实体和产业实体，所以体育产业数字化是数字化加持下的“体育+”生态系统，而非数字营销中的“+体育”产品。体育产业数字化转型乃至数字体育发展，其根本目的不是让体育产业更数字化，而是让体育更好地服务于人，获得更便捷的体育参与机会、更丰富的体育消费渠道、更个性化的体育服务、更积极的体育文化，通过服务于个体，进而服务于社会，最终服务于国家，同时促进体育产业本身的良性发展，并使得体育产业在全国体育格局及国家层面的体育战略、健康战略上发挥更为积极的功能。

数字赋能于体育，体育赋能于人。

# 参考文献



[1] 新华社.中华人民共和国国民经济和社会发展第十四个五年规划和2035年远景目标纲要[EB/OL].[2021-03-13]. http://www.gov.cn/xinwen/2021-03/13/content_5592681.htm.

[2] 赵黎,费中.数字体育、科技奥运[J].电子商务世界,2002(4):58-59.

[3] 张立,李祥臣,龚健.数字体育新解[J].体育文化导刊,2012(7):142-143.

[4] Bo Carlsson. The representation of virtues in sport novels and digital sport[J]. Sport in Society,2010,13(2):12-15.

[5] Nigel Pope. Digital Sport for performance enhancement and competitive evolution: Intelligent gaming technologies[R]. [S. L. :s. n.], 2009.

[6] Damion Sturm. Fans as e-participants ? Utopia/dystopia visions for the future of digital sport fandom[J]. Convergence: The International Journal of Research into New Media Technologies, 2020,26(4):34-37.

[7] 林崇德,杨治良,黄希庭.心理学大辞典[M].上海:上海出版社,2003.

[8] 郑芳,徐伟康.我国智能体育:兴起、发展与对策研究[J].体育科学,2019,39(12):14-24.

[9] IBM. 智慧的地球——中国[EB/OL].[2011-10-10]. http://www.ibm.com/smarterplanet/cn/zh/.

[10] 蒋东兴,付小龙,袁芳,等.大数据背景下的高校智慧校园建设探讨[J].华东师范大学学报(自然科学版),2015(1):119-125.

[11] 韩潇.智慧体育[M].北京:清华大学出版社,2019.

[12] 林启勇,唐成.数字体育初探[J].山西师大体育学院学报,2004(4):22-24.

[13] 张立.数字体育探索[M].北京体育大学,2007.

[14] 鲍明晓.数字体育:体育高质量发展的关键引擎[J].体育科研,2021,42(5):1-58.

[15] 凯文·凯利. The inevitable: Understanding the 12 technological forces that will shape our

future.[M].北京：电子工业出版社，2016.

[16] 马江涛，吴广亮，李树旺，等.北京居民体育参与影响因素研究[J].成都体育学院学报，2016(6)：60-66.

[17] 虞重干，刘志民，丁海勇.我国竞技体育可持续发展的现状与存在的问题[J].上海体育学院学报，2000(2)：8-11.

[18] 杨贵仁.我国学校体育工作的发展设想[J].体育科学，2000(3)：13-14.

[19] 叶翰尧.基于微交互的新型跑步机交互界面设计研究[D].广州：华南理工大学，2019：25-30.

[20] 伊超.基于物联网技术的数字动感单车设计研究[J].电子技术，2015，44(1)：52-56.

[21] 陈洪琪.基于物联网技术的数字健身器材设计与应用研究[D].曲阜：曲阜师范大学，2014：25-27.

[22] 陈立龙，宋建文，王颖，等.基于可穿戴设备的体育运动可视化管理[J].系统仿报，2014，26(9)：2028-2033.

[23] 王归然，乔克满，兰天.基于物联网的智能体育场馆系统及其发展趋势[J].长沙大学学报，2012，26(5)：145-147.

[24] 蔡卫清.体育运动 App 对全民健身活动的影响研究[J].青海师范大学学报(自然科学版)，2016，32(4)：84-89.

[25] 耿锁奎.数字健身平台的建设与应用探讨[C]//中国体育科学学会体育计算机应用分会.2013 体育计算机应用论文集，2013：4.

[26] 徐士韦，肖焕禹.基于大数据的上海全民健身智能服务平台建设与[J].体育科研，2021，42(3)：10-18.

[27] 钟丽萍，刘建武，范成文，等.新冠肺炎疫情下在线健身的实践逻辑、发展态势与推进策略[J].武汉体育学院学报，2020，54(9)：34-41.

[28] 张双玲，满晓霞，张翔，等."互联网+居家健身"——新冠肺炎疫情下的全民健身新模式[J].健康研究，2020，40(6)：611-614.

[29] Chun Lai. The application of computer aided technology in the sport training (CAS)[J]. Appl Mech Mater，2014，650：5753-5755.

[30] 孙德浩，崔国强，王鑫，等.基于 LoRa 的运动数据采集系统设计[J].物联网技术，2021，11(3)：8-9.

[31] Mccabe A, Trevathan J. Artificial intelligence in sports prediction[C]// International Conference on Information Technology: New Generations. Las Vegas, NV: DBLP, 2008: 23.
[32] 张维. 基于 Agent 的智能体育训练管理系统研究与应用[J]. 电子设计工程, 2014, 22(22): 42-44.
[33] 寇晓娜. 浅谈人工智能对我国竞技体育发展的影响和启示[J]. 当代体育科技, 2018, 8(28): 203-204.
[34] 唐兴华, 张庆. 人工智能发展与竞技体育探讨[J]. 武术研究, 2020, 5(8): 142-144.
[35] 梁胜男, 徐波. 试论"数字体育"对学校体育发展的影响[J]. 乐山师范学院学报, 2006(12): 138-140.
[36] 张董可. 数字体育在高校体育教学中的应用与展望[J]. 现代交际, 2014(3): 204-205.
[37] 崔海亭, 杨蕾. 虚拟体育演播室在高等体育院校中的应用探究[J]. 中国现代教育装备, 2010(23): 26-28.
[38] Leilei Tian, Cunjun Xie. Research on the construction of digital sports campus in colleges [C]//Proceedings of the 2017 7th International Conference on Education, Management, Computer and Society (EMCS 2017), 2017.
[39] 蔡建平. 数字体育专业人才培养探索[J]. 计算机教育, 2012(13): 61-65.
[40] 唐瑞民, 刘永东. 数字体育的发展及其人才的培养[J]. 广州体育学院学报, 2004(6): 97-99.
[41] 张未靖. "疫情新常态下"数字体育产业发展策略研究[J]. 当代体育科技, 2021, 11(17): 243-250.
[42] 叶海波. 新发展阶段数字经济驱动体育产业高质量发展研究[J]. 体育学研究, 2021, 35(5): 9-18.
[43] 江小涓. 体育产业发展: 新的机遇与挑战[J]. 体育科学, 2019, 39(7): 3-11.
[44] 刘佳昊. 网络与数字时代的体育产业[J]. 体育科学, 2019, 39(10): 56-64.
[45] 李艳丽, 杜炤. 我国体育产业数字化转型研究[J]. 体育文化导刊, 2020(10): 78-83.
[46] 鲍明晓. 论场景时代的体育产业[J]. 上海体育学院学报, 2021, 45(7): 1-7.
[47] 张笑宇. 技术与文明: 我们的时代和未来[M]. 桂林: 广西师范大学出版社, 2021.
[48] 黄玉琦, 宋子节. 体育强则中国强! 习近平为体育强国建设指明方向[EB/OL]. [2021-

09-15]. http://cpc.people.com.cn/n1/2021/0915/c164113-32227672.html.
[49] 冉学东,王广虎."群众体育"与"社会体育"——体育普及的两种不同形态[J].上海体育学院学报,2003(4):32-36.
[50] 徐佶.新的体育视角:休闲体育——兼论休闲体育与群众体育、大众体育、社会体育的关系[J].广州体育学院学报,2006(3):21-24.
[51] 人民网."中国展现数字技术真正价值"[EB/OL].[2020-11-24]. https://baijiahao.baidu.com/s? id=1684192376024553531&wfr=spider&for=pc.
[52] 金江军.数字经济引领高质量发展[M].北京:中信出版集团,2019:11.
[53] 中国青年报.你尝试过数字化健身吗[EB/OL].[2018-03-22]. http://zqb.cyol.com/html/2018-03/22/nw.D110000zgqnb_20180322_4-07.htm.
[54] 叶浩生.具身认知的原理与应用[M].上海:商务印书馆,2017:4.
[55] 张黎琴.我国群众体育的现状及其发展策略[J].当代体育科技,2021,11(19):158-159.
[56] SALT.我们被景观毁掉的生活:德波与《景观社会》[EB/OL].[2021-09-26]. https://book.douban.com/review/8832357/.
[57] 王贤波,朱卫东,石晶.电视艺术身体展示与重塑的美学思考[J].现代传播(中国传媒大学学报),2013,35(6):163-164.
[58] 菲奥娜·默登.镜映思维:人在社会中的自我形成[M].北京:人民邮电出版社,2021:4.
[59] 善本.二次元进化史:漫画、电子游戏、COSPLAY走过的热血历程[M].南京:江苏凤凰文艺出版社,2020:4.
[60] 易剑东,熊东萍.体育娱乐的哲学理路[J].山东体育学院学报,2005(1):4-5.
[61] 邱永红.中国运动休闲发展的社会基础研究[J].广州体育学院学报,2020,40(6):44-46.
[62] 李相如,凌平,卢锋.休闲体育概论[M].北京:高等教育出版社,2011.
[63] 陈芳芳.健康中国背景下群众体育赛事标准化的必要性及实现路径[J].山西大同大学学报(自然科学版),2021,37(4):103-106.
[64] Abbott A, Collins D, Martindale R, et al. Talent identification and development: An academic review[M]. Edinburgh: University of Edinburgh, 2002: 30-55.
[65] 肖汉生,赵鲁南.大数据时代下竞技体育面临的机遇与挑战研究[J].体育科技文献通报,

2021,29(3)：32-34.

[66] 曾凡辉,王路德,邢文华,等.运动员选材[M].北京：人民体育出版社,1992：1.

[67] 谷晨.我国竞技装备研制的奥运争光对策[J].西安体育学院学报,2004,21(3)：9-11.

[68] 张庆来,张林,李森,等.浅论竞技体育装备的科技现代化[J].南京体育学院学报(社会科学版),2014,28(6)：107-111.

[69] 周强.科技奥运创新在北京奥运会中的展现[J].体育与科学,2008(4)：22-27.

[70] 吴晓玲,顾栩名,张婕,等."互联网+"背景下竞技体育信息共享平台建构研究[J].山东体育科技,2019,41(2)：46-49.

[71] 杨艳,何胜保.河北省竞技体育优势项目信息需求与防范的情报学研究[J].河北师范大学学报(自然科学版),2018,42(3)：267-276.

[72] 李阳.竞争情报在体育竞赛中的运用研究[J].周口师范学院学报,2009,26(1)：152-153.

[73] 周喜华.青少年运动员心理疲劳与竞技动机、赛前心境的关系研究[J].中国健康心理学杂志,2012,20(7)：1064-1067.

[74] Reid DC. Sports injury, assessment and rehabilitation[J]. Medicine & Science in Sports & Exercise, 1993, 25 (10) : i.

[75] Zelic I, Kononenko I, Lavrac N, et al. Induction of decision trees and Bayesian classification applied to diagnosis of sport injuries[J]. Journal of Medical Systems, 1997, 21 (6)：429.

[76] 路来冰,王艳,马忆萌,等.基于知识图谱的体育人工智能研究分析[J].首都体育学院学报,2021,33(1)：6-18.

[77] Kainberger F. The spine in sports injuries：thoracic and lumbar spine[M]. Vanhoenacker F M, Maas M, Gielen J L MA. Imaging of Orthopedic Sports Injuries. Cham：Springer, 2007：391-399.

[78] 陈琳,张曙光.国外信息技术辅助训练的最新案例与前景研究[C]//中国体育科学学会.第十一届全国体育科学大会论文摘要汇编,2019：3.

[79] LAI C. The Application of computer aided technology in the sport training (CAS)[J]. Appl Mech Mater, 2014,650：5753-5755.

[80] 温宇红,田麦久.中美高水平游泳队个性化训练的外部条件及组织形式[J].北京体育大

学学报，2007(7)：976-978.

[81] 杨桦，池建. 竞技体育制胜规律研究[M]. 北京：北京体育大学出版社，2005：38.

[82] 孙文芳，赵明. 大数据背景下我国运动训练发展趋势研究[J]. 湖北体育科技，2018，37(2)：169-171.

[83] 王奇，颜小燕. 大数据时代我国体育发展面临的机遇与挑战[J]. 体育与科学，2016，37(1)：75-80.

[84] 酷扯儿. 浙江大学乒乓球智能大数据分析平台助力中国乒乓球队东京夺冠！[EB/OL]. [2021-08-10]. https://baijiahao.baidu.com/s?id=1707667160320260312&wfr=spider&for=pc.

[85] 涂加乐. 北京奥运会成绩信息发布技术[J]. 军事体育进修学院学报，2009，28(2)：126-128.

[86] 杨国庆，彭国强. 新时代中国竞技体育的战略使命与创新路径研究[J]. 体育科学，2018，38(9)：3-14.

[87] 徐伟康. 运动员个人数据处理中"同意"原则适用的检视[J]. 武汉体育学院学报，2020，54(12)：40-45.

[88] 徐伟康，林朝晖. 人工智能体育应用的风险与法律规制——兼论我国《体育法》修改相关条款的补足[J]. 体育学研究，2021，35(4)：29-38.

[89] THU 体育科技评论. AI 带来了更丰富的网球媒体内容，但也引发了法律问题[EB/OL]. [2019-05-27]. https://mp.weixin.qq.com/s/r7FtomLLQVUQ_DlazzYvsQ.

[90] 百度百科. 青少年体育活动促进计划[EB/OL]. [2017-11-28]. https://baike.baidu.com/item/%E9%9D%92%E5%B0%91%E5%B9%B4%E4%BD%93%E8%82%B2%E6%B4%BB%E5%8A%A8%E4%BF%83%E8%BF%9B%E8%AE%A1%E5%88%92/22398694?fr=aladdin.

[91] 中华人民共和国中央人民政府. 中共中央办公厅 国务院办公厅印发《关于全面加强和改进新时代学校体育工作的意见》[EB/OL]. [2020-10-15]. http://www.gov.cn/zhengce/2020-10/15/content_5551609.htm.

[92] 徐耘春. 视觉艺术教育的新动向：数字时代背景下的中学新媒体艺术课程与教学研究[D]. 上海：华东师范大学，2015：62-64.

[93] 陈迪. 互动媒体支撑下的课堂教学研究[D]. 武汉：华中师范大学，2012：34-35.

[94] 高嵩,黎力榕.智慧体育教学环境建设发展趋势研究[J].广州体育学院学报,2019,39(4):121-124.

[95] 邹湘军,孙健,何汉武,等.虚拟现实技术的演变发展与展望[J].系统仿真学报,2004(9):1905-1909.

[96] 李健,周荣,陈少华.VR 技术对于丰富学校体育教学手段的影响研究[J].当代体育科技,2021,11(14):60-63.

[97] 胡智标.增强教学效果 拓展学习空间——增强现实技术在教育中的应用研究[J].远程教育杂志,2014,32(2):106-112.

[98] 叶强,徐凯,钱纪云,等.儿童体育活动课程中增强现实体育游戏的设计与应用[J].电化教育研究,2018,39(1):122-128.

[99] 党林秀.基于学生全面发展的体育教学方式理论与实践研究[D].上海:华东师范大学,2017:43-46.

[100] 王宇,张五红.高校网络辅助教学平台选择、实施及分析[J].电化教育研究,2006(2):43-46.

[101] 李宗山."互联网+"时代信息化在中小学体育教学中的应用[J].教学与管理,2016(27):98-100.

[102] 邱伯聪.体育微课的质性、制作与建议[J].教学与管理,2015(34):57-59.

[103] 肖威,肖博文.体育类微课设计流程与制作方法[J].体育学刊,2017,24(2):102-108.

[104] 王文静.基于情境认知与学习的教学模式研究[D].上海:华东师范大学,2002:53-55.

[105] 张金磊,王颖,张宝辉.翻转课堂教学模式研究[J].远程教育杂志,2012,30(4):46-51.

[106] 王国亮,詹建国.翻转课堂引入体育教学的价值及实施策略研究[J].北京体育大学学报,2016,39(2):104-110.

[107] 窦丽,陈华卫,钱澄.高校"智慧体育课堂"的价值与模式研究[J].体育文化导刊,2018(11):136-140.

[108] 谢俊祥,张琳.智能可穿戴设备及其应用[J].中国医疗器械信息,2015,21(3):18-23.

[109] 孙其博,刘杰,黎羴,等.物联网:概念、架构与关键技术研究综述[J].北京邮电大学学报,2010,33(3):1-9.

[110] 艾兴,张玉.从数字画像到数字孪生体:数智融合驱动下数字孪生学习者构建新探[J].远程教育杂志,2021,39(1):41-50.

[111] 赵瑛群,刘亚龙.基于学生数字画像的综合评价改革[J].上海教育,2021(Z1):85.

[112] 维克托·迈尔-舍恩伯格,肯尼斯·库克耶.大数据时代[M].盛杨燕,周涛,译.杭州:浙江人民出版社,2013.

[113] 陈良,张大均.大学生心理健康素质的发展特点[J].西南大学学报(社会科学版),2007(4):129-132.

[114] 向宇宏,姚蕾.大数据时代我国学校体育改革的思考与启示[J].南京体育学院学报(社会科学版),2016,30(4):91-94.

[115] 林闯,苏文博,孟坤,等.云计算安全:架构、机制与模型评价[J].计算机学报,2013,36(9):1765-1784.

[116] 张韬磊.基于云计算探讨高校体育新模式——体育教育云[D].南京:东南大学,2015:21-22.

[117] 张亮,刘百祥,张如意,等.区块链技术综述[J].计算机工程,2019,45(5):1-12.

[118] 黄道名,郭孟林,杨群茹.体育产业区块链技术的应用选择与实现路径[J].体育科学,2019,39(8):22-28.

[119] 苏坚贞,陈曦.学生体质健康测试区块链的平台架构、应用前景与现实挑战[J].体育学研究,2020,34(1):21-26.

[120] 祝莉,王正珍,朱为模.健康中国视域中的运动处方库构建[J].体育科学,2020,40(1):4-15.

[121] 贾冕,王正珍,李博文.中医运动处方的起源与发展[J].体育科学,2017,37(10):65-71.

[122] 贺慨.大学生体质健康运动处方系统的设计与实现[D].北京:北京工业大学,2013:17-19.

[123] 孙曙辉,刘邦奇.基于动态学习数据分析的智慧课堂模式[J].中国教育信息化,2015(22):21-24.

[124] 王盛之,毛沛勇.基于数字化教学案的智慧课堂互动教学系统实践研究[J].教学月刊(中学版),2014(4):51-55.

[125] 刘邦奇."互联网+"时代智慧课堂教学设计与实施策略研究[J].中国电化教育,2016(10):51-56.

[126] 程炼.数字经济时代大型互联网平台的治理[J].社会科学战线,2021(9):87-96.

［127］刘亮，吕万刚．新时代我国体育产业高质量发展的理论探赜与问题论域［J］．北京体育大学学报，2021，44(7)：1-8．

［128］马化腾，孟昭莉，闫德利，等．数字经济——中国创新增长新动能［M］．北京：中信出版社．2017．

［129］Kim B，Barua A，Whinston A B．Virtual field experiments for a digital economy：A new research methodology for exploring an information economy［J］．Decision Support Systems，2002，32(3)：215-231．

［130］Peter C．Verhoef，digital transformation：A multidisciplinary reflflection and research agenda［J］．Journal of Business Research，2021，122：889-901．

［131］任波，黄海燕．中国数字经济与体育产业融合的动力、机制与模式［J］．体育学研究，2020，34(5)：55-66．

［132］中国网信网．二十国集团数字经济发展与合作倡议［EB/OL］．［2020-09-30］．http：//www．cac．gov．cn/2016-09/29/c_1119648520．htm．

［133］中国政府网．政府工作报告首提 AI、数字经济 互联网、科技界代表委员聚焦 AI［EB/OL］．［2021-09-30］．http：//www．gov．cn/xinwen/2017-03/07/content_5174503．htm．

［134］新华网．习近平向 2019 中国国际数字经济博览会致贺信［EB/OL］．［2020-09-30］．http：//www．xinhuanet．com/politics/leaders/2019-10/11/c_1125091565．htm．

［135］国家发展和改革委员会．关于推进“上云用数赋智”行动培育新经济发展实施方案［EB/OL］．［2021-09-30］．http：//www．gocn/zhengce/zhengceku/2020-04/10/content_5501163．htm．

［136］国家发展和改革委员会．关于支持新业态新模式健康发展 激活消费市场带动扩大就业的意见［EB/OL］．［2020-07-15］．http：//www．gov．cn/zhengce/zhengceku/2020-07/15/content_5526964．htm．

［137］中国信息通信研究院．中国数字经济发展与就业白皮书：2019 年［EB/OL］．［2021-09-30］．http：//www．caict．ac．cn/kxyj/qwfb/bps/201904/t20190417_197904．htm．

［138］搜狐网．联合国：《2019 年数字经济报告》［EB/OL］．［2021-09-30］．https：//www．sohu．com/a/340021751_286727．

［139］马述忠，郭继文．数字经济时代的全球经济治理：影响解构、特征刻画与取向选择［J］．改革，2020(11)：69-83．

［140］张新红.数字经济与中国发展[J].电子政务，2016(11)：2-11.
［141］中国政府网.李克强 2016 夏季达沃斯论坛致辞实录[EB/OL].[2020-09-30].http://www.gov.cn/zhuanti/2016-06/27/content_5085953.htm.
［142］中国政府网.新闻办就《关于加快发展体育产业 促进体育消费的若干意见》贯彻落实情况举行发布会[EB/OL].[2021-09-30].http//www.gov.cn/xinwen/2015-12/08/content_5021315.htm.
［143］中国政府网.国务院办公厅关于印发体育强国建设纲要的通知[EB/OL].[2021-09-30].http://www.gov.cn/zhengce/content/2019-09/02/content_5426485.htm.
［144］封面新闻.自称"半路出家"的学者江小涓：人均 GDP 接近 1 万美元时体育产业一定会发力[EB/OL].[2021-09-30].https://baijiahao.baidu.com/s?id=1634589258817037347&wfr=spider&for=pc.
［145］张建辉.国际体育产业发展报告[M].北京：社会科学文献出版社，2017.
［146］中国经济周刊.我国人均 GDP 连续两年超 1 万美元[EB/OL].[2021-09-30].https://baijiahao.baidu.com/s?id=1692993990561146931&wfr=spider&for=pc.
［147］国家统计局.我国体育产业蓬勃发展前景广阔——第四次全国经济普查系列报告之十五[EB/OL].[2020-03-30].http://www.stats.gov.cn/tjsj/zxfb/202001/t20200120_1724133.html.
［148］中国政府网.政府工作报告[EB/OL].[2021-09-30].http://www.gov.cn/guowuyuan/2015-03/16/content_2835101.htm.
［149］李恒.互联网重构体育产业及其未来趋势[J]上海体育学院学报，2016，40(6)：8-15.
［150］张森木.互联网+体育产业发展战略研究[J].体育文化导刊，2016(3)：121-124.
［151］胡摇华，蔡犁.人工智能与体育产业融合发展的现实审视与推进策略[J].体育科研，2021(9)：77-82.
［152］董亚琦，钟建伟，丁飞.大数据时代我国体育产业发展路径研究[J].体育文化导刊，2018(12)：76-81.
［153］中国信息通信研究院.中国数字经济发展与就业白皮书(2019 年)[R].北京：中国信息通信研究院，2019：3.
［154］国家统计局，国家体育总局.2018 年全国体育产业总规模和增加值数据公告[EB/OL].[2020-01-20].http//www.stats.gov.cn/tjsj/zxfb/202001/t20200120_1724122.html.

[155] 搜狐网.安踏推出定制业务“ANTAUNI”正式上线[EB/OL].[2021-09-30].https://www.sohu.com/a/127580709_529355.
[156] 中国互联网络信息中心(CNNIC).第 47 次中国互联网络发展状况统计报告[R].北京:中国互联网络信息中心(CNNIC),2021:17.
[157] 巨量算数.2020 抖音体育生态白皮书[R].北京:巨量算数,2021:5-6.
[158] 艾媒网.2020Q1 中国在线直播行业专题研究报告[EB/OL].[2021-09-30].https://www.iimedia.cn/c400/71255.html.
[159] 王静田,付晓东.数字经济的独特机制、理论挑战与发展启示:基于生产要素秩序演进和生产力进步的探讨[J].西部论坛,2020,30(6):1-12.
[160] 沈克印,寇明宇,吕万刚.数字经济时代体育产业数字化的作用机理、实践探索与发展之道[J].上海体育学院学报,2021,45(7):8-21.
[161] 任保平,李佩.以新经济驱动我国经济高质量发展的路径选择[J].陕西师范大学学报(哲学社会科学版),2020,49(2):113-124.
[162] 刘树林.产业经济学[M].北京:清华大学出版社,2012.
[163] 艾媒大健康产业研究中心.2019 年 4 月运动健身类 App 排行榜[EB/OL].[2020-09-30].https://www.iimedia.cn/c900/64629.html.
[164] 关于批准发布《智能固定式健身器材技术规范》团体标准的公告[EB/OL].[2020-02-27].https://cn.csgf.org.cn/ywzq/tuantibiaozhun/tuanbiaodongtai/4386.html.
[165] 国家统计局,国家体育总局.2018 年全国体育产业总规模和增加值数据公告[EB/OL].[2020-01-20].http//www.stats.gov.cn/tjsj/zxfb/202001/t20200120_1724122.html.
[166] 白宇飞,杨松.我国体育产业数字化转型:时代要求、价值体现及实现路径[J].北京体育大学学报,2021,44(5):70-78.
[167] 刘刚.网络空间发展与资源配置方式变革[J].天府新论,2019(4):8-11.
[168] 汤潇.数字经济——影响未来的新技术、新模式、新产业[M].北京:人民邮电出版社,2019:106-108,273.
[169] 朱利兰.从习近平关于体育强国重要论述探新时代的体育功能的延伸[J].南京体育学院学报,2021,20(6):20-24.
[170] 中国江苏网.南京西善桥街道智慧社区健身中心开馆全国首批试点之一[EB/OL].[2019-08-07].http://jsnews.jschina.com.cn/hxms/201908/t20190807_2364329.

shtml.
[171] 新浪科技.智能手环从低端逐步走向高端[EB/OL].[2019-07-23]. http://tech. sina. com. cn/it/2016-07-23/doc-ifxuhukz0857943. shtml? qq-pf-to = pcqq. c2c
[172] 搜狐.云麦科技亮相 2020 中国移动全球合作伙伴大会[EB/OL].[2020-11-24]. https://www. sohu. com/na/433968779_100275129.
[173] 北青热点.云教练在线指导智能健身设备助力[EB/OL].[2021-04-12]. https://www. 360kuai. com/pc/9a6ca08b2cf5d5fe6? cota = 3&kuai_so = 1&tj_url = so_vip&sign = 360_57c3bbd1&refer_scene = so_1.

[174] 搜狐.全民健身技术点亮智慧场馆[EB/OL].[2021-08-23]. https://www. sohu. com/a/485053318_121058390.
[175] 中青在线.打造“在线健身房”运动 App 试水“健身 3.0”[EB/OL].[2020-09-20]. http://news. cyol. com/yuanchuang/2018-09/20/content_17604340. htm.
[176] 搜狐.视频通话 + AI 私教健身,OPPO 智能电视这波操作你见过吗?[EB/OL].[2021-04-14]. https://www. sohu. com/a/460787298_397514.
[177] 陈思君.传统体育健身活动的社会潜功能研究[J].当代体育科技,2020,10(13):240-241.
[178] 新浪网.跟着 AR 打太极拳 AI 智能 + 生态这个公园很“慧”玩[EB/OL].[2020-05-06]. http://k. sina. com. cn/article_5675440730_152485a5a02000tiel. html.
[179] 全国智能体育大赛.有魔力的智能体育,好玩到根本停不下来!边娱乐边甩脂,智能体育就是这么燃![EB/OL].[2019-01-08]. https://mp. weixin. qq. com/s/qaMoDL8ID79 DLXasKuuW9gl.
[180] 未来科技创想.腾讯视频内容版图再添王牌,全面构建全景娱体新生态[EB/OL].[2020-12-25]. https://baijiahao. baidu. com/s? id = 1687009623932491138.
[181] 新华社.“科技冬奥”黑科技——“自由视角”技术亮相冬奥冰上测试活动[EB/OL].[2021-04-03]. https://www. 360kuai. com/pc/9c34c9f71640bc38a? cota = 3&kuai_so = 1&tj_url = so_vip&sign = 360_57c3bbd1&refer_scene = so_1.
[182] 杨韵,邹玉玲.体育社交网络研究[J].体育文化导刊,2013(11):149-152.
[183] 搜狐.跑步类 App 酣战正浓,咪咕善跑如何脱颖而出?[EB/OL].[2017-08-30]. https://www. sohu. com/a/168364666_465911.

[184] 新浪体育.陌生社交带动线下实体经济？这家健身房这样玩[EB/OL].[2020-04-05]. http://sports.sina.com.cn/run/2020-04-05/doc-iirczymi6281909.shtml.
[185] 王子朴，药婧瑶.体育移动应用的形成、发展和前景[J].中国体育科技，2014，50(6)：113-121.
[186] 数英.Keep 发力运动社交，扣动新消费场景营销的"流量按钮"[EB/OL].[2019-12-04]. https://www.digitaling.com/articles/237733.html.
[187] 艾瑞网.艾瑞：体育明星成社交媒体新顶流，双向互动完成奥运粉丝新迁移[EB/OL].[2021-08-18]. http://report.iresearch.cn/content/2021/08/391588.shtml.
[188] 人民网.全民健身兴起互联网"+"出运动新风尚[EB/OL].[2021-08-17]. http://ent.people.com.cn/n1/2021/0817/c1012-32195796.html.
[189] 吴郁周.竞技体育在现代社会中的作用[J].福建体育科技，1996(1)：1.
[190] 解正伟.大数据在竞技体育中的应用与发展研究[C]//第十一届全国体育科学大会论文摘要汇编.北京：中国体育科学学会，2019.
[191] 张晓健.浅析大数据在竞技体育中的应用[J].当代体育科技，2015，5(34)：189-191.
[192] 王进.为什么到手的金牌会"飞走"：竞赛中"Choking"现象[J].心理学报，2003，35(2)：274-281.
[193] 李益群.田径大赛中的"克拉克现象"[J].体育科学，1988(4)：28-31.
[194] 季浏，张力为，姚家新.体育运动心理学导论[M].北京：北京体育大学出版社，2007：11.
[195] 百竹数码娱乐科技有限公司.SPCS 生理相干与自主平衡系统使用手册[Z].北京：百竹数码娱乐科技有限公司，2006.
[196] 张丽娟，刘丽敏，谢燕，等.定量体育运动后心率变异性指标的变化特征[J].中国临床康复，2005(8)：138-139.
[197] 丁雪琴，殷恒婵，卢敏，等.中国体操队、举重队备战、参赛北京奥运会的心理训练[J].天津体育学院学报，2009，24(1)：10-13.
[198] 闫长鹏.反重力跑步机在运动康复中的应用[J].城市地理，2014(20)：273.
[199] Rein R，Memmert D. Big data and tactical analysis inelite soccer：Future challengesand opportunities for sports science[J]. Springerplus，2016，5(1)：1410.
[200] SAP®. SportsOne 企业介绍[EB/OL].[2018-07-29]. https://www.sap.com/products/sports-one.html.

[201] 曹磊.足球进入大数据时代[EB/OL].[2018-07-29].http://www.istis.sh.cn/list/list.aspx? id=10178.

[202] 武智幸德,谷口诚.サッカー W 杯、データの攻防试合中の活用可能に[EB/OL].[2018-07-29].https://www.nikkei.com/article/DGXMZO31581780Z00C18A6MM8000/.

[203] 赵集川,佟鑫.体育比赛中的数据分析[J].竞争情报,2015,11(4):11-13.

[204] UBS. Investing and football special edition: 2018 World Cup in Russia[R/OL].[2018-07-29].https://www.ubs.com/content/dam/assets/wm/global/cio/doc/investing-in-emerging-markets-en.pdf.

[205] Kcelleherk. Commerzbank models predicted Germany would win the World Cup why predicting sports is bad business[EB/OL].[2018-07-29].http://fortune.com/2018/06/27/ubs-commerzbank-predict-germany-wouldwin-world-cup-wrong.

[206] OPTA 世界杯主题网站[EB/OL].[2018-07-29].https://www.worldcup.performgroup.com/get-inspired/.

[207] Abeysekera L, Dawson P. Motivation and cognitive load in the flipped classroom: definition, rationale and a call for research[J]. Higher Education Research & Development, 2005(1): 1-14.

[208] 陈军.翻转体育课堂,构建自主学习模式——以小学足球变向运球教学为例[EB/OL].[2019-08-15].https://max.book118.com/html/2019/0815/5310301220002114.shtm.

[209] 成都中医药大学教师发展中心.线上教学设计心得与案例分享(十八)|体育课线上教学案例分享[EB/OL].[2020-03-09].https://mp.weixin.qq.com/s/QMFV4IyDxEZWe-FmEWCu0g.

[210] SmartShow 创新社.良嘉体育梁振学:全面提高国人健康水平,需将智能体育和科技教育相结合[EB/OL].[2020-01-07].https://mp.weixin.qq.com/s/dyYAUpBI9VyTZL8ymT6zuA.

[211] 投石科技.投石科技 5G+XR 智慧体育科技走进 2020 广州校园科普日[EB/OL].[2020-11-27].https://mp.weixin.qq.com/s/z_As1lO6qu0S-vjAgySJkg.

[212] 佳发教育.全民健身计划来了!佳发智能体育为青少年体育锻炼全力护航![EB/OL].[2021-08-05].https://mp.weixin.qq.com/s/k14uivgXvKQat97KSHWhKA.

[213] SmartShow 创新社. 深圳市南山区香山里小学“智能体育课监测评价系统”[EB/OL]. [2020-11-15]. https://mp. weixin. qq. com/s/V6HVI5tuEYnWoPz4Bddfbg.
[214] 北京普世吉科技有限公司. 传统运动比赛与借助智能设备运动比赛的区别! [EB/OL]. [2021-05-31]. https://mp. weixin. qq. com/s/YCBicW_saSrbtS5WjLig-Q.
[215] 青少年体育新发展. 以体医融合进校园“良方”消除青少年身体姿态“痼疾”(上)[EB/OL]. [2021-08-12]. https://mp. weixin. qq. com/s/R5dVTJrtBnAQGqlgjgHQ4Q.
[216] 奥美健康. 奥美健康为慢病康复服务机构赋能|2020 体育 BANK 年度评选入围提名[EB/OL]. [2021-02-25]. https://mp. weixin. qq. com/s/3gnqCZAmjxvSQNo525R6Zg.
[217] 奥美健康. 健康体适能测评的高端平台——奥美健康体适能管理系统 V9[EB/OL]. [2020-03-27]. https://mp. weixin. qq. com/s/5hPxEqHqPkhXrxpJxVfmCw.
[218] SmartShow 创新社. “光合”育能智慧操场: 助力校园智慧体育建设[EB/OL]. [2020-06-11]. https://mp. weixin. qq. com/s/nApGlcRvGXPR4z2EKf7lgw.
[219] SmartShow 创新社. 河北精英博爱小学“校园智能体育数据服务平台”[EB/OL]. [2020-11-06]. https://mp. weixin. qq. com/s/coLFqMvYa9b5N1deBcPS8Q.
[220] 醍摩豆[EB/OL]. [2020-11-09]. https://www. habook. com. cn/zh-cn/teach. php?act=list&cid=5.
[221] SmartShow 创新社. 成都师范银都紫藤小学“体育课时评价系统”[EB/OL]. [2020-11-18]. https://mp. weixin. qq. com/s/Jfwct52BQdMfptravqCVww.
[222] 怡动体育. 智慧官渡校园数字体育工作有序展开[EB/OL]. [2020-11-05]. https://mp. weixin. qq. com/s/iy-X6INQ-4M8NuoYlDUNKg.
[223] 张林, 刘炜, 林显鹏, 等. 中国体育及相关产业统计研究[J]. 体育科学. 2008(10): 16-25.
[224] 国家统计局. 体育产业统计分类(2019)[EB/OL]. [2019-04-09]. http://www. stats. gov. cn/tjgz/tzgb/201904/t20190409_1658556. html.
[225] 何星. 专注中国运动科技 安踏助力中国奥运[EB/OL]. [2021-07-23]. https://baijiahao. baidu. com/s? id=1706044495 654313436&wfr=spider&for=pc.
[226] 张晨. 电子竞技数据分析师的人才培养研究——以英雄联盟项目为例[D]. 武汉: 武汉体育学院, 2018(6): 45-49.

[227] 腾竞体育. 腾竞体育启用电竞赛事远程制播中心——腾竞体育播出制作中心[J]. 电子竞技,2019(12):6.

[228] 韩超超,高舒帆. 浅析电子竞技发展现状及传播策略——以"英雄联盟"为例[J]. 新闻研究导刊,2020,11(7):207-208.

[229] 詹玉姣. 具身媒介嵌入下的健身研究——基于对 Switch 体感游戏的考察[D]. 兰州:兰州大学,2021(6):35-38.

[230] 张巨才,齐天. 任天堂 Switch 游戏机的整合营销传播[J]. 企业研究,2018(6):24-28.

[231] 季华. 数字化时代网络体感运动发展的机遇与挑战[J]. 衡水学院学报,2020,22(1):35-39.

[232] 尹廷廷,钟丽萍,刘建武,等. 基于 Keep 健身的实践案例探究双循环背景下健身服务业的发展方向[J]. 湖北体育科技,2021,40(8):689-695.

[233] 环球网. Keep 营销生态全面进化[EB/OL]. [2020-10-23]. https://baijiahao. baidu. com/s? id=1637479062126322335&wfr=spider&for=pc.

[234] 海外网. 服务保障亚运会,中建八局"数字化"打造"智慧场馆"[EB/OL]. [2020-10-22]. https://www. huanqiu. com/a/21eee3/3zzQA07Yzr5? p=4&agt=46.

[235] 张强. 智慧体育场馆建设与应用研究[D]. 苏州:苏州大学,2020:108-110.

[236] 石一. 联通 5G 赋能智慧冬奥[J]. 经理人,2021(9):23-26.

[237] 马克思,恩格斯. 马克思恩格斯选集[M]. 北京:人民出版社,1972.

[238] 新华社. 国家新闻出版署下发《关于进一步严格管理切实防止未成年人沉迷网络游戏的通知》[EB/OL]. [2021-08-30]. https://baijiahao. baidu. com/s? id=1709508197080373545&wfr=spider&for=pc.

[239] 徐伟康,徐艳杰,郑芳. 大数据时代运动员数据的法律保护[J]. 天津体育学院学报,2019,34(5):456-460.

[240] 崔洪成,陈庆果. 移动健身 App 用户持续使用意愿研究[J]. 首都体育学院学报,2020,32(1):75-81.

[241] 申建勇,傅静. 纳米技术的发展给竞技体育带来的伦理道德[J]. 体育与科学,2001,22(1):14-16.

[242] E. 舒尔曼. 科技文明与人类未来[M]. 北京:东方出版社,1995.

[243] 约翰·菲利普·琼斯,孙连勇. 广告与品牌策划[M]. 北京:机械工业出版社,1999.

[244] 郝时运.体育运动的人类学启示[J].世界民族(北京),1997(4):16.
[245] 王永龙.21 世纪名牌运营方略[M].北京:人民邮电出版社,2003.
[246] 甘忠泽.现货广告策划[M].上海:复旦大学出版社,2001.
[247] 袁金龙,毛迪.高科技泳衣应用于竞技体育的伦理之争[J].赤峰学院学报(自然科学版),2013,29(11):89-91.
[248] 段文阁,段媛媛.竞技体育的伦理价值诉求[J].湖南师范大学社会科学学报,2010(5):30-33.
[249] 张洪潭.体育的概念、术语、定义之解说立论[J].西安体育学院学报,2006,23(7):1-6.
[250] Morgan K J, Meier K V. Philosophic Inquiry in sport[M]. Illinois: Human kinetics, 1988.
[251] 王锋.当代竞技体育道德的缺失与重塑[J].中学政治教学参考,2020(3):101.
[252] 郑铁,季芳.高科技泳衣,该不该禁?[N].人民日报,2009-07-31(2).
[253] 任海.论体育伦理问题[J].伦理学研究,2007(6):1-6.
[254] 沈克印,周学荣,周丽萍.体育科技与体育伦理理性整合的支点——由高科技泳衣引发的伦理思考[J].北京体育大学学报,2010,33(7):5-8.
[255] 刘大椿.科技伦理:在真与善之间[J].伦理学研究,2002(2):61-67.
[256] 马琳.当代竞技体育中的科技伦理问题探究[J].山东体育科技,2014,36(2):65-67.
[257] 尹金萍,李兆元.新时代我国竞技体育伦理与道德异化的哲学阐释和实践扬弃[J].广西社会科学,2020(4):100-104.
[258] 王根.论竞技体育主体的道德需要[J].伦理学研究,2017(5):123-127.
[259] 李燕燕."互联网+"背景下高校体育教育服务智慧化的发展路径[J].湖北体育科技,2020,39(9):834-837.
[260] 郑磊.城市数字化转型的内容、路径与方向[J].探索与争鸣,2020(4):147-152.
[261] 杨卓凡.数字化转型带来的经济社会变革与监管挑战[J].新经济导刊,2019(3):64-68.
[262] 任波,黄海燕.数字经济驱动体育产业高质量发展的理论逻辑、现实困境与实施路径[J].上海体育学院学报,2021,45(7):22-34.
[263] 国家信息中心信息化和产业发展部,京东数字科技研究院.中国产业数字化报告(2020)[R].北京:国家信息中心信息化和产业发展部,京东数字科技研究院,2020:22-24.

# 后　记

现代奥林匹克之父皮埃尔·德·顾拜旦在《体育颂》中感叹:“啊,体育,你就是培育人类的沃地!你通过最直接的途径,增强民族体质,矫正畸形躯体,防病患于未然,使运动员得到启迪;让后代长得茁壮有力,继往开来,夺取桂冠的荣誉……”100余年过去了,此时体育的外延及面临的环境已发生了天翻地覆的变化,基于互联网技术的数字革命已将人类悄然带入尼葛洛庞帝所言的“数字化生存”(Being Digital)状态。数字革命给体育带来的影响是什么?其是否改变了体育的本质及其作用方式?体育这一伟大的育人“工程”是否因为人们的数字化生存状态而发生功能转向?体育与数字革命的契合点如何进行理论解构与建构?面对这些时代问题,本书尝试着回答。

在实践层面,为积极应对体育的数字化转型,以及由此生成的数字体育新场景,伴随科技强国、网络强国、健康中国、数字中国等国家战略对体育领域的辐射,我国不断出台相关政策鼓励新兴技术积极融入、带动体育的健康发展,数字体育逐渐成为体育高质量发展的关键引擎。例如,《体育强国建设纲要》指出:“运用物联网、云计算等新信息技术,促进体育场馆活动预订、赛事信息发布、经营服务统计等整合应用,推进智慧健身路径、智慧健身步道、智慧体育公园建设。鼓励社会力量建设分布于城乡社区、商圈、工业园区的智慧健身中心、智慧健身馆。依托已有资源,提升智慧化全民健身公共服务能力,实现资源整合、数据共享、互联互通,加强分析应用。”

然而,在数字体育实践飞速发展的同时,相关理论研究滞后,特别是关于数字体育的基础理论研究成果缺乏,我们需要回顾历史、交叉互鉴、以人为本、面向未来,实现“技术为人”的数字体育发展理念。基于此,本书作者团队从概念的元问题出发尝试对数字体育的相关概念进行剖析与厘定，首次从传统体育的分属领域出发，从群众体育数字化、竞技体育数字化、学校体育数字化、体育产业数字化 4 个层面对国内外数字体育的前沿理论进展和最新实践案例进行梳理，为学界对数字体育的后续研究和业界对数字体育实践方向的把握提供具有一定参考价值的“学术地图”。我们在考察数字体育发展给人们体育生活带来便利及正向影响的同时，深切感受到数字体育发展可能带来的技术与伦理风险，对数字体育的未来发展方向进行理性反思，如“消解弱势群体体育参与的数字鸿沟、加强对青少年群体的线下体育参与引导、注重数字体育参与信息的隐私保护、设立竞技体育数字化发展的伦理准则、掌握竞技体育数字化发展的伦理需求等”，试图让数字体育的发展目标最终为人服务。



感谢本书作者团队对相关资料和案例收集所作的努力，感谢同济大学出版社张睿老师的悉心编校与斧正。我们真诚地期待国内更多的学者加入数字体育的理论研究，为构建覆盖全领域、全场景、全流程的数字体育发展新格局提供新方法、新途径、新理论，为更好地满足人民群众日益增长的体育需求提供指引。

张业安

2022 年 6 月